CAUSERIES

IMPRIMERIE GÉNÉRALE DE CH. LAHURE
Rue de Fleurus, 9, à Paris

CAUSERIES

PAR

ED. ABOUT

PARIS
LIBRAIRIE DE L. HACHETTE ET Cⁱᵉ
BOULEVARD SAINT-GERMAIN, N° 77

1865
Tous droits réservés

MONSIEUR

ADOLPHE GUÉROULT,

DÉPUTÉ DE LA SEINE

Mon cher ami,

Permettez-moi d'inscrire votre nom sur la première page d'un livre qui n'a pas paru tout entier dans l'*Opinion nationale*, mais où vous trouverez beaucoup d'idées qui sont vôtres et un esprit inspiré de vous. Le meilleur travail que j'aie fait dans ces dernières années est celui que vous avez dicté de près ou de loin. Vous tenez une école de liberté, de justice et de modération à laquelle je m'honore d'appartenir : je suis, avec la plus haute estime et la plus solide amitié, votre fidèle

EDM. ABOUT.

Saverne, 1er juin 1865

CAUSERIES.

1ᵉʳ AVRIL 1864.

La mémoire des hommes est terriblement courte. Si quelqu'un venait vous dire, à brûle-pourpoint, avec la bonne grâce et la douce familiarité que certains magistrats déploient dans les procès criminels : « Lecteur, qu'avez-vous fait entre neuf et dix heures du soir, le 31 juillet 1846 ? » vous chercheriez en vain à rappeler vos souvenirs, vous vous mettriez peut-être à balbutier quelques paroles contradictoires, et la Cour vous convaincrait d'avoir tué votre domestique, qui d'ailleurs se porte bien. La Cour serait dans son droit. Si vous ne pouvez pas raconter point par point, avec une précision mathématique, l'emploi de cette soirée, prise au hasard dans votre vie, il s'ensuit judiciairement que vous l'avez consacrée à la destruction d'un valet, qui n'est pas mort.

C'est pourquoi les vrais sages (il y en a bien trois ou quatre à Paris) inscrivent au jour le jour les moindres événements de leur vie. Ils ne se mettent jamais au lit sans noter sur un registre *ad hoc* leurs actions les plus indifférentes en apparence. Excellente habitude, qui ne coûte pas plus d'un quart d'heure par jour, et qui peut, à l'occasion, vous sauver la tête. Je la recommande aux hommes sans ambition, qui préfèrent l'obscurité de la mort naturelle au trépas éclatant de Lesurques, *e tutti quanti*.

Ajoutez que le registre en question, si la mode s'en établit, fournira des matériaux précieux à l'histoire. Les journaux imprimés périront tous avant cent ans. Il n'y aura pas une maison particulière, pas un établissement public assez vaste pour loger ces masses de papier noirci, où les annonces, les réclames, les discussions inutiles et les riens prétentieux de la politique étouffent le peu de faits que la postérité trouvera intéressants. Qui sait si les tablettes d'un notaire honoraire ou les mémoires quotidiens d'un négociant retiré ne seront pas l'unique, ou du moins la plus précieuse ressource de l'historien pour l'année 1864?

Il faut noter les événements tandis qu'ils sont frais et qu'ils nous intéressent encore. La chose la plus triste ou la plus gaie aujourd'hui ne vous paraîtra plus ni gaie ni triste dans trois ans, mais simplement indifférente. Telle journée a été longue comme un siècle, tant les plaisirs et les peines, les craintes et les espérances augmentaient la valeur de chaque minute : quand vous y repenserez, plus tard, elle n'aura plus guère que vingt-quatre heures, comme toutes les journées du monde. Les jalons qui la divisaient à vos yeux ne seront plus visibles ; l'oubli les a d'abord estompés légèrement, puis effacés tout à fait. Il est donc important d'écrire nos impressions dans toute leur actualité, comme la ménagère qui fait une conserve prend les fruits dans toute leur fraîcheur.

Ce mois de mars 1864, qui s'est terminé hier soir, ressemblera dans quelque temps, au mois d'avril 1853, ou au mois de février 1847, ou à tous les mois dont la douzaine fait une année, comme vingt francs font un louis. Mais aujourd'hui, dans la première vivacité de nos sentiments, quand nos impressions toutes chaudes ne sont pas encore passées à l'état de souvenirs, il semble que ces trente et un jours éclatent par leur plénitude comme un vase trop étroit pour son contenu. Les dernières vacations de la vente Delacroix, les premières représentations de *Villemer* et de *l'Ami des femmes*, la question Coquerel, le *Jésus* à vingt-cinq sous, une grosse discussion au Sénat, une élection politique à Paris, une élection artistique au Palais de l'Industrie, la mort inattendue et presque foudroyante d'un de nos peintres les plus admirés: que de choses dans un mois! N'est-ce pas trop d'événements? il n'en restera plus, je le crains, pour le courant de l'année.

Je connaissais un peu Delacroix, pour l'avoir rencontré dans le monde et pour avoir échangé quelques lettres avec lui. C'était un homme vraiment distingué, d'une laideur intelligente et sympathique, d'un esprit fin, actif, inquiet, d'un caractère bienveillant et triste. Il avait eu des commencements difficiles; son teint légèrement terreux, ses yeux ardents au fond de leurs orbites, sa moustache mutilée, tout en lui me donnait l'idée d'un lion qui est resté longtemps en cage. Songez que l'année même où il exposa la *Barque du Dante*, il avait été refusé pour le concours de figure à cette ingénieuse École des Beaux-Arts. Il était ambitieux, plus ambitieux, selon moi, qu'il ne convient à un homme de génie. Les palmes de l'Institut et les niaiseries de ce genre l'empêchèrent longtemps de dormir. Du temps qu'il aspirait à devenir le confrère de M. Picot, il signait à la *Revue des Deux-Mondes:* Eugène Delacroix, membre de l'Académie des Beaux-Arts d'Amsterdam. Il a fini par entrer à l'Institut de Paris, et même, si je ne me trompe, au Conseil municipal de M. Haussmann : luxe inutile et compromettant à notre époque. Comme peintre, il a fait une demi-douzaine de chefs-d'œuvre, et des horreurs par centaines. Sa place restera marquée à la gauche de M. Ingres. Il est le mauvais larron de ce Dieu toujours jeune : Hippolyte Flandrin, moins original et moins grand homme, est le bon.

Un jeune graveur dont le nom commence à percer, M. Bracquemont, m'apporte un jour une eauforte qu'il avait faite d'après un tableau de Delacroix. Il avait rendu très-exactement le travail du maître, avec ses qualités et ses défauts. Je fis parvenir une épreuve à Delacroix, pour savoir ce qu'il en pensait. Il me la renvoya le lendemain, avec une lettre assez dédaigneuse. « Je ne veux pas, disait-il, qu'on me copie servilement, à la mode des pensionnaires de Rome. il faut que la gravure achève ma pensée et complète ce que j'ai simplement indiqué. » Cette étrange révélation me rallia pour un temps à l'opinion de Théophile Gautier, qui m'avait dit d'un ton demi-sérieux, demi-plaisant : « J'imagine que Delacroix est aussi bourgeois que beaucoup d'autres, et qu'il rêve le dessin précis et les contours exacts de Girodet Trioson. Mais il est trop nerveux, sa main tremble, et il érige en système et en partipris d'école une infirmité naturelle. »

L'exposition posthume de ses études a prouvé que nous étions dans l'erreur. Personne ne peut plus nier aujourd'hui que Delacroix n'ait su enfermer une figure dans ces linéaments irréprochables qui font la gloire des Abel de Pujol et le bonheur du gros public. C'est après avoir possédé à fond ce que les ignorants appellent le dessin, qu'il s'est mis à chercher une chose plus belle, plus précieuse et plus rare : le modelé dans la couleur. Comme Aladin, qui dévalisa le trésor des génies, il a puisé à pleines mains dans ces richesses de la lumière, où Rubens avait fait sa fortune avant lui. Par l'abandon et la vérité des mouvements, par la beauté des conceptions, mais surtout par l'aptitude à voir et à reproduire les jeux infiniment variés de la lumière sur les objets, il est le Rubens de la France.

Ce grand artiste est mort assez pauvre, et le premier aspect de son exposition funèbre m'avait induit à plaindre un peu son légataire universel. On disait qu'un ami du défunt, riche et tout à fait galant homme, avait accepté la succession avant tout inventaire, délivré les legs particuliers, qui n'étaient pas de médiocre importance, et encadré à ses frais une myriade de peintures et de dessins, dont les bordures seules coûtaient environ vingt mille francs. Du diable si j'ai pensé un seul instant que la vente de ces ébauches, de ces esquisses, de ces pochades, de ces croquis, produirait quelque chose comme un demi-million !

La première impression (pardonnez-moi ce blasphème !) était celle qu'on éprouve dans un salon de refusés. Le regard éperdu sautait d'une toile à l'autre, comme un volant ballotté entre cent raquettes, ou comme une souris secouée dans la souricière. Tous ces paquets de couleur brutale n'attiraient les yeux que pour les repousser aussitôt. Je vois encore d'ici quatre épouvantables tableaux de fleurs, ces tableaux que Decamps a si bien condamnés d'un seul mot il y a quelques années : « Quand les fleurs disait-il, sont si mûres que ça, on les *flanque* habituellement par la fenêtre. » Je vois aussi une espèce de muse en robe violette, avec une façon de rameau d'or sur la tête : jamais l'école académique n'a trouvé pour ses draperies un violet plus triste et plus ingrat. Parlerai-je des caricatures? Il y en avait là de toute sorte, et notamment une Andromède, qui n'était ni homme ni femme; mais un bel et bon singe singeant du pays de singerie. Voilà pour le premier coup d'œil.

Mais, de même qu'on s'habitue à respirer l'atmosphère des bains de Pouzzoles, on s'acclimatait à cette exposition. On finissait même, je l'avoue, par y trouver quelque plaisir. J'ai tout vu en grand détail, avec un peintre de proche talent, ami intime et parent de Delacroix. L'ordre historique transformait ce long examen en étude d'embryogénie. On suivait avec un intérêt toujours croissant la marche lente, hésitante et scrupuleuse d'un grand esprit qui s'achemine à tâtons vers la gloire. Rien n'est plus curieux que cette continuité d'efforts, ces innombrables études d'après nature, cette démangeaison de toucher à tout, cette conscience, cette bonne foi, cette persévérance d'un homme qui a passé longtemps pour un brûlot et un casse-cou. Il fallait reconnaître en manière de conclusion que le génie chez Delacroix, comme chez les classiques les plus assermentés, n'a été qu'une longue patience. Aucun maître français, pas même notre immortel Decamps, n'aurait mieux exécuté tel morceau, tel costume oriental, telle croupe à queue fine et soyeuse. Blaise Desgoffe ne rendrait pas avec plus de vérité les détails d'un casque ou d'une cotte de mailles. M. Ingres ne copierait pas mieux un bambin de Raphaël. Aucun peintre de marine ne saisirait au vol cet aspect matinal des vagues souriantes : ce n'est qu'une toile préparée, une pochade tout au plus, mais la pochade d'un chef-d'œuvre.

En résumé, la collection totale ressemblait à cette future reine de France, qui pouvait être aimée pourvu qu'on sauvât le premier coup d'œil. J'espère que le public aura l'occasion de l'étudier plus à l'aise au boulevard des Italiens ; on s'étouffait à l'hôtel des Ventes.

Mais comment expliquer la folie furieuse du public, qui a payé 27 000 francs les quatre tableaux de fleurs à jeter par les fenêtres, et couvert d'or les moindres balayures de l'atelier ? Pourquoi des amateurs intelligents se sont-ils disputé des croquis informes, qui ne sont ni de Delacroix, ni de ses élèves (il n'en avait pas), mais plutôt de quelque collégien en retenue, ou même du vitrier d'en face? Ah! la fièvre des enchères! Elle produit les mêmes effets que la fièvre du jeu : on oublie, devant ce tapis vert, qu'un louis vaut vingt francs, et que vingt francs représentent le pain de huit jours pour une famille de six personnes. J'ai vu un homme sans fortune, presque pauvre, rapporter triomphalement dans ses foyers un barbouillage informe, sans haut ni bas, où le diable lui-même n'aurait su découvrir la place du piton. Il en avait pour cinq cents francs, le malheureux! N'a-t-il pas mérité qu'on le fît interdire? Sa belle emplette vaudra cent francs dans trois mois; j'espère que dans trois ans on en pourra tirer quarante sous.

La vanité, qui est le fond de l'esprit français, n'a pas été étrangère à cette orgie. De même qu'on a donné cent francs pour applaudir Mme Ristori et faire croire qu'on entend l'italien, on donne vingt-cinq louis pour applaudir Delacroix et persuader aux autres badauds qu'on sait le fin du fin de la peinture. Tant pis pour vous, mes bons amis! Il faut que sottise se paye.

C'est Delacroix lui-même qui a voué aux enchères les études de son atelier. S'il avait pu revivre quelques jours pour assister à sa propre vente, je crois que les extravagances du fétichisme parisien l'auraient flatté. Je crois aussi qu'il aurait spontanément mis hors de concours les pâtés de couleurs et les bousillages de crayon qui pouvaient nuire à sa gloire. Alexandre Dumas disait à ce propos : « Mon testament est rédigé en une seule ligne : Je ne laisse pas d'œuvres inédites. » Il a raison. Mais il oublie que le travail des grands hommes doit profiter surtout à leurs héritiers.

Les vrais chefs-d'œuvre de Delacroix, *la Médée, la Noce juive, l'Évêque de Liége, le Plafond d'Apollon, les Massacres de Scio*, lui ont-ils rapporté moitié du capital que cette vente insensée va donner à d'autres ? Non. Balzac a gagné plus d'argent en trois années, après sa mort, qu'il n'en avait vu dans toute sa vie.

Nous connaîtrons dans quelques mois l'opinion de la postérité immédiate sur les dernières œuvres de Flandrin.

Un de mes bons amis écrivait, il y a sept ans : « M. Hippolyte Flandrin est le plus excellent de tous les élèves de M. Ingres, le continuateur de sa tradition, l'héritier présomptif de sa royauté. M. Delacroix mourra comme Alexandre : on taillera quelques douzaines de gilets dans son manteau de pourpre. L'héritage de M. Ingres restera indivis entre les mains de M. Flandrin. » Hélas! l'héritier présomptif de la perfection de M. Ingres, celui qu'on appelait Flandrin sans erreur, a devancé dans la tombe (et de longtemps j'espère) son glorieux et robuste maître. Une petite déception sans conséquence, un insuccès partiel et tout à fait local, l'avait éloigné de Paris pour quelque temps. Il s'était retiré depuis quelque temps à Rome, dans la ville du repos solennel; il y cherchait, il commençait à y trouver la paix de l'âme, loin du caprice orageux des cours. Il y était entouré d'une admiration et, ce qui vaut mieux, d'une estime universelle. *Otium cum dignitate!* Que pouvait-il désirer de plus? Et voilà qu'il obtient, sans l'avoir appelé, dans toute la force de son talent, dans toute la plénitude de ses espérances, le repos définitif et l'auguste dignité de la mort.

Il a laissé des travaux remarquables dans nos églises. Cette âme tendre, élevée, un peu mystique, véritable vase d'élection, conservait précieusement le sentiment chrétien, que tant d'autres ont perdu. C'est peut-être pourquoi je préfère ses portraits à ses peintures murales. Il y en a sept ou huit, qui resteront comme des chefs-d'œuvre. Le plus parfait de tous (j'ai le droit d'en parler, car il m'a coûté cher) est celui du prince Napoléon.

Flandrin avait commencé des décorations importantes; qui les achèvera? On parle d'Henri Lehmann, esprit ouvert et compréhensif au dernier point, talent facile, souple, varié, multiple. Il a quelques défauts, je l'avoue, mais cet élève indépendant de M. Ingres est par le nombre et l'éclat de ses qualités le plus digne héritier du disciple aimé.

Nous avons perdu M. Alaux, grand peintre de perruques et grande perruque de peintre ; excellent homme d'ailleurs. On ne s'inquiétera pas de le remplacer, si ce n'est à l'Institut. Voilà deux places vacantes à l'Académie des Beaux-Arts. La citadelle assiégée par M. de Nieuwerkerke se dépeuple terriblement. Gérome ne saurait manquer d'être élu cette fois : il a plus de talent qu'il ne faut pour assurer sa victoire. Mais il est, si je ne me trompe, au nombre des assiégeants. L'Académie voudra-t-elle introduire un ennemi dans la place? Si oui, elle s'affaiblit ; si non, elle se discrédite par l'injustice et le ridicule. Qu'elle s'arrange ! les intérêts de cette respectable coterie ne sont pas les miens, ni ceux du public.

Tandis que les bons électeurs de Paris envoyaient au Corps législatif deux culottes de peau démocratiques, les peintres assemblés pour élire le jury de l'exposition repoussaient énergiquement les culottes de peau de la faction académique. La société nationale des Beaux-Arts dirigée par M. Martinet, sous la présidence de Théophile Gautier, a fait passer sa liste comme une lettre à la poste. Vivat! C'est par l'association que les artistes français relèveront un jour leur dignité et leur fortune et s'affranchiront de tout ce qui les opprime. Il faut mettre dans un même sac le patronage sénile des académies et le patronage insolent des bureaux. Vous êtes les artistes, nous sommes le public; entendez-vous entre vous et avec nous. Employez à faire de bons tableaux le temps que vous perdez dans les antichambres; le public qui a payé 500 000 francs les reliques de Delacroix est assez riche pour vous nourrir. Les commandes ne sont pas ce qu'un vain peuple pense. On annonce encore la fin tragique du peintre Rivoulon. Il avait du talent.

Les sculpteurs de 1864 sont des hommes de beaucoup d'esprit, quoi qu'on dise. Ils ont voté comme un seul homme en faveur de M. Michaux, qui n'est pas du métier, mais qui distribue les travaux de la ville de Paris. Ce chef de bureau, précieux entre tous, marche en tête de la liste, avant M. Barye, M. Guillaume, M. Dumont et M. Cavelier, qui ne sont que compétents.

En voilà bien long sur les beaux-arts; mais l'art est un fruit de saison, puisque l'Exposition se prépare. N'avez-vous pas rencontré, il y a dix ou douze jours, les tableaux qui cheminaient vers les Champs-Élysées? Les uns se balançaient sur le dos d'un commissionnaire, les autres s'empilaient dans une tapissière, comme des blanchisseuses à la mi-carême; d'autres enfin s'en allaient mélancoliquement sur une civière, comme des maçons tombés d'un toit.

Vous savez que toutes les œuvres d'art sont reçues à l'avance, comme en l'an de liberté 1848. Seulement, on exposera d'un côté tout ce qui est admis au concours des récompenses, et de l'autre les caricatures qui pourraient donner des distractions au public. J'ai proposé cette combinaison, il y a quelques années, dans un feuilleton de *l'Opinion nationale;* mais je ne demande pas de droits d'auteur.

Le *Jésus* de M. Renan, revu et censuré par lui-même, s'est vendu ce mois-ci à sept ou huit éditions au prix modeste de vingt-cinq sous. J'avais lu la grande édition, je viens de relire la petite, où l'épisode de Lazare, entre autres faits importants, a été mis sous le boisseau. M. Renan, par compensation, nous donne une fort jolie préface où il semble vouloir démontrer qu'il écrit en homme religieux, pour répandre la religion dans les campagnes. Puisque M. Renan paraît imbu de cette idée, je suis trop bien élevé pour lui donner un démenti.

Je remarque seulement, et tout à fait au passage, que notre époque va perfectionnant de jour en jour l'abus des mots. Aussitôt que l'Académie française aura éliminé la candidature de M. Autran et voté pour notre illustre Janin ou pour mon excellent ami Camille Doucet, je la supplierai de rédiger à l'usage des simples un petit dictionnaire de six pages, sans plus. On ne demande pas l'impossible : qu'elle définisse seulement les mots Dieu, Divin, Ame, Religion, et quelques autres du même genre. Je ferai relier le nouveau dictionnaire à la suite du bel ouvrage de

M. Renan, afin de m'y reporter sans perdre une minute lorsqu'il se rencontrera dans le texte une équivoque ou une apparente contradiction. Dans l'état actuel de mes connaissances, plus je lis la *Vie de Jésus*, moins je comprends la véritable pensée de l'auteur. Il me semble tantôt qu'il est le plus joli chrétien du monde, tantôt que M. de Bonnechose a eu raison de fulminer contre lui. Par moments, je crois tenir un déiste de l'école de Rousseau, mais en ouvrant la main j'y trouve un coreligionnaire de Littré, de Laplace et de Lalande. Est-ce bien entendu? non ! Voilà mon athée qui tombe à genoux et qui dépose religieusement une âme dans le sein de Dieu. Le diable soit des gens qui ne savent pas ce qu'ils pensent, ou qui le savent sans le dire, ou qui le disent et le contredisent, comme s'ils avaient à cœur de brouiller toutes les idées du pauvre monde ! Il me semble parfois que M. Renan est un grand orgueilleux, muni d'une belle et bonne doctrine, bien saine, bien ronde, bien appétissante, mais qui réserve la poularde pour la manger avec ses amis, distribuant les plumes au menu peuple. Certains philosophes grecs avaient ainsi deux enseignements, l'un pour quelques intimes, et l'autre pour le commun des martyrs; mais je sais positivement que Socrate introduisit une nouvelle méthode. Vous me direz qu'il lui en coûta cher ; mais nous sommes en 1864, la ciguë a passé de mode, la métaphysique ne relève plus de la cour d'assises, l'intolérance religieuse, noblement représentée par quelques illustres vieillards, est encore plus noblement combattue par M. Delangle et par M. Langlais. C'est donc par un excès de prudence et un luxe de précaution que M. Renan, s'il a une doctrine, la dérobe aux yeux de ses lecteurs. Voltaire (que son nom soit loué!) courait bien plus de risques, et cependant il parlait plus net!

Je voudrais bien savoir, au demeurant, ce que M. Renan a gagné par ses réticences. L'ennemi ne le ménage pas plus que s'il avait déployé la franchise de Voltaire, et ses alliés naturels ne savent pas encore au juste s'il est avec eux. Vienne la mode des autos-da-fé dans cet ingénieux pays de France : ses équivoques et ses contradictions ne lui épargneront pas un fagot; elles arrêteront les seaux d'eau par douzaines.

Heureusement on ne parle pas encore de rétablir l'inquisition. Je crois d'ailleurs que les Tuileries, le Corps législatif, et un petit nombre de sénateurs, voteraient contre. Mais l'esprit religieux est vivement surexcité autour de nous. Jamais, depuis cent ans, on ne s'est querellé de si bon appétit à propos de dogme. Si les contestants n'en sont pas encore venus aux coups, c'est la faute de la police.

Le tapage ne se concentre pas, comme on pourrait le supposer, dans la communion catholique.

Les protestants s'en mêlent aussi. Non-seulement ils flagellent les vices du siècle dans des pétitions d'une forme et d'un goût admirables, mais ils se prennent très-cordialement aux cheveux dans l'intimité de leurs consistoires et de leurs temples.

Voici en quatre mots la cause des ouragans qui agitent ce verre d'eau froide. Un certain nombre de protestants français se rapprochent insensiblement de l'orthodoxie catholique : les rites sont modifiés, l'aspect des temples se transforme, les versets et les répons s'introduisent dans la liturgie, la confession auriculaire revient sur l'eau ; le clergé, par une prétention toute nouvelle, se fait le juge et l'arbitre souverain du vrai, au détriment de la liberté individuelle. Mais, comme il n'y a pas d'action sans réaction, une multitude de protestants, par un mouvement énergique, se jettent dans les bras du rationalisme. Ils désertent le dogme et nient la divinité de Jésus sans recourir aux circonlocutions attendrissantes de M. Renan. Les chefs de ce parti sont trois hommes d'un caractère et d'un talent hors ligne : M. Colani et M. Leblois, à Strasbourg, et M. Athanase Coquerel, à Paris. M. Athanase Coquerel était pasteur à la fin du mois dernier ; l'intolérance du clergé protestant l'a brisé comme un verre, mais les morceaux en sont bons. N'est-il pas singulier de voir les anciennes victimes de la révocation de l'édit de Nantes pratiquer la persécution à leur tour ?

J'ai toujours eu pitié des moutons, parce que le boucher les brusque un peu pour avoir leurs côtelettes ; mais je commence à croire que, si on leur prêtait un couteau, ils mangeraient demain des côtelettes de boucher.

Passons du grave au doux. L'Odéon, désensorcelé par la bonne et noble *fade* de Nohant, nous a donné le roman d'une jeune fille pauvre, ou le *Marquis de Villemer*. C'est une pièce où tout le monde est bon, honnête et juste ; une pièce où l'on s'estime, on s'aime, on s'embrasse, on s'épouse, on paye les dettes les uns des autres, on foule aux pieds l'argent comme un vil macadam. Le plus humble personnage est un domestique aussi bien élevé que M. de Talleyrand, et remarquablement plus moral. Cette admirable Mme Sand, la meilleure et la plus droite des femmes, a créé tous ces gens-là à son image. La marquise, c'est elle comme nous l'aimons aujourd'hui ; Mlle de Saint-Geneix, c'est elle, jeune, pauvre, froissée et fière ; le marquis, c'est encore elle, présentée sous les côtés virils et nerveux de son âme ; le duc, c'est toujours elle, avec son insouciance, son mépris des affaires, son culte pour les marionnettes, son esprit imprévu, qui s'échappe en saillies comme le rire d'un enfant. Toutes ces figures, animées par un souffle unique, sont pourtant très-diverses et très-vivantes ; elles n'ont rien de convenu, de traditionnel ; pas un trait de leurs visages ne rappelle les masques du théâtre antique, tant de fois repeints, remaniés, adaptés et réadaptés à la vie moderne, coiffés d'une perruque par celui-ci, enfarinés de poudre à la maréchale par celui-là. La critique perdrait son latin à vouloir analyser cette action purement morale, où tout se passe dans les âmes, où le seul coup de théâtre est un carreau cassé. On pense vaguement à Sédaine; ceux qui savent le latin reconnaissent la bonhomie de Térence, encore humanisée et attendrie par un vrai cœur de bonne femme : il n'y a pas d'autre jugement à porter sur cette œuvre de charme et d'innocence. Critiquer le *Marquis de Villemer*, c'est vouloir analyser un parfum d'héliotrope voltigeant dans l'air du soir.

Le public se rue à l'Odéon avec une fureur digne d'éloge. Tous les honnêtes gens, tous les demis, tous les quarts, tous les huitièmes et jusqu'aux simples trente-quatrièmes d'honnête homme, vont se mirer avec une complaisance inouïe dans ce cristal assez flatteur. Mme George Sand, en peignant nos contemporains comme ils devraient être, a obtenu un succès qu'elle ne rêvait pas, j'en suis sûr. De même que les Français de 1793 dépensaient leurs assignats pour applaudir des bergeries, les Parisiens un peu tarés de 1864 offrent leurs napoléons en holocauste sur l'autel du désintéressement. Ce mouvement part d'un bon naturel, ou tout au moins d'un naturel qui n'est pas encore absolument perverti. Il démontre une fois de plus que l'homme recherche avec passion ce qui lui manque. On se régalait de laitage sous le règne du citoyen Marat; on s'enivre de désintéressement lorsque les actions du Crédit international font cent cinquante francs de prime avant d'être émises.

Rien n'est plus dangereux que de peindre les hommes tels qu'ils sont, quand par hasard ils ne sont pas aussi jolis qu'ils voudraient l'être. Je voyais, e matin même, dans l'atelier prodigieux de Carrier-Belleuse, le buste d'une riche et jolie marchande qui semblait marchander son propre portrait. L'artiste m'avoua que ce petit chef-d'œuvre était ce qu'on appelle au tribunal de commerce un *laissé pour compte*. Le modèle avait protesté contre la ressemblance en serrant les cordons de sa bourse : on aurait bien voulu ressembler à l'impératrice ou tout au moins à la duchesse de Morny. Il s'en est fallu d'assez peu que la société française refusât la livraison de l'*Ami des Femmes*, et laissât pour compte la pièce de Dumas fils. On disait dans les loges et dans les couloirs que l'auteur poursuit la vérité jusqu'à la barbarie; qu'il déshabille son époque pour la fesser en public. Les modèles les mieux saisis, les mieux rendus, les plus vivants, les plus criants, les plus éclatants de ressemblance, refusaient, *mordicus*, de se reconnaître. Ils avaient le miroir devant les yeux, ils l'effleuraient du bout du nez, et criaient à la fantaisie, ou même à la caricature. Le public des premières représentations est sorti tout froissé, comme s'il avait passé par les mains d'un lutteur émérite.

C'est un rude lutteur, en effet, ce digne fils du grand et bon Alexandre Dumas. Aucun homme mieux que lui ne connaît le fort et le faible de la France contemporaine. Il a traité successivement, et toujours en maître, toutes les questions vivantes, vibrantes et palpitantes de son temps : la haute prostitution qui nous déborde, l'adultère élégant qui va bien, le demi-monde, cette invasion barbare et séduisante qui menace le monde régulier, la question d'argent, qui résume toutes les autres, le père prodigue (on en a vu beaucoup cette année) et le fils naturel (on en compte vingt-huit pour cent dans les naissances de Paris!). Le grand artiste ajoute à cette série une nouvelle étude, aussi nouvelle, aussi curieuse, aussi intéressante, aussi profonde que toutes les autres. Il met en scène un type qui devient de jour en jour moins rare parmi nous. C'est l'homme qui a beaucoup connu Marguerite Gautier et s'est aperçu qu'il faut se ruiner pour elle (ce qui est bête) ou la ruiner pour soi, ce qui est honteux. Il a obtenu les bonnes grâces de Diane de Lys, et il a su tirer son épingle du jeu au moment où le mari allait le tuer comme un chien. Il ne veut pas finir comme le père prodigue; il n'aimerait pas davantage à semer par le monde une collection de fils naturels : que fait-il? Il se décide à n'être jamais qu'un homme sans conséquence, un ami des femmes, j'entends un ami très-vaillant et en activité de service, mais oublié sur l'annuaire du sentiment. Ce n'est pas un mouton désintéressé, comme Sarcey et Fiorentino l'ont imprimé par erreur, mais un bélier qui se résigne à paître sur le communal. Voilà sa théorie, et je suis convaincu qu'il l'appliquerait, sans désemparer, jusqu'à la cinquantaine, s'il ne rencontrait sur sa route une véritable femme de bien. Ce petit événement dérange son parti pris, bouleverse ses idées, fait dérailler ce wagon triomphal qui abattait dix lieues à l'heure sur le chemin de Strasbourg. L'Ami des femmes est amoureux; l'amour qui peut tous les miracles, lui rend ces belles illusions, ces instincts généreux et chevaleresques qui sont encore, heureusement, le fond de tout homme d'honneur. Au lieu de saisir une jolie occasion, que pas un spectateur de l'orchestre n'aurait manquée, il ramène Mme de Simerose à son devoir et à son mari.

Je ne me souviens pas d'avoir vu beaucoup de comédies plus honnêtes dans le fond; je vous défie de m'en citer une qui soit plus neuve, plus originale, plus vive, plus brillante dans la forme. Peut-être y manquait-il un condiment, une liaison, un élément accommodé aux goûts et aux caprices actuels du public. Le fait est que l'orchestre et la galerie, sans témoigner une hostilité qui eût été de l'irrévérence envers un des plus beaux génies de notre temps, se sont un peu roidis devant les vérités de la comédie. L'opposition, fort décente d'ailleurs, a cessé; il n'en reste qu'un certain esprit d'abstention dans certaines classes du monde. J'espère que ce mauvais vouloir, ou plutôt ce malentendu, ne durera pas longtemps. Il serait étrange, en vérité, qu'une partie de Paris boudât contre son plaisir et se refusât l'occasion d'entendre une des œuvres les plus curieuses et les plus éminemment littéraires qui se soient produites depuis dix ans!

La critique des grands journaux est toujours intéressante à suivre, mais surtout au lendemain d'une solennité comme celle-là. On veut entendre l'un après l'autre les hommes généralement distingués qui gouvernent chaque lundi l'opinion publique. Ils sont tous, ou presque tous, plus éclairés, plus instruits, plus lettrés que les autres spectateurs de la première représentation; ils peuvent donc redresser les arrêts absurdes ou précipités de la foule, sans toutefois les heurter de front. Il faut rendre cette justice aux vrais critiques parisiens, qu'ils ont fait pour le mieux, et que les plus sévères n'ont pas oublié un seul instant qu'ils discutaient l'œuvre d'un maître. Ceux qui admiraient sincèrement la pièce, comme Théophile Gautier et Nestor Roqueplan, ont donné leur avis avec la modestie du vrai mérite, sans heurter les petites résistances du public. Ceux qui y trouvaient plus à redire, Janin, Paul de Saint-Victor, Sarcey, Fiorentino, n'ont pas manqué de mettre hors de cause la gloire intacte et l'incontestable génie de l'auteur. Le feuilleton de Saint-Victor, tout sévère qu'il est, restera comme un des plus beaux spécimens, une des véritable œuvres d'art de la critique théâtrale.

1ᵉʳ MAI.

Ce printemps de 1864, si brillant, si radieux, si doux à contempler autour des lacs du bois de Boulogne, est un impitoyable meurtrier. Il emporte en trois jours le pauvre Jules Lecomte et Charles Brainne, le Juif-errant de la chronique parisienne, le secrétaire perpétuel des inaugurations, le Dangeau rapide et infatigable de toutes les fêtes du progrès. Brainne était avec nous au collége Charlemagne et à la pension Jauffret. Je me rappelle un journal qu'il fonda sans autorisation, sous les yeux du maître d'étude, journal manuscrit, bien entendu, et parfaitement étranger à toutes les discussions politiques. Le rédacteur en chef de *la Fraternité* débutait par une pièce de vers intitulée : « *J'ai dix-huit ans !* » Il vient de mourir dans sa trente-neuvième année. Comme le temps marche vite ! Il me semble que ces vers sont d'hier, et que je les ai lus ce matin dans mon pupitre. Les collaborateurs du journal étaient Blot, de la *Critique française;* Léon Lagrange, auteur de cette belle monographie des Vernet; Charles Tissot, diplomate et historien très-distingué; Eugène Fallex, le seul poëte qui ait serré de près les textes de Plaute et d'Aristophane; Henri Cantel qui a obtenu quelques succès dans les périodiques de notre temps et même à la *Revue des Deux-Mondes.* Brainne fut le premier d'entre nous qui eut la joie de se voir imprimé tout vif : il avait envoyé au *Tintamarre* ou au *Charivari* une petite parodie de *Virginie*, le drame de M. Latour-Saint-Ybars. Cela se récitait sur l'air de *larifla;* hélas ! J'ai lu dans deux ou trois journaux qu'il avait passé comme nous par l'École normale : c'est une erreur où il finit par se laisser entraîner lui-même. Le fait est qu'il débuta dans l'enseignement au sortir de la pension. Il devint professeur d'histoire, et, au bout de quelques années, un préfet d'Orléans le fourra dans la presse semi-officielle. Il n'y demeura pas longtemps; son humeur vagabonde le ramena bientôt à Paris, d'où il rayonna en tous sens, à mesure que les chemins de fer s'ouvraient. Je connais peu de villes où il n'ait avalé sur le pouce, et tout en prenant des notes, l'inévitable dîner de Potel et Chabot. Il écrivait à bâtons rompus dans quelques journaux de Paris, mais sa principale industrie consistait à fournir des nouvelles du monde entier à quinze ou vingt feuilles de province. Sa prose était courante, facile à lire, impersonnelle, dessinée comme une façade de gare, décorée comme une salle d'attente. Jamais ce grand garçon remuant et bruyant ne nuisit volontairement à personne ; il était bon enfant dans le sens le plus large du mot, facile, liant, un peu banal : un commis voyageur lettré ! Je crois pourtant qu'il encourut une ou deux condamnations pour délit de fausse nouvelle, mais la fausse nouvelle se glisse un peu partout, et quand nous nous trompons, le *Moniteur* lui-même n'a pas le droit de nous jeter la pierre.

Dans l'été de 1856, Charles Brainne, que je n'avais pas rencontré depuis un an, vint m'annoncer son mariage et m'inviter à lui servir de témoin. Il épousait la fille de M. Rivoire, un doyen du journalisme de province, fondateur et propriétaire du *Nouvelliste de Rouen*. Huit années ont passé depuis cette fête, une des plus gaies dont il me souvienne. Je vois encore la belle épousée de vingt ans, éclairant de son sourire une jolie maison et un grand jardin de Quevilly. L'assistance était nombreuse et brillante ; on rit et l'on dansa jusqu'à perdre haleine; les festins se succédèrent durant trois ou quatre jours. Que de joie et d'espérance ! C'est en souvenir de ce bon temps que je pris le nom de Valentin de Quevilly pour signer quelques gamineries de petit journal. Après les noces, je revins à Paris avec mon vieux camarade et sa femme. Elle me demanda, chemin faisant, de lui improviser des histoires, et je lui servis, entre autres folies, le canevas d'un petit roman qui s'appelle *le Roi des Montagnes.* Il était naturel de lui dédier ce récit qu'elle avait baptisé de son frais sourire. « Vous le relirez au coin du feu, disais-je dans la préface, et les aventures de mon vieux Pallicare vous rappelleront le jour heureux où vous aviez vingt ans, un avenir sans nuages, un présent sans soucis et des amis désintéressés. » Les nuages sont venus, et ils ont foudroyé cet aimable front de jeune femme. Les soucis de l'avenir l'accablent sans doute aujourd'hui, car elle est veuve, mère et sans fortune. Et les amis désintéressés de 1856 ne feraient pas mal de se réunir en 1864 pour lui offrir en commun quelque marque de leur intérêt.

L'histoire de Jules Lecomte est encore plus triste. C'est une succession de noirs orages, où l'on chercherait en vain, pour reposer la vue, un simple rayon de soleil. Hier matin devant l'église de la Trinité, où ce pauvre homme roide et froid était un peu plus roide et plus froid qu'à l'ordinaire; je rencontrai Lachaud, le plus touchant et le plus pathétique des orateurs de notre temps.

« Hé bien ! lui dis-je en lui serrant la main, voici le premier danger où vous n'ayez pas pu le défendre.

— Ne le plaignez pas, repondit Lachaud. Le

repos qu'il obtient aujourd'hui, il en avait besoin depuis bien longtemps ! »

Lecomte était né pauvre, ambitieux et fier. La mauvaise fortune et le besoin de paraître lui firent une jeunesse plus qu'orageuse. Il débuta par des fautes qu'un plus humble se fût fait pardonner, mais que le monde des journaux lui jeta perpétuellement à la tête parce que son orgueil les oubliait à chaque instant. La haine lui fit un passé épouvantable, brodant les fantaisies les plus noires sur le canevas qu'il avait malheureusement fourni. S'il avait eu l'échine plus souple et la camaraderie plus facile, il eût trouvé grâce, comme tant d'autres, devant le puritanisme assez coulant des estaminets littéraires. Il lui fut d'autant moins pardonné qu'on le croyait riche; mais le plus singulier de cette étrange vie, c'est que sa fortune tant enviée, tant reprochée, n'était qu'un petit mensonge d'une vanité souffrante. Le peu qu'il a laissé provient d'une spéculation très-licite sur le buffet de Hombourg. Mais il aima mieux laisser croire qu'il s'était enrichi par des manœuvres ténébreuses que d'avouer son association avec un honnête restaurateur.

C'est lui-même qui réveilla, comme à plaisir, par des provocations vaniteuses et folles, le souvenir de ses péchés d'enfant. Il aimait à jeter son gant dans l'arène, espérant que personne, en voyant la fierté de son attitude, n'oserait le relever. Une attaque immodérée contre Mme Ristori, qui l'avait offensé véniellement, amena des ripostes sanglantes. Il fit la faute de demander justice aux tribunaux, comme si les tribunaux n'étaient pas plus menaçants que secourables à l'homme qui leur a donné prise une fois. On traita ce demandeur en coupable, et il sortit froissé, rompu, brisé par ces mains tutélaires et méprisantes où il s'était imprudemment réfugié.

Qui le croirait? après une si rude épreuve, quand tout Paris le jugeait mort et enterré, il reparut un jour, redressé par l'orgueil et la volonté; d'autant plus roide et plus fier que l'opinion l'avait mit plus bas. Il aborda le monde de front, et peut-être ce courage lui aurait-il fait trouver grâce, si le monde pouvait pardonner à ceux qui le regardent de haut en bas. Il trouva la force de se montrer, de se produire, d'écrire des livres, des pièces de théâtre, des articles de journal à l'infini. Le jour où ses contemporains le jugeront avec impartialité, ils rendront peut-être justice à la fermeté de son caractère et à l'obstination incroyable de son travail. Cet homme qui n'était pas né écrivain, qui n'avait pas reçu dans sa jeunesse une forte éducation littéraire, est un de ceux qui ont le plus produit. L'énorme bagage qu'il nous laisse, et dont je ne prétends point exagérer la valeur, attestera au moins d'une patience et d'une volonté héroïques. Jusqu'à son lit de mort, sous le coup de violences quasi posthumes qu'il avait provoquées par je ne sais quels enfantillages de l'orgueil, il écrivait encore; et le *Monde illustré* a publié presque en même temps son dernier soupir et son dernier article.

Il avait des ennemis en foule et quelques amis solides. Parmi les cent cinquante ou deux cents personnes qui lui firent cortége après la mort, plus d'une a pleuré de vraies larmes. Ce personnage entier, résistant et pugnace, digne sujet d'étude pour un romancier comme Stendhal, a jeté plus d'une bonne action dans la balance en contre-poids de ses fautes. Pour moi je n'oublierai jamais qu'il prit spontanément ma défense, il y a bien des années, quand le gracieux Ulbach et deux ou trois autres fruits secs de la littérature avaient la prétention de m'écraser dans l'œuf. Il convient d'ajouter que M. Louis Ulbach était mon camarade de collége, ce qui lui permettait de me tutoyer en me calomniant. Je ne connaissais pas même de vue ce scélérat de Jules Lecomte. Je l'ai connu depuis, autant qu'un homme si malheureux et si renfermé pouvait se faire connaître. L'autorité de l'âge et de la vertu me manque pour juger définitivement l'ensemble de ses actions, mais j'ai serré sa main tant qu'il a vécu, et je la serre encore aujourd'hui, sans redouter le froid de la tombe.

La mort ne se lasse pas de frapper autour de nous, dans le monde où l'on travaille et où l'on pense. On enterre aujourd'hui l'aimable et respectable chef de la dynastie des Dubufe, un artiste célèbre en son temps, remplacé et dépassé depuis quelques années par son fils Édouard. Son œuvre considérable laisse beaucoup de prise à la critique : on y remarque partout la recherche du joli poursuivie au détriment de la vérité du dessin. Il n'en était pas moins un homme de mérite et un artiste véritable. Après le grand art des Ingres et des Flandrin qui traversera les siècles sans rien perdre, il faut faire une place aux élégances mondaines qui flattent à leur goût les jolies femmes de chaque temps.

Puisque j'ai rappelé le nom de Flandrin, je veux citer un fait inédit à Paris, qui vous fera sentir combien cette mort a été soudaine et comme elle a saisi le grand peintre au milieu de ses occupations et de ses adorations artistiques. Il était, le 6 mars de cette année, dans l'atelier d'Overbeck. On parlait devant lui du *Marsyas* de Raphaël, ce beau tableau trouvé par M. Morris Moore et furieusement contesté en Angleterre par l'ânerie des corps savants. Overbeck, dans une lettre que j'ai sur mon bureau, raconte que Flandrin s'anima violemment à la défense de ce chef-d'œuvre et que, mettant la main sur son cœur, il le remercia avec effusion de ce qu'il avait écrit pour le *Marsyas* dans le *Journal des Débats*. Lorsqu'on pense que cette flamme de pur enthousiasme pour le beau s'éteignit quinze jours après dans la mort, le cœur se serre péniblement : on croit voir un grand prêtre foudroyé devant l'autel.

Un nuage a voilé tout à coup le beau génie de Troyon. Il n'est pas mort, mais il est fou, ce qui est pire. Depuis une semaine, ce maître paysagiste, cet animalier sans égal, ce Paul Potter poétique et rêveur, s'est métamorphosé, sous le coup d'une baguette invisible, en une espèce de cadavre ambulant. Il nous reste Mlle Rosa Bonheur, un immense talent aussi, mais un peu sec, un peu dur, et surtout un peu stérile. Ne craignez pas que je joue ce vilain jeu qui consiste à bâtonner les vivants avec les os des morts. Personne plus que moi n'admire la beauté sévère, la correction irréprochable, le grand dessin des paysages peuplés par Mlle Rosa Bonheur. Mais elle produit trop peu pour consoler son siècle de Troyon à jamais perdu. Elle ne peint rien que de beau, de noble et de parfait; mais elle ne peint pas assez. Et puis, faut-il l'avouer? les tableaux de la grande artiste me font l'effet d'une prose sublime, et Troyon était un poëte. Il descendait de Virgile en passant par George Sand et Musset; il était cousin germain du tendre et vaporeux Corot. Qui nous peindra désormais les grands bœufs estompés par le brouillard du matin, soufflant par les naseaux une vapeur chaude et parfumée, au milieu d'un pâturage moite? Lui seul chez nous savait rendre les aspects rêveurs de la nature et ce sourire mouillé de pleurs qu'elle montre au soleil levant. Je comprends que le printemps nous fasse payer de quelque deuil et de quelques regrets les petits plaisirs qu'il nous apporte chaque année ; mais si c'est lui qui a frappé le génie poétique et printanier de Troyon, il a tué son peintre ordinaire, et l'on peut dire que les saisons sont encore plus ingrates que les hommes.

L'exposition qui va s'ouvrir aux Champs-Élysées nous rendra-t-elle un peu de tout ce que nous avons perdu ? Il faut le souhaiter. Mais, sans être pessimiste, on remarque que les grands artistes s'en vont vite et viennent lentement, depuis quelques années. A qui la faute ? ni à vous, ni à moi, ni au gouvernement, qui n'y peut rien. Si l'on fondait un prix de cent mille francs en faveur de la bonne peinture, le contribuable saurait ce qu'il en coûte ; il ne verrait pas de longtemps le profit qui lui en vient. On a semé des pièces de cent sous à foison pour faire pousser des comédies en vers ; rien ne lève. On arrose d'or potable le sol de nos théâtres lyriques pour faire pousser des ténors : néant !

L'honorable M. Bagier, qui collectionne avidement les enrhumés de l'Europe pour leur faire chanter du Verdi, nous demande cent mille francs : c'est la mode. Il paraît convaincu que, s'il avait cent mille francs de plus dans sa caisse, ses ténors auraient cent mille chats de moins dans le gosier. Dilettanti, mes bons amis, vous qui payez seize francs sans vous plaindre pour grincer des dents tout un soir, la France laborieuse a l'œil sur vous et s'intéresse à vos peines. Elle fera, s'il le faut, un sacrifice en votre faveur. Mais, comme il est certain que l'argent empoché par les directeurs n'a jamais arrêté une fausse note sur les lèvres d'un ténor, nous consacrerons dix mille francs à l'achat de quelques balles de coton, dont vous emplirez vos oreilles. Et comme on ne va guère au Théâtre-Italien que pour voir et pour être vu....

On assure, mais je n'en crois rien, que le ballon de M. Godard attend une subvention de cent mille francs pour s'élever à six pieds de terre. M'est avis que *l'Aigle* partira sans subvention dès qu'on aura déchargé sa conscience. Et de quoi? Mais, parbleu! de l'argent qu'on n'a pas rendu aux spectateurs qui n'ont pas vu.

A propos d'aigle empêtré, M. Autran, poëte marseillais, a failli s'élever jusqu'à l'Académie. Son affaire était faite, si les quarante avaient été seulement au nombre de trente-cinq. Les bons principes représentés par M. Autran ont réuni dix-sept voix sur trente-quatre; le reste s'est partagé entre Janin et Camille Doucet. Ce qui prouve de temps en temps la supériorité des académiciens sur le commun des hommes, ce n'est pas un discours de réception comme celui de M. Dufaure (oh! que nenni!); c'est une élection où dix-sept immortels témoignent par leur vote qu'ils ont lu les poésies de M. Autran. Dans ces occasions, les ignorants comme vous et moi sont forcés de reconnaître que l'Académie a connaissance de choses mystérieuses, obscures et cachées par une nuit profonde à la presque totalité des citoyens français.

Un académicien de mes amis me disait hier soir : « Cette élection n'est pas la plus sotte que nous ayons faite. Pouvait-on prouver plus clairement qu'on ne voulait aucun des trois ? » Je vous donne ce point de vue parce qu'il est nouveau, et non parce qu'il me semble juste. J'ai la plus sincère admiration pour un des trois et la plus sérieuse amitié pour un autre.

La mort de M. Ampère (encore un deuil que j'oubliais !) permettra peut-être à Janin et à Doucet de s'asseoir côte à côte. Mais il paraît qu'on ne veut pas faire de mécontents, dans ce temple du mécontentement aimable. On ajourne l'élection à l'an prochain, dans l'espoir que la mort, sœur du sommeil, aura créé d'ici là une nouvelle vacance. Prévision gracieuse et confraternelle, s'il en fut. Allons, messieurs ! à qui le tour ?

Je ne voudrais pourtant pas sauter sur une autre branche sans dire un mot de M. Ampère. Il venait quelquefois passer la soirée avec nous, dans le salon des pensionnaires, à l'Académie de Rome. Par l'abondance des idées, la variété des souvenirs, la rapidité des transitions, il me représentait au vif les fins causeurs du dix-huitième siècle. On ne l'eût certes pas trouvé de trop chez Mlle Quinault ou chez Mme d'Épinay. Il tenait d'une main légère, encore qu'un peu nerveuse, le dé de la conversation. Ses anecdotes se suivaient en enfilade, mais vous alliez jusqu'au bout sans vous ennuyer un moment. Il plaisantait serré, de sang-froid, riant peu, éveillant le rire par saccades comme un excitateur qui tire des étincelles de la machine électrique. Le sentiment n'était pas son fort; je sais pourtant qu'il avait un cœur à toute épreuve et qu'il fut admirable pour quelques amis. Avec cela, la dent un peu dure : il ne touchait jamais à certain gouvernement de votre choix sans emporter le morceau. Les cardinaux et les nobles romains lui savaient gré de cet appétit : il avait droit de cité dans le meilleur monde et s'y tenait sur un bon pied, quoique simple d'habit et sans train aucun. Après avoir couru l'Europe et l'Amérique, il était venu s'asseoir et se calmer dans cette grande et somnolente Rome, qui est encore le plus magnifique reposoir du monde pour les penseurs, les érudits et les lettrés. Il était des uns et des autres, sans supériorité marquée en aucun genre. Il savait, raisonnait, écrivait fort honorablement, et rien de plus; curieux, ardent, passionné, sagace, assez complet, mieux que médiocre en tout, mais manquant du je ne sais quoi qui place un homme au-dessus des autres. C'est par l'éclat moyen de mille et une qualités ordinaires autant que par le principe d'hérédité si cher à toutes les aristocraties, qu'il avait mérité son fauteuil à l'Académie de Paris.

Je vous ai réservé pour la bonne bouche les quatre grandes questions qui ont agité depuis un mois le monde intelligent : la question Maximilien, la question Garibaldi, la question Shakespeare et la question des os de Voltaire. Commençons, s'il vous plaît, par la fin.

On comprend assez bien que les sauvages de l'Amérique, lorsqu'ils changent de domicile, emportent dans des sacs de peau les ossements de leurs aïeux. On ne comprendrait pas qu'un notaire de Paris, se retirant à Meaux, fît emballer en colis les restes de sa famille. L'homme civilisé porte partout au fond du cœur le souvenir de ceux qu'il a aimés ; il ne s'avise pas, à moins d'être un peu fou, de disputer leurs os à la terre.

On s'explique la naïveté des chrétiens du dixième siècle qui achetaient, vendaient, pillaient même à l'occasion les phalanges d'un pauvre saint, plus ou moins authentique. Ces fragments valaient un certain prix, puisqu'ils faisaient des miracles. La relique de Charroux, quoique légèrement éventée, guérissait la stérilité des dames ; on avait donc raison de la conserver avec soin. Mais que penseriez-vous aujourd'hui d'une famille bourgeoise qui lotirait pieusement les os, les muscles et les plus humbles abats d'un ancêtre décédé? Cette manifestation de la piété filiale vous paraîtrait moins touchante que dégoûtante.

Lecteur civilisé, que diriez-vous d'un philosophe qui singerait les petites pratiques de la superstition? Votre admiration pour Taine ou pour Littré serait-elle beaucoup plus grande si vous découvriez que ces deux sages ont rangé dans des reliquaires une dent de Socrate, un cheveu de Platon, un ongle d'Aristote, un fémur de Descartes et je ne sais quelle particule israélite de Spinoza! Vous les prendriez en pitié, et vous diriez, avec raison, qu'il vaut mieux recueillir la sagesse sublime des maîtres que de gratter dévotement la sale poussière de leur corps. Si quelqu'un vous offrait le crâne de Rousseau ou le squelette de Voltaire, vous tourneriez le dos au marchand de phosphate et vous iriez relire *Candide* ou le *Contrat social*.

Je dédie humblement ces réflexions aux grands journaux politiques, qui se sont mis martel en tête à propos des os de Voltaire, et qui somment le gouvernement de les rendre à la dévotion des incroyants.

Il paraît démontré que cinq ou six personnes bien pensantes, dans la première ivresse de la Restauration, descendirent aux caveaux du Panthéon, violèrent les tombeaux de Rousseau et de Voltaire, emportèrent les os dans un fiacre, les jetèrent au fond d'un trou, sur un lit de chaux vive, puis dansèrent le pas triomphal du roi David. Le fait est rapporté avec beaucoup de détail, une parfaite vraisemblance et un grand air de bonne foi, par notre excellent et savant bibliophile Jacob dans un petit journal appelé l'*Intermédiaire*. J'y crois très-fermement et je l'avais deviné, d'instinct, depuis quelques années. Quand j'ai vu qu'on rendait l'église Sainte-Geneviève au culte catholique, et que le clergé ne se hâtait pas d'exhumer Voltaire et Rousseau, il m'a paru presque évident qu'il avait trouvé l'exhumation toute faite. Donc les os de Voltaire et de Rousseau sont rentrés, comme les autres parties de leurs corps, dans la masse commune. Est-ce un mal? Aimeriez-vous mieux qu'on chantât vêpres tous les jours sur les squelettes des deux grands impies, ou qu'on les exposât sous verre dans quelque nouveau musée, consacré aux souverains de l'esprit? La vue de ces restes pulvérulents parlerait-elle plus haut à votre cœur que l'admirable statue d'Houdon? J'avoue que les légitimistes de 1816 ont fait un acte de passion petite, bête et lâche. Mais demanderez-vous qu'on instruise contre eux et que par représailles on les exhume à leur tour? A quoi bon aigrir les esprits par des récriminations stériles? Les Romains d'autrefois brûlaient sur un bûcher le corps de leurs meilleurs amis. Les Romains de nos jours font cuire leurs parents dans la pouzzolane, sans croire leur manquer de respect. Les os de Voltaire sont détruits ou du moins désagrégés : que voulez-vous ? Ils ont cela de commun avec les os de Socrate et des meilleurs hommes. Mais son œuvre est partout : dans votre bibliothèque, dans votre esprit, dans la société française remise à neuf. Voilà ce que les bons légitimistes de 1816 n'ont pas brûlé.

Rien n'est plus sot et plus brutal que le verbe brûler. Et dire que c'est le fond de la langue française ! Le roi Clovis ouvre la marche en brûlant ce qu'il avait adoré et en adorant ce qu'il avait brûlé. Nous avons changé sa dynastie et gardé sa formule. Voilà pourquoi l'on a bien fait de rendre Sainte-Geneviève au culte catholique : il n'y a guère de panthéon possible à Paris. Chaque génération brûle gaillardement la génération précédente. Tout homme de valeur commence par incendier tout ce qu'on admirait avant lui. Voltaire a réchauffé ses petites mains maigrelettes au plus grand feu de joie qui ait jamais éclairé l'univers ; Victor Hugo et Musset ont brûlé Voltaire, et voici M. Lissagaray lui-même qui allume sa pipe avec les beaux vers de Musset. Il n'y a que les fonctionnaires qui ne brûlent rien ; sans doute parce qu'ils sont chauffés aux frais du peuple. Ils respectent pieusement la besogne de leurs devanciers, pour n'avoir plus l'ennui de la faire. Si jamais il se fonde un panthéon, ce sera un columbarium officiel, consacré aux ripainsels et aux chefs de bureau, nos seuls souverains inamovibles.

Je suis mal à mon aise, ici du moins, pour parler de l'archiduc Maximilien d'Autriche, qui vient de quitter Miramar pour Mexico, en passant par le Vatican. Les questions de haute politique sont interdites à ce recueil, et je dois me renfermer dans les limites du simple bavardage. C'est une légère incommodité qui ne m'humilie pas trop, dans le fond ; car, enfin, les gros événements qui passionnent au jour le jour la presse sérieuse sont les plus vite oubliés. Tout est accident en politique, tout change, tout passe ; les nuages qui assombrissent aujourd'hui l'auguste front des garçons de bureau et des portiers de ministère s'évanouiront ce soir à l'horizon. Ce qui reste, c'est ce fretin d'idées, de sentiments, de vérités universelles que la presse littéraire, à laquelle j'ai l'honneur d'appartenir, sert en friture aux contemporains. L'Autriche donc, si avantageusement connue dans l'histoire pour la gravité de ses allures et la prudentissime circonspection de sa politique, s'est débauchée un beau matin, et la voilà courant le guilledou des aventures d'outremer. Il ne m'appartient pas de pronostiquer les succès qui l'attendent dans cette voie ; les écoles de prophétie qui florissaient jadis en Palestine sont fermées depuis trop longtemps. J'espère que les gamins de Paris se sont trompés de tout point, lorsqu'ils décernaient à l'illustre archiduc le titre d'archidupe et lui conseillaient au départ de prendre un billet de retour. Je suis persuadé que le courageux fils de la maison d'Autriche a puisé des lumières d'État dans sa conversation avec le Saint-Père. Puisse-t-il avoir étudié à la grande école romaine le secret de régner à l'amiable sur un peuple heureux, de balancer les budgets sans emprunt et sans aumône, et d'être fort sans l'appui des baïonnettes étrangères ! Amen.

Tandis qu'un prince de sang impérial s'en allait chercher au loin une couronne assez pesante, l'Angleterre acclamait de tous ses poumons un sublime casse-cou, qui a conquis des royaumes comme les terriers anglais prennent les rats, sans les manger. Non-seulement j'admire ce fou de Garibaldi, mais je l'aime à la passion. Il est brave, il est pauvre, il est bon, il est naïf. C'est le plus noble et le plus singulier enfant terrible que notre siècle ait engendré. Les *Londoners* l'ont fait citoyen de Londres, les Italiens l'ont fait député à qui mieux mieux ; les habitants du Royaume-Uni s'occupent, dit-on, de le faire un peu millionnaire. Il n'avait aucune vocation pour tous ces métiers-là. Il est né pour affranchir sa patrie par des coups d'audace, des coups de fortune et des coups de tête, à travers une incroyable série de succès, de désastres et de maladresses. Il s'entend à la politique comme un sabre, et à la diplomatie comme un canon. Personne mieux que lui ne sait tout compromettre par un élan de cœur et tout sauver par un autre. Je le crois bête au fond..., bête comme Socrate qui a bu la ciguë ou comme Christophe Colomb qui s'est laissé mettre les fers aux pieds. Il faut une certaine dose de cette absurdité-là pour faire de grandes choses sur la terre. Jamais un homme de bon sens, comme vous et moi, ne donnera ces coups de collier qui tirent les peuples de l'ornière.

Le peuple anglais a beaucoup de bon, quoi qu'on dise : vous auriez tort de le juger sur son gouvernement, qui est un vieil échantillon démodé. Il aime la liberté, il comprend la grandeur, il mord plus avidement encore au sublime qu'au plum-pudding. De là ce bel enthousiasme qui a entraîné des millions d'hommes et jusqu'à l'héritier de la monarchie, au devant d'un illustre aventurier. N'est-il pas curieux de voir ces gens si froids en apparence s'enflammer d'un beau feu pour un simple homme de bien? Je suis sûr que Paris, en telle occasion, serait resté fort en arrière. Nos aimables concitoyens auraient trouvé dans le blessé d'Aspromonte quelque chose à *blaguer*. Il faut pour éblouir nos yeux plus que de la vertu et de la gloire : la passementerie, monsieur ! les plumets, mon cher monsieur ! Il y a dans Paris plus de cent mille personnes à qui la vue du général Mourawieff, en grand uniforme et tout chamarré d'ordres, traîné dans une voiture à quatre chevaux au milieu d'une escorte de deux cents hommes, arracherait des vivats mouillés de larmes. Pourquoi? Parce que nous sommes des gens nerveux avant d'être des gens sensés.

Quel beau spectacle, ou plutôt quelle belle comédie, nous avons failli voir la semaine dernière! On en parlait depuis longtemps; jamais on n'avait préparé, même à l'Opéra, une plus noble mise en scène. Il s'agissait de Shakespeare, non pas du vieux poète anglais qui naquit il y a trois cents ans et que peu de Français ont lu, mais du Shakespeare de M. Victor Hugo, qu'un éditeur intelligent désirait faire lire à tout le monde. Ce gros livre, de difficile concoction, véritable meule d'antithèses, de concetti, d'amphigouris et de galimatias accumulés, avait besoin d'une recommandation spéciale. On résolut de lui faire une réclame en nourriture, comme deux familles de la haute finance ont fait ces jours derniers un mariage en musique. Le décor eût représenté quelque chose de simple et de terrible, dans le style du dernier acte de *Lucrèce Borgia*. Le fauteuil de la présidence, couvert d'un voile noir, devait rester vide, pour rappeler aux assistants l'exil de M. Victor Hugo, qui d'ailleurs n'est pas exilé. L'auteur du volume à lancer avait envoyé à

Paris une préface en forme de toast, que nous avons lue dans *la Presse*, car il ne faut rien perdre ici-bas. Entre nous, je crois bien que l'éditeur Lacroix et son glorieux client s'étaient préparé là un *fiasco* de première classe. Malheureusement, le gouvernement, qui ne compte pas assez sur la force du ridicule, a fait manquer la fête par un acte d'autorité. Qu'il eût été plus joli de dire à l'assemblée (pardonne, ami lecteur, mais j'ai aussi mon toast à placer):

« Messieurs, permettez-moi de ne pas boire à Shakespeare, quoique je l'aie lu et même un peu traduit çà et là dans ma jeunesse. Il y a quelque dérision, si je ne me trompe, à porter la santé d'un homme mort depuis longtemps. Mieux vaut souhaiter aux vivants les petites choses qui leur manquent; c'est pourquoi je m'adresse avec respect à notre illustre et invisible président. Je ne lui souhaite pas la fortune (il est riche), ni les honneurs, il en a été comblé par plusieurs gouvernements successifs; ni les joies de la paternité, puisque ses fils, moins dédaigneux que lui du sol sacré de la patrie, sont assis au milieu de nous. Je lui souhaite pour tout bien d'être aussi logique que sa propre famille, et de ne pas s'interdire à lui-même un voyage qu'il permet aux siens. Revenez au milieu de nous, vous qui avez écrit à Paris et sur Paris vos plus admirables ouvrages; vous retrouverez ici les saintes traditions du bon sens français, de la clarté française, de la modération française, que les plus grands génies oublient malheureusement trop vite à l'étranger. *La politesse française aurait dû vous amener à ce fauteuil,* au milieu d'une réunion que vous avez convoquée vous-même : votre abstention est une petite injure que vous n'auriez pas faite à vos amis lors même que vous portiez l'habit de pair de France. Revenez donc, ou sinon vous nous donnerez à croire que cet interminable exil est une spéculation de votre éditeur, qui vous cache comme un dieu pour vous louer plus utilement dans vos œuvres ! »

1ᵉʳ JUIN.

La Fontaine a dit quelque part que « la fortune vend ce qu'on croit qu'elle donne. » Tu fais le même marché avec nous, ô public, notre puissant et capricieux maître, lorsque tu nous honores de ton attention : tu ne la donnes pas, tu la vends, et même assez cher. Dès le jour où tu as daigné jeter les yeux sur l'un de nous, il ne s'appartient plus, il est à toi ; on pourrait écrire sur son chapeau : *Propriété nationale!* Sa maison est de verre ; ses actions, ses mœurs, ses habitudes les plus indifférentes sont percées à jour. Tu trouves juste et naturel que les petits journaux malicieux te le servent deux fois par semaine, bouilli ou rôti, mais surtout à la sauce piquante ; tu t'adjuges le droit de le réveiller quand il dort, et de lui passer un bâton dans les jambes quand il court vers un but que tu ne rêvais pas pour lui. Tu décides qu'il est né pour ceci, et totalement impropre à cela ; que la nature l'a fait pour cultiver tel genre de travail et pour mener telle façon de vivre. Tu trouves désastreux qu'un poète mélancolique s'empoisonne avec de l'absinthe, mais, si l'on t'apprenait que Désaugiers ne buvait que de l'eau et que Béranger ne s'est pas enivré une fois en sa vie, tu trouverais le fait encore plus scandaleux. C'est qu'il ne fait pas bon déranger tes petites idées, ô public, notre fier seigneur!

Tu es porté naturellement à voir un chef-d'œuvre dans chaque début, et dans tout visage nouveau la promesse d'un grand homme. Il suit de là que le travail de notre vie ne contribue le plus souvent qu'à défaire notre réputation : chaque livre ajouté à notre avoir sert principalement à rehausser le mérite de je ne sais quelle œuvre enfantine, un péché de jeunesse que tu as fais monter en marteau, et dont tu frappes à tour de bras sur ce que nous produisons de plus viril.

Tu n'aimes pas ceux qui écrivent trop, quand même ils ne te serviraient que d'excellentes choses. Il te paraît juste et facile qu'un cerisier donne tous les ans un million de cerises toujours bonnes, toujours belles; tu n'admettras jamais qu'un auteur puisse porter à chaque printemps vingt-cinq mille lignes de bonne littérature, formant un million de lettres. Mais si le malheur veut que le plus fécond d'entre nous demeure six mois sans te donner un livre, tu demandes ce qu'il fait, ce qu'il devient, quel vice, quelle passion ou quelle lassitude a paralysé son talent? Qu'il s'explique! sinon tu te hâteras de blâmer sa paresse ou de plaindre son épuisement.

Mais surtout, grand despote à trente-sept millions de têtes, tu exiges impitoyablement la somme de plaisir ou d'instruction que nous t'avons promise à échéance fixe. De tous les créanciers qui s'acharnent à notre poursuite, le plus difficile à attendrir, c'est encore toi. Note bien que le contrat qui nous lie manque absolument de réciprocité. Toi, lecteur, tu n'as jamais pris l'engagement de me lire. Tu feuilletteras ces quelques pages à ton jour, à ton heure, si tu n'as ni souci, ni plaisir, ni affaire, ni rêverie qui appelle ton esprit d'un autre côté. Personne ne t'oblige à quitter un repas, un rendez-vous, un spectacle ou la promenade la plus indifférente, pour jeter un coup d'œil sur ce que j'écris à ton adresse : fusses-tu le meilleur et le plus ancien de mes amis, tu me dirais sans embarras, en me serrant la main : « A propos! je n'ai pas eu le temps de te lire. »

Voilà la justice des hommes! Que penserais-tu de moi, farouche ami, si je te disais, d'un ton libre et détaché, que je n'ai pas eu le temps de t'écrire?

J'ai promis, il est vrai, d'enregistrer au jour le jour tous les événements de l'année et de les raconter de mon mieux à la fin de chaque mois. Mais on n'ignore pas que les événements les plus énormes peuvent glisser sur nous sans nous toucher, comme une goutte d'eau sur une toile cirée. Les Allemands, dans leur jargon métaphysique, ont indiqué l'abîme qui sépare l'*objectif* du *subjectif*. Un poids de vingt kilos pèsera toujours en lui-même, au point de vue objectif, c'est-à-dire en temps qu'*objet* lourd, vingt kilos. Il pèse cent mille livres ou rien du tout, au point du *sujet* qui le porte. Pour la souris qui épuiserait ses forces sans parvenir à l'ébranler, il est aussi pesant que la chaîne des monts Himalaya; pour l'éléphant, ce n'est qu'une plume. Voilà le point de vue subjectif; or, soyez persuadé que l'esprit humain n'en a pas d'autre. Le thermomètre indique la température objective, mais la sensation de froid ou de chaud qui contracte ou dilate l'homme dépend autant et plus des dispositions du *sujet* que de la température ambiante. Une grande nouvelle politique, tombant comme un pavé dans la corbeille des agents de change, produirait une infinie variété d'effets subjectifs. Elle ferait la joie des uns, le désespoir des autres; elle en laisserait plusieurs indifférents. J'ai deux amis dont l'un a dû sa fortune et l'autre sa ruine à la mort de l'empereur Nicolas. Quant à moi, je me souviens fort bien d'avoir appris l'événement sur la porte du Théâtre-Français, juste au moment où le comité venait de me refuser une pièce. Ce petit accident, tout subjectif, hélas! me rendit insensible au grand et dramatique objet des préoccupations publiques. Les auteurs refusés ou sifflés ne sont pas les seuls que l'émotion dérobe aux influences du monde extérieur. Il faut y joindre les malades, et ceux qui se ruinent, et ceux qui héritent, et tous ceux qui craignent ou espèrent un subjectif plus important à leur gré que toute la somme d'objectif éparse sur la terre. Et n'oublions pas les amoureux, ces parfaits égoïstes dont Musset a décrit le bonheur en deux vers :

> Heureux un amoureux! Il ne s'enquête pas
> Si c'est sable ou gravier dont s'attarde son pas!

Cela dit, ami lecteur, je ne te conterai pas les raisons qui m'ont fait prendre en dédain l'histoire universelle durant le mois de mai 1864. Si j'ai voyagé en Italie, ou en Normandie, ou dans le royaume idéal du Bleu, je n'aurai garde de t'en faire confidence, car autant tu es maussade avec ceux d'entre nous qui te ferment le secret de leur cœur, autant tu es cruel pour l'imprudent qui t'associe à ses joies. Je ne veux pas citer à ce propos des exemples assez connus; j'entre de plain-pied dans l'histoire du mois qui finit, et voici le résumé des événements que j'ai pu entrevoir de loin, à travers le moins sombre de tous les nuages.

Si tu me trouves plus bref et moins bien informé

qu'à l'ordinaire, sois indulgent, ou tout simplement juste. Libre à toi de m'appliquer ce que Musset (déjà nommé) disait, à propos d'une certaine catégorie de gens heureux :

> Ne les dérange pas : ils t'appelleraient chien.
> Ne les écrase pas : ils te laisseraient faire.
> Ne les méprise pas : car ils te valent bien.

Nous avons ouvert le Salon, enterré Meyerbeer et Pélissier, condamné un homœopathe à la peine de mort et gratté la façade du Palais-Mazarin. Voilà tout ce que j'ai de nouveau à vous apprendre.

Il n'était peut-être pas très-urgent de gratter le bâtiment de l'Institut. Les amateurs de demi-mesures vous diront probablement qu'il valait mieux en démolir une aile, celle qui étrangle la rue Mazarine et la rue de Seine à leur naissance. Les radicaux de mon espèce sont d'avis qu'il fallait tout démolir ou tout laisser en l'état. La râcloire qui blanchit les surfaces poudreuses ôte à cette vénérable institution la seule excuse de ses préjugés, de ses ridicules et de ses iniquités deux fois séculaires.

Les maçons ont repris quelques parties en sous-œuvre et remplacé un certain nombre de pierres pourries ; la mort seule, cette démolisseuse plus énergique que M. Haussmann, remplacera les esprits qui tombent en ruines, les caractères délités par l'intrigue, la rancune et ce corrosif odieux qu'on appelle l'esprit de coterie.

On aura bientôt fini de gratter l'architecture ; les sculpteurs viendront ensuite blanchir, en les usant un peu, les statues entassées dans le fronton. Mais quel philosophe se chargera de gratter les académiciens eux-mêmes? Et que verrons-nous, ciel clément! sous la croûte d'orgueil pédant et de morgue solennelle dont quelques-uns sont encore enveloppés? Je donnerais beaucoup pour assister à cette opération instructive : mais on peut parier hardiment que le public n'y sera pas admis. Le sol sera jonché de palmes vertes, de perruques, de rides austères, de phrases filantes et entortillées comme du macaroni dans un plat.

Vous savez probablement que l'année 1864 a produit vers la fin de février un de ces livres qui sont la gloire d'un homme et l'honneur d'un pays. C'est l'*Histoire de la littérature anglaise,* par H. Taine. Titre obscur et modeste à dessein, œuvre d'une hardiesse et d'une originalité qui ne vous laissent pas le temps d'admirer le prodigieux du travail et l'énormité de la science. Sous prétexte d'analyser les livres des grands écrivains anglais, Taine, dans la force de son âge, de son talent et de sa méthode, a mis au creuset l'Angleterre elle-même, pays et nation. Jamais, je crois, l'histoire ne s'est élevée plus haut par une marche plus sûre. Macaulay est atteint, sinon dépassé. Chacun honore et défend son pays à sa manière, et ce n'est pas seulement sur les champs de bataille qu'on gagne les revanches de Waterloo. Ajoutez que ce livre, en trois gros volumes in-8°, est écrit dans le style de nos meilleurs maîtres : l'érudition de M. Mignet, la limpidité de M. Thiers, la chaleur de M. Michelet, l'élévation de M. Guizot. Au demeurant, médiocre affaire de librairie : *les Misérables* se sont vendus 250 000 francs, prix vrai ; l'éditeur y a gagné plus que l'auteur lui-même : ces dix volumes indigestes, de la plus laborieuse vulgarité, ont enrichi tout le monde excepté la littérature française. Le livre de Taine, publié sans tambour ni trompette, dans la moins tapageuse et la plus patriarcale librairie de Paris, n'enrichira que notre nation et notre langue. Heureusement l'Académie a de quoi réparer ces injustices du sort. Elle dispose de quelques legs importants, dont le revenu doit contribuer, suivant l'intention des fondateurs, à l'encouragement des lettres honnêtes. Il fut donc ou du moins il parut décidé que le prix Bordier serait décerné à Taine. M. Dupanloup avait flairé quelques vagues parfums d'hérésie dans cette œuvre capitale. En d'autres temps, il l'eût condamné au feu, et M. Cousin serait allé au bois couper des fagots; mais nous sommes en 1864. L'évêque d'Orléans a prêché une croisade en chambre, et M. Cousin, ex-philosophe, ex-voltairien, ex-libéral, ex-soi-disant-insurgé de 1830, s'est croisé avant tous les autres. Ces deux orateurs ont prouvé que l'Académie ne pouvait récompenser le mérite littéraire d'un livre immense, sans endosser la responsabilité de ses idées. On a longtemps combattu sur ce terrain avec une vivacité tempérée par la courtoisie académique. Le ciel a pu reconnaître les siens dans le scrutin de partage : onze académiciens ont voté pour le jeune écrivain ; M. Dupanloup et M. Cousin l'ont emporté de deux voix. Le nombre treize a donné gain de cause à la superstition et à la coterie. Que M. Dupanloup s'en aille en guerre contre un livre philosophique parce qu'il y a relevé quelques propositions malsonnantes, il est dans son droit et même dans son rôle. Mais, lorsqu'un homme renie son passé comme M. Cousin, lorsqu'il change d'opinion, de parti et de religion morale, le conseil d'État, en haine du scandale et dans l'intérêt du bon exemple, devrait l'autoriser à changer de nom.

Il est vrai (mais je descends aux circonstances atténuantes) que Taine avait gratté jusqu'au nu les prétendues doctrines de M. Cousin. Lisez les *Philosophes français du dix-neuvième siècle*. C'est le meilleur et le plus honnête pamphlet qu'on ait écrit depuis longtemps en faveur de la vérité.

Les journaux se sont abattus sur Meyerbeer comme sur une proie. On en a tant parlé qu'il ne m'en reste plus rien à dire. Oui, l'Europe a perdu un grand compositeur; il n'en reste plus que trois vivants : Rossini, qui n'écrit plus ; Auber, qui ne veut plus écrire, et Verdi, qui m'a tout l'air de se reposer un peu. Meyerbeer lui-même était sur son déclin, n'en déplaise aux faiseurs d'oraisons funèbres. Il avait débuté à Paris par deux chefs-d'œuvre; *Robert* et *les Huguenots*. La musique de *Robert*, quoique moins originale, moins élevée et même, si l'on veut, plus facile, a plus de charme et un succès mieux assuré que le sublime des *Huguenots*. Le maître était moins maître à ce premier coup d'éclat; il subissait encore un peu l'influence italienne; son originalité n'était pas si formée, et, dans tous les cas, son génie avait le vol moins haut. Cependant *Robert* m'a inspiré, et à beaucoup d'autres sans doute, une prédilection du même ordre que le *Cid* de Corneille. On reconnaît la supériorité incontestable de *Polyeucte*, mais on se sent plus jeune en relisant le *Cid*. Pardonnez-moi si je dis une sottise. Rien n'égale mon incompétence en musique, sauf le plaisir que j'éprouve à entendre la bonne musique. Le quatrième acte des *Huguenots* a sa place marquée dans la liste assez courte des chefs-d'œuvre de l'esprit humain. Mais rien ne me corrigera d'adorer ces jolis motifs de *Robert*, si nets, si mélodiques, si faciles à retenir, si complétement dégagés de pédanterie, qui me représentent si vivement la jeunesse du compositeur, et me rappellent si doucement la mienne.

Il serait un peu tard pour critiquer le *Prophète* et l'*Etoile du Nord* et le *Pardon de Ploermel,* qui clôt provisoirement la liste. Mais j'ai toujours pensé ou plutôt senti par instinct que Meyerbeer s'éloignait par degrés du grand art, fait pour tous et intelligible aux simples de mon espèce. Il donnait dans la science, dans les mathématiques musicales, dans le compliqué, le bizarre, la manière, et presque à certains moments la puérilité. Ses erreurs, quand il se trompait, étaient assurément les *lapsus* du génie, mais il avait fini par y retomber si souvent et avec une telle complaisance, qu'on pouvait sans impiété croire son goût un peu faussé. Je souhaite que l'*Africaine* vienne bientôt me donner un démenti. J'accepterai le soufflet avec reconnaissance, s'il ramène dans le bon chemin nos jeunes compositeurs un peu égarés à la suite de Meyerbeer.

Cet homme illustre a prouvé que la faim n'est pas pour le génie une nourrice indispensable. Ce n'est pas dans un grenier, entre les bras d'une Gothon, qu'il a rêvé les mélodies de *Robert le Diable*. Il laisse une fortune évaluée à trois millions et demi de thalers, qui font plus de treize millions de francs. Le tout, ou presque tout, acquis par héritage; ses œuvres lui coûtaient cher et lui rapportaient peu. On assure qu'il était simple de goûts et presque parcimonieux, mais qu'il ne comptait point avec la gloire. La louange était le seul vin qui lui fît oublier sa sobriété naturelle et ses autres vertus domestiques. Il tenait un compte scrupuleux des moindres éloges et ne refusait pas d'en payer la note à l'occasion. Le coup de plume le plus méprisable le piquait au vif; s'il découvrait un détracteur de son talent au fond des carrières Montmartre, il courait le fléchir ou l'acheter. Sa politesse avec les gens de presse, mandarins lettrés ou simples Chinois, était réellement israélite, c'est-à-dire irréprochable et quelquefois excessive. Je n'en parle que par ouï-dire; l'occasion de le voir m'a toujours manqué.

Je connaissais assez particulièrement le maréchal Pélissier, duc de Malakoff, qui vient d'être enlevé à la France et à l'Algérie par une mort foudroyante. Notre première entrevue date de loin ; c'était fort peu de temps après la campagne de Crimée. Un jeune et déjà célèbre artiste tomba chez moi un matin et me dit : « Le duc de Malakoff désire te connaître. Il a lu ton petit livre sur la Grèce, il a je ne sais quelle idée sur ce pays, il veut en causer avec toi, et je viens te prendre au saut du lit pour te mener déjeuner aux Champs-Elysées. » J'étais alors assez jeune, très-pauvre, à peine connu, et partant horriblement fier. Une telle invitation, qui me paraîtrait toute simple et assez cordiale aujourd'hui, me fit presque l'effet d'une injure. « Est-ce que le maréchal ne sait pas écrire? S'il n'a ni plumes ni encre, il a du moins des aides de camp et des

officiers d'ordonnance ! » Vous entendez d'ici les
petites gamineries d'une jeune vanité froissée. Mon
ami reporta le message comme il put, mais deux
jours après j'eus la visite de M. Appert, aide de
camp du maréchal (il est aujourd'hui un des colonels
les plus distingués de l'armée), d'ailleurs homme du
monde et homme d'esprit s'il en fut. Je sentis un
peu de honte au souvenir de mon incartade, et je ne
me fis pas prier. Tout Paris a connu le maréchal-
duc ; il est donc inutile que je dépeigne ici sa personne courte, replète et franchement militaire, son
sourcil froncé, sa voix rude et tant soit peu nasil-
larde. Il m'accueillit cordialement et me fit déjeuner
à sa gauche. L'appartement qu'il habitait au 115 de
l'avenue des Champs-Élysées était à peine installé ;
beaucoup de pièces hautes et vastes, et à peine trois
chambres meublées. Je me rappelle qu'avant de
me verser à boire, je fis le geste de servir le maréchal. Il m'arrêta brusquement et me dit une fois pour
toutes qu'il avait l'habitude de se servir lui-même.
La brusquerie est contagieuse et je trouvai spirituel
de répondre *carrément* (un mot ajouté au dictionnaire par ce pauvre général Cavaignac) à toutes les
questions qu'il m'adressa. Ce ton parut lui plaire ;
il me parla beaucoup de la Grèce qu'il avait parcou-
rue comme jeune officier, sous les ordres du général Maison. Je ne devinais pas encore où il voulait
en venir. Mais après le repas, qui fut d'une brièveté

toute guerrière, il me prit à part un instant dans une espèce de fumoir ou de cabinet d'étude, qui était au bout de l'appartement. En quelques mots il m'indiqua que les événements pouvaient le renvoyer en Orient comme grand-duc d'Athènes. Ce projet n'a peut-être existé que dans son cerveau; peut-être y a-t-on pensé en plus haut lieu; la France avait de bonnes raisons pour souhaiter la chute du roi Othon, qui s'était montré notre ennemi pendant la guerre de Crimée. Le maréchal me demanda si, le cas échéant, je serais homme à suivre sa fortune, et je ne répondis pas non. Je croyais et je crois encore qu'il y a beaucoup à espérer de la nation grecque. Le tout est de la mettre en des mains énergiques, et M. Pélissier avait montré en Algérie qu'il ne reculait pas devant les mesures de rigueur. Je dois dire à sa louange qu'il portait comme un fardeau le souvenir des Arabes enfumés dans une caverne. Il affirmait d'un ton de grande bonne foi que ce n'était pas lui, mais le vent qui les avait tués en rallumant pendant la nuit un monceau de branches accumulées. Il me renvoya ce matin-là avec une familiarité brusque qui n'était pas sans grâce chez un homme habituellement dur. « Quand vous passerez par ici à l'heure du déjeuner, venez vous mettre à table; vous m'avez l'air d'un bon petit b.... » Je n'abusai guère de la permission, cependant je revins une ou deux fois. Je me souviens même d'avoir éprouvé quelque embarras en le voyant traiter durement certains officiers qui sollicitaient son appui. Il ne s'humanisait pas avec tout le monde. On a fait toute une légende sur les propos extra-diplomatiques dont il égaya plus tard son ambassade de Londres. Il vint ensuite à Nancy, où l'Empereur lui avait confié un grand commandement militaire. J'ai su qu'il y avait pleuré de grosses larmes au moment de la campagne d'Italie. C'était la première fois que, lui vivant, on faisait la guerre sans lui. Il m'annonça un jour sa visite à Saverne en me demandant à dîner. J'avais tenu la chose secrète pour lui épargner les discours à la gare et toutes les sottises officielles qu'il avait en horreur. Cependant une indiscrétion répandit le bruit de son arrivée et mit toutes les autorités en l'air. Je l'attendais le dimanche ; il me fit savoir le samedi qu'il était nommé grand-chancelier de la Légion d'honneur et qu'il faisait ses paquets, toute affaire cessante. Je ne l'attendis plus, mais tout l'officiel de la localité fit le pied de grue à l'arrivée de de tous les trains, ce qui nous procura un quart d'heure de bon rire. Il paraît que dès ce temps-là sa grande préoccupation était d'économiser pour sa vieillesse : singulière idée chez un homme qui devait mourir avec 300 000 francs de revenu !

Je ne sais s'il aura laissé beaucoup de regrets dans l'armée : il était décidément trop dur avec ses inférieurs. Sa brusquerie lui attira souvent des affaires désagréables, mais je ne le tiendrai jamais pour méchant. Quoi qu'il en soit, il a remporté dans sa vie une belle victoire et porté à la Russie un coup dont elle se sentira longtemps. Il avait assisté à bon nombre de batailles, et jamais, si j'ai bonne mémoire, il n'avait reçu une égratignure.

Il ne m'appartient pas de vous entretenir du salon des Beaux-Arts. Un de mes bons amis, juge très-compétent, s'est chargé ici de cette besogne, que je fais de mon côté dans un autre journal. Mais je voudrais, sans mériter le reproche d'empiétement, vous soumettre quelques réflexions générales.

Un jour ou l'autre il faudra que les artistes ou l'État, au pis aller, consacrent à nos expositions un bâtiment *ad hoc*. Cette grange de l'industrie ne fera jamais l'affaire. La sculpture est très-mal dans le jardin, où le grand air et la lumière diffuse dévorent toutes les finesses du modelé. La peinture n'est guère mieux installée au premier étage. Il y a trop de jour; les toiles du plafond laissent passer une surabondance de rayons qui frisent sur les toiles et accrochent tous les empâtements sans miséricorde. D'ailleurs il fait trop chaud sous ces vitrages : j'ai vu deux ou trois fois le salon déserté pour cause d'ébullition.

On a pris une excellente mesure en exposant à part les ouvrages refusés; on fera bien à l'avenir de ne pas reléguer les sculpteurs exclus dans un lieu de ténèbres. La lumière doit être égale pour tout le monde dans un pays comme la France : le soleil, doyen des démocrates, ne refuse ses bienfaits à personne, il éclaire M. Veuillot comme autrefois le bel Antinoüs : ne le rendons pas injuste malgré lui.

Le jury aux trois quarts élu s'est montré plein d'indulgence : il n'a rejeté que l'absurde et l'horrible ; il en a même reçu une assez bonne part. Mais dans l'intérêt du public, on ferait sagement de trier les deux ou trois cents tableaux qui méritent d'être vus, et de les exposer à part. La foule s'arrêterait avec plaisir dans le salon d'honneur, s'il y en avait un. Les curieux iraient ensuite chercher leur vie dans les autres.

Enfin il importe de décider que la grande médaille ne sera plus décernée par les artistes. Jamais ce peuple jaloux ne voudra se donner spontanément un roi. Nous avons vu le jury couronner un sculpteur mort, et refuser le prix à tous les peintres vivants ; double scandale en un seul jour. Meissonier avait pourtant exposé deux œuvres capitales. On lui a refusé la médaille sous prétexte qu'il avait obtenu une récompense de premier ordre à l'exposition de 1855. On savait bien pourtant que les récompenses de 1855 sont internationales, hors classe, et indépendantes du passé, et sans action sur l'avenir. A tout le moins, le jury devait-il rédiger un procès-verbal de la discussion et dire : Meissonier n'aura pas la médaille, mais nous savons qu'il la mérite.

On disait autrefois, en parlant de l'homœopathie : « Si elle ne fait pas de bien, elle ne peut pas faire de mal. » M. Couty de la Pommerais a démenti ce dicton populaire.

Je ne sais rien d'intéressant comme ce procès criminel, qui a défrayé tous les journaux, animé toutes les conversations et passionné les trois quarts du peuple français durant une quinzaine. Ne craignez pas que je résume ici les débats que vous avez lus ; je me contenterai d'en extraire la quintessence morale.

D'abord, l'affaire du docteur a été un succès pour la magistrature : instruction bien faite, débats conduits avec impartialité, réquisitoire sans violence. C'est la revanche du procès Armand, où quelques magistrats, soit dit sans reproche, avaient heurté de front l'opinion publique. L'arrêt civil surtout, ce coup de poing de la fin, avait créé une sorte d'antagoniste entre le grand corps inamovible que nous respectons tous, et le jury, qui représente le bon sens et la conscience du peuple. On avait vu, pour la première fois depuis longtemps, une aristocratie de sagesse et de vertu moins logique et plus passionnée que la foule. Je ne dis pas que M. Armand n'ait jamais administré de correction à son domestique, mais je pense, avec la Cour de cassation, que le verdict du jury méritait un peu plus d'égards. Ceci soit dit pour constater que les magistrats de Paris ont sauvé l'honneur du couvent et donné un bel exemple à la province.

Un autre point à relever (mais celui-là est commun aux deux affaires), c'est l'admirable variété d'idées, la prodigieuse richesse de conclusions qui distingue le corps médical. Il suffit qu'un médecin français déclare un fait pour qu'un de ses confrères, également autorisé et muni des mêmes grades, proclame immédiatement le contraire.

Notez aussi que l'homœopathie s'est trouvée, pour la première fois, en présence de l'analyse légale, et l'on a constaté que tous les globules du monde, sans exception, contenaient exclusivement du sucre de lait. La chose était connue, mais non pas avouée. Un des maîtres de la gaie science (nous la distinguerons ainsi de la science sérieuse) avait dit, depuis longtemps, qu'une goutte d'opium jetée dans le lac de Genève ferait un médicament beaucoup plus riche et plus fort que toutes les préparations homœopathiques. Nous avons entendu un pharmacien, celui-là même qui donnait cent pour cent à M. de la Pommerais sur le prix de ses ordonnances, avouer que ses remèdes ne coûtaient rien. Avis aux bons clients qui payent 2 fr. 50 c. ou

1 fr. 75 c. un flacon de sucre de lait, ou une fiole d'eau alcoolisée.

J'ai passé tous les jours, durant cette quinzaine, devant une pharmacie homœopathique. Les employés et le patron n'avaient qu'une seule occupation au monde : ils lisaient le procès.

Le dernier résultat, mais non le moins intéressant de cette affaire, sera d'attirer l'attention publique sur les *assurances-vie*. Très-grosse question, bien connue en Angleterre, absolument ignorée chez nous, et qui n'est pas indifférente au progrès de la civilisation. Nous en causerons longuement un de ces jours, si vous n'avez rien de mieux à faire.

1ᵉʳ JUILLET.

Les Parisiens sont persuadés qu'on ne peut ni rien savoir, ni rien écrire si l'on ne vit pas au milieu d'eux. C'est leur patriotisme de clocher qui a inventé cette maxime intolérante : « Hors de Paris, point de salut. » Aussi me garderai-je de vous dire sous quelle latitude j'écris ce que vous lirez dans trois jours. Si vous saviez que j'ai transporté mon écritoire jusque dans le Far-West de la France, à une heure de l'Océan, à vingt minutes de Quimper, au bord de cette jolie rivière de l'Odet, vous trouveriez à ma prose un goût de fruit et une saveur provinciale. Car, enfin, comment supposer qu'un homme logé si loin vive de votre vie, se tienne au courant de tout ce qui vous occupe, et lise tous les jours votre journal du matin? Oui, monsieur, à deux heures, quand vous n'avez peut-être pas encore trouvé le temps de déchirer la bande du *Constitutionnel!* Que de fois, ô Parisien! vous avez passé toute une journée sans ouvrir ce que nous appelons ici les feuilles publiques! J'en parle par expérience, moi qui n'ai jamais eu le loisir de rien faire à Paris. Le temps y va d'un tel train, que tout le monde prend des voitures pour tâcher de le rejoindre. L'horloge de la Bourse est comme cette montre du Marseillais qui abattait son heure en vingt-cinq minutes. En province, on déguste la vie, on digère les idées; vous n'y rencontrerez pas un homme pressé : le dernier vient de partir pour Paris. L'heure est de soixante-dix minutes à Orléans, de quatre-vingt-cinq à Nantes, de cent vingt-quatre à Quimper : voilà probablement pourquoi les lieues de Bretagne sont si longues, et non pour la raison déduite dans Rabelais. Mes lectrices, si j'en ai, prieront messieurs leurs maris de leur conter l'anecdote. Je ne la transcris pas ici, parce qu'il faudrait trop de gaze pour la vêtir, et surtout parce qu'elle ne date pas du mois passé. Or je veux, une fois du moins, et pour l'honneur de la province, vous servir des nouvelles de la dernière fraîcheur.

La province a sur Paris le même avantage qu'une personne cachée derrière ses rideaux a sur les promeneurs de la rue : elle voit, et on ne la voit pas. Nous savons vos affaires, et vous croupissez misérablement dans l'ignorance des nôtres. J'ai là, sur mon bureau, la liste de vos avocats qui ont vu leurs papiers saisis la semaine dernière; avez-vous seulement le total des litres d'eau-de-vie qu'on a bus dans notre canton pour l'élection d'un seul conseiller général? Il y avait quatre candidats en présence, tous généreux comme des fleuves. Malepeste! les conseillers généraux sont, comme le homard, d'une digestion bien difficile, car il faut terriblement de liquide pour les faire passer!

Nous avons tous appris la mort de la Pommerais, et il n'y a personne ici qui n'ait fait des vœux pour l'abolition du plus horrible et du plus immoral des spectacles. Mais vous, avez-vous seulement entendu parler du célèbre procès qui a partagé en deux camps la ville de Quimper? Il s'agissait du chien d'un jeune et brillant avocat, égorgé traîtreusement par un tapissier. Mais le demandeur est libéral, le défendeur est un ami de l'évêché : grosse affaire! La veille du jugement, Monseigneur a daigné lui-même s'arrêter à la porte du tapissier, lui serrer la main et lui dire qu'en tout état de cause, l'Eglise le tiendrait pour innocent. Se pouvait-il qu'un simple tribunal d'institution civile osât condamner un homme si bien acquitté? Ils l'ont osé, nos magistrats, au risque de scandaliser quelques bonnes âmes! Un tel fait paraîtrait tout simple à Paris; il est énorme dans un département comme le nôtre. Savez-vous qu'un prélat ne va pas en visite dans un château sans que les dames s'agenouillent devant lui sous le vestibule? Nous sommes un peuple neuf, étranger aux malices du commerce, et aux mécaniques de l'industrie; nous cultivons nos terres à la bonne franquette, sans nous inquiéter des perfectionnements modernes, mais nous avons une spécialité : la foi ! On peut nous damer le pion à tous les concours industriels, agricoles et autres; mais sur le terrain de la foi, nous ne craignons personne ! — Qu'on y vienne ! je défie les Quinze-Vingts eux-mêmes de savoir fermer les yeux plus hermétiquement que nous !

C'est pourquoi les couvents, cette bénédiction de la terre, fleurissent en Bretagne comme sur un sol béni. Nous en avons des rues entières dans notre bonne ville de Quimper. La médecine y est exercée par les sœurs blanches, qui n'ont pas fait d'études, mais qui sont d'une bonté angélique. Elles guérissent pour rien, quand par hasard elles guérissent : on ne paye que les médicaments. Les médecins patentés vont tous mourir de faim, grâce à elles. C'est bien fait : des incrédules !

Il n'y a que les sœurs de la Providence pour faire de belle lingerie et confectionner un joli trousseau à bon marché. Elles ont des ateliers étonnants, elles font des affaires immenses. Les messieurs de la ville craindraient de se damner s'ils commandaient leurs chemises et leurs caleçons à l'industrie laïque. Tant pis pour les lingères : des coureuses !

Alcibiade, le plus joli des Grecs, adoptait avec une singulière facilité les mœurs et les idées des peuples qu'il allait voir. A Sparte, il étonnait les gens par sa vertu; à Thèbes par sa simplicité. Je suis persuadé que s'il était à ma place il irait tous les dimanches à la messe du bourg voisin. Le diable, c'est l'odeur spéciale, caractéristique, *sui generis*, qui distingue les paysans bretons. Les meilleures gens du monde, mais infects. Je fréquente les églises, comme bien vous pensez, mais surtout quand elles sont vides.

J'en visitais une, ces jours passés, à l'embouchure de notre rivière, lorsque le nom de M. Renan me sauta aux yeux. Il était imprimé en belles majuscules, et je m'imaginai d'abord qu'on recommandait aux malédictions du peuple l'auteur de la *Vie de Jésus*. Je m'approchai de l'affiche, qui était rédigée en langue gaëlique, et je vis, non sans surprise, que ce nom de Renan était placé tout à la fin, comme une signature. A quel propos, grands dieux? Je sais bien que M. Renan est né en Bretagne, mais je ne suppose pas qu'il y ait fondé en si peu de temps un nouveau culte. D'abord, nul n'est prophète en son pays. Se pourrait-il que l'imprimeur de l'évêché, homme bien pensant, préoccupé, comme tous les vrais chrétiens, du tort que M. Renan fait à l'Église, eût mis son nom par distraction? Il nous arrive à tous d'écrire un mot pour un autre, lorsque nous subissons l'empire d'une idée fixe, ou qu'on fait du bruit autour de nous. Renseignements pris, j'ai su que Renan, dans la langue bretonne, est la traduction de René, et que M. Sergent, évêque de Quimper, s'appelle René, ou Renan, depuis son baptême. A la bonne heure! Il y a deux Renan dans les deux armées qui se disputent la France; le Renan de la critique, et le Renan de la foi. C'est ainsi qu'on a vu deux généraux de Wimpfen en Lombardie, l'un chez nos ennemis, et l'autre aux premiers rangs de notre armée. Le Renan de Quimper est le mieux partagé des deux : nul ne peut le destituer, pas même l'Empereur. Il tient le marteau par le manche, et l'autre reçoit les coups sur la tête. Mais une tête de Breton, c'est une enclume : on peut frapper!

J'aime et j'estime infiniment M. Duruy, ministre de l'instruction publique. C'est un honnête et vaillant homme, solidement trempé, s'il en fut. Mais combien de temps pensez-vous que le fer le mieux constitué puisse durer sans rompre, entre l'enclume et le marteau?

Le public aime M. Duruy parce qu'il est arrivé sans faveur et sans brigue, par la force du poignet : on l'aime parce qu'il a son portefeuille sans l'avoir cherché et qu'on le sait toujours prêt à le rendre; on l'aime enfin parce qu'on le sait libéral, parce qu'on le voit vivant, actif, présent partout et répondant à tout. Mais il faut avouer que dans ces derniers temps M. Renan s'est fait beaucoup de sympathies. Tous ceux qui, comme moi, regrettaient l'indécision de son style se sont rapprochés de lui au spectacle de sa conduite beaucoup plus décidée que son livre. Peut-être même ce dernier coup a-t-il ramené vers lui quelques-uns des catholiques assez nombreux qui honorent le courage et apprécient la dignité.

Quel que soit le dénoûment de la pièce, il est certain que les péripéties auront intéressé plusieurs millions de spectateurs : je le dis à l'honneur de notre pays. L'opinion publique, après s'être amusée longtemps à des niaiseries ou des ordures, commence à mordre au sérieux. Les questions de critique et de théologie suscitent un plus vif intérêt que les *Mémoires d'une Femme de chambre*. Un monsieur qui entend les affaires s'est dit que les mystères de la sacristie feraient aujourd'hui plus d'argent que *les Mystères de Paris*. Il a publié coup sur coup *le Maudit* et *la Religieuse*. Littérature indigeste et même nauséabonde, si vous voulez ; thèses qui ne prouvent rien, car le prêtre interdit et la religieuse incomprise n'ont plus le droit de se poser en victimes par le temps qui court. Personne ne les obligeait à choisir des professions si ingrates. S'ils ne sont pas heureux, ils ne doivent pas s'en prendre à nous. Tu l'as voulu, abbé Dandin ! Tu l'as voulu, sœur Dandinette ! Le public sait tout cela, et pourtant il achète, il lit ces platitudes dans l'espoir d'y trouver matière à réflexions. Nous sommes altérés de vrai, nous nous montons la tête pour le bien ; on voit, un beau matin, trente-sept millions d'individus se gratter comme de beaux diables : c'est une démangeaison de progrès qui est tombée sur le pays : une véritable plaie d'Égypte!

Tel qui lisait sans émotion, depuis plus de vingt ans, les faits divers de guillotinade, s'est mis à méditer sur la peine de mort, à la trouver non-seulement dégoûtante et cruelle, mais tout à fait illogique et souverainement inutile. M. Véra, notre ancien professeur, a trouvé bon de la défendre. Il vient de publier à Naples une brochure où il prouve de par Hégel que le bourreau est un rouage philosophique entre tous. Je suis sûr qu'avant un mois Paris aura lu, discuté et pulvérisé ce malencontreux paradoxe.

Tel qui plaisantait agréablement sur les gardes du commerce et la prison de Clichy, commence à se demander sur quel principe nos pères ont fondé la contrainte par corps. Et si la base ne lui paraît pas assez solide pour porter la douleur de tant de familles; si, par-dessus le marché, il a lu la statistique judiciaire publiée il y a quinze jours; s'il est informé officiellement que sur dix-sept cents prisonniers pour dettes on en compte plus de moitié qui doivent moins de mille francs, il ne tardera pas à se dire que nous avons, rue de Clichy, des terrains magnifiques qui pourraient être mieux employés. Je ne suis pas l'ennemi personnel des créanciers, n'ayant jamais été assez riche pour faire des dettes ; je ne voudrais donc pas les priver de ce qui leur est dû. Mais je propose humblement une combinaison qui pourrait contenter tout le monde. Vendons les bâtiments et les terrains de nos prisons pour dettes, et employons une partie du prix de vente à désintéresser tous les créanciers en activité de service. Quant aux créanciers de l'avenir, étant bien et dûment avertis qu'ils n'ont rien à espérer de la contrainte par corps, ils prendront leurs mesures en conséquence et verront à placer leur argent sur d'autres garanties qu'une hypothèque de chair et d'os.

Je ne suis pas dans la confidence de ceux qui nous gouvernent, et je n'ai jamais eu l'oreille assez longue pour entendre de Quimper ce qu'on dit à Paris ou à Fontainebleau. Mais tout me porte à croire que la France est aux mains de quelques hommes de bonne volonté, aussi désireux que vous ou moi de contenter à peu près tout le monde. On ne m'ôtera pas de l'esprit qu'ils rêvent comme nous la destruction de la guillotine, la démolition de Clichy et plusieurs autres mesures libérales, telles que la suppression de l'intérêt légal, la fin des monopoles, etc., etc., etc. Quand les journaux ont dit, ces jours derniers, que le conseil d'État, étudiait la liberté des courtages et la liberté des opérations de prêt, je n'ai pas crié miracle! J'ai constaté une fois de plus que les gouvernants et les gouvernés commençaient à s'entendre à l'amiable. Ce bon accord, s'il dure un peu, supprimera l'esprit de parti.

Sans avoir précisément l'âge de Mathusalem, je me rappelle un temps où les Français étaient divisés en deux groupes, dont l'un avait pour devise : *tout est bien;* l'autre écrivait sur sa bannière : *tout est mal.* Il fallait tout louer de parti pris, sous peine de passer pour un faux conservateur; tout blâmer aveuglément, sous peine d'être mis au ban de l'opposition comme un vendu et un traître. Inaugurait-on dans Paris une fontaine publique? Les organes du gouvernement se croyaient obligés de crier au chef-d'œuvre; les journaux de l'opposition se faisaient un point d'honneur de tomber sur l'artiste, l'entrepreneur et les simples maçons. On se serait rendu suspect au ministère en avouant que le marbre avait des taches; on eût perdu l'estime de la gauche en confessant que le plâtre était blanc. En ce temps-là, les radicaux niaient formellement le principe sur lequel le pouvoir était assis; on savait donc, dans les deux camps, qu'on ne pourrait jamais s'entendre; il n'y avait pas de contradicteurs, mais des ennemis; on ne cherchait point à se convaincre, mais à se culbuter. L'opposition critiquait les fautes du gouvernement, en faisant des vœux pour qu'il en commît d'irréparables; le pouvoir accusait la violence des radicaux, en souhaitant qu'ils devinssent assez violents pour se faire assommer dans la rue. Nous avons changé tout cela depuis que nous sommes tombés d'accord sur un ou deux petits articles. On a reconnu d'un côté que le pouvoir était légitime et de l'autre que nos institutions étaient perfectibles à l'infini. L'opposition *quand même* devient un non-sens dès que le gouvernement n'est plus conservateur *quand même*. Et le plus brillant orateur de la gauche peut s'accorder avec le pouvoir sur une, ou deux, ou cent questions, sans qu'un seul homme de bon sens l'accuse de déserter son poste.

Je vous en dirais plus long, sur ce point, si j'avais le droit de traiter ici les questions politiques. Mais j'apprends, par les journaux, qu'un de nos jeunes confrères, M. Daudet, a publié une brochure sur la prétendue trahison d'Émile Ollivier. On nous annonce aussi un travail d'Émile Augier, sur la question électorale. Je ne vous en dis rien pour deux raisons, dont la meilleure est que je ne l'ai pas encore reçu. Mais je suppose, à vue de pays, que l'auteur des *Effrontés* n'a pas mis l'épée au vent sans allonger, de çà de là, quelques belles estafilades : il a le poignet ferme et l'œil juste.

M. Champfleury, l'inventeur du réalisme, a fait, sous forme de brochure, une petite excursion dans le domaine de l'idéal. Il rêve de reconstituer la Société des gens de lettres sur une base beaucoup plus

large, avec un cercle, des salons ouverts à tous les
écrivains étrangers, un tribunal d'honneur pour
juger, sans effusion de sang, les petites *piques* littéraires, un prytanée où tout honnête homme de lettres serait hébergé gratis après vingt ans de travail.
Je suis un partisan trop déclaré de l'association pour
ne pas rendre justice aux bonnes intentions de
notre confrère. Le fait est que la Société, telle qu'elle
est organisée aujourd'hui, rend des services bien
modestes. Elle perçoit honnêtement les petites sommes qui nous sont dues pour la reproduction de
nos romans dans les journaux de province; elle
donne quelques secours aux sociétaires malheureux;
elle prépare, au moyen d'une minime cotisation,
quelques humbles pensions de retraite. Un bon
nombre d'écrivains de premier ordre se tiennent en
dehors de l'association: beaucoup d'associés inter-
disent la reproduction de leurs œuvres les plus importantes ; enfin, le roman-feuilleton, tué à petit
feu par les livres à vingt sous, commence à passer
de mode. Il s'ensuit que le revenu social est assez
limité. Ajoutez qu'une mauvaise administration
avait mis notre affaire à deux doigts de sa perte,
lorsque M. Michel Masson, le meilleur et le plus
vénérable des hommes d'esprit, s'est donné la tâche
de la relever. Malheureusement son cœur est plus
inépuisable que sa caisse. L'argent manque et manquera toujours si la Société ne veut rien devoir

qu'à elle-même. On parle de fonder des lectures publiques, de rédiger un Trésor de la littérature actuelle, qui serait vendu dans les colléges au profit de la Société. C'est quelque chose assurément, mais ce n'est pas le Pérou. La moindre des îles Chinchas ferait mieux notre affaire ; mais la reine d'Espagne, qui vient d'envoyer la plaque de Charles III à notre confrère Yriarte, ne nous rétrocèdera pas les mines de guano. Le gouvernement français ne serait pas fâché de loger, de nourrir et d'habiller toute notre confrérie, mais, comme il ne le ferait peut-être pas pour rien, je ne suis point d'avis qu'on se jette au-devant de ses libéralités. Le mieux est, sans contredit, de laisser aux amateurs éclairés ou aux écrivains enrichis le plaisir et l'honneur de doter la littérature. Mon excellent ami, le docteur Véron, pensait ainsi, il y a quelques années ; il voulut même prêcher d'exemple, et se rendit au siége de la Société avec des encouragements, plein ses poches. Comment fut-il accueilli? Vous le savez de reste. On accepta son offrande en rechignant et on lui rendit mille horions en échange. Il s'en alla rompu, moulu, et guéri de la tentation de faire concurrence à Mécène.

Je sais que l'insuccès d'une petite association ne saurait être invoqué pour nous décourager des grandes. La Grèce n'est pas viable avec un million d'habitants ; elle ne manquerait plus de rien si quelqu'un lui donnait douze millions d'hommes à nourrir. Mais par quelle attraction de plaisir ou d'intérêt pense-t-on attirer tous les écrivains français dans une société colossale? Je suppose une population de dix mille individus ayant écrit ou écrivant peu ou prou, depuis M. de Lamartine et M. Guizot jusqu'aux petits messieurs qui rédigent les journaux de chantage. Il y a de tout dans cette classe de citoyens; on y entre sans examen et même, hélas! sans examen de conscience. On y compte des hommes du talent le plus élevé et des idiots de la stupidité la plus épaisse, des hommes du monde et des malotrus, des dandys pommadés et des bohêmes luisants de crasse, des anges et des ruffians, des magistrats et des filous. Chacun peut se décerner impunément le titre d'homme de lettres; personne n'est en droit de l'ôter au faquin qui le déshonore. Je sais qu'il y a, Dieu merci! assez d'écrivains honorables, intelligents et bien élevés pour former une société de deux mille personnes. Or deux mille individus, fournissant une cotisation de cent francs par année, fonderaient un beau cercle à Paris. Les revenus indirects, tels que concerts, représentations, lectures, publications (sans compter les legs et les donations probables), élèveraient la rente annuelle à 300 000 fr. environ. Mais quel conseil d'administration, quel comité, quel dictateur aurait la main assez forte pour écarter tel ou tel gars, que vous reconnaissez sans que je les nomme?

Il y en a de très-insinuants qui se faufileront par l'escalier de service, et de très-agiles qui entreront par les fenêtres du premier étage, et de très-vigoureux qui enfonceront la porte cochère d'un coup d'épaule. Eux entrés, vous serez bien habiles si vous empêchez les honnêtes gens de sortir.

Mais je suppose ce problème résolu, quoique je le sache parfaitement insoluble. Les malfaiteurs de lettres n'entreront pas, nous serons entre nous, tous gens de bien. Mais sur deux mille gens de bien, dans la république de lettres, il y en a mille environ qui ont en exécration les mille autres. La politique, la religion, la critique ou même la simple chronique avec ses innocentes malices nous excitent journellement les uns contre les autres. Quel plaisir éprouve-t-on à rencontrer face à face, dans l'intimité forcée d'un cercle, l'honnête homme clérical qui vous damne en premier Paris? ou l'honnête homme semi-officiel qui vous dénonce et vous attire un avertissement? ou l'honnête homme du lundi qui imprime tout vifs, à propos de comédie, les protecteurs de votre maîtresse? ou le critique vertueux mais pointu qui ne trouve aucun talent dans vos livres et le dit au public comme il le pense? Je crois, tout bien pesé, qu'on supporterait mieux la compagnie de scélérats aimables, bien élevés, presque respectueux, comme on en coudoie dix par jour à Paris. Ajoutez, s'il vous plaît, que le critique lui-même n'est pas positivement à son aise devant celui qu'il a saboulé le matin. Or nous sommes juges et jugés tour à tour. Comme justiciable, je reconnais au premier critique venu le droit de mordre sur mes livres : que m'importe l'opinion d'un monsieur que je ne connais pas, qui n'est pas de mon monde, à qui je n'ôte point mon chapeau dans la rue ? La blessure serait autrement grave, si elle partait d'un associé, d'un commensal, d'un camarade. Comme juge, il me plaît de ne pas connaître la figure de l'accusé. Sa personne n'est pas en question, je ne veux m'occuper que de son style ou de ses idées. Dès qu'il m'aura serré la main, ouvert son cœur et conté ses petites affaires, je ne serai plus compétent, n'étant plus libre ; il ne me restera qu'à me récuser.

Le projet de fonder une maison de retraite à l'usage des écrivains fourbus est la plus innocente et la plus magnanime des utopies. Il n'y a pas un littérateur qui n'ait été plus ou moins diffamé par M. Eugène de Mirecourt : voyez-vous ses victimes se cotisant à qui mieux mieux pour lui faire des rentes ? M. de Pontmartin est un parfait honnête homme de peu d'esprit ; il a fait les lundis de Mme Charbonneau pour déverser sur nous le ridicule dont il est plein. S'il s'éveillait demain sans autre fortune que son talent, serait-ce à nous de le nourrir ? Pas si chrétiens ! Toutes les fois qu'un homme m'injurie à trois sous la ligne, je me console en pensant que cet argent ne lui profitera pas et qu'il ira finir à l'hôpital, selon toute justice. Je me consolerais beaucoup moins si j'avais pris l'engagement de le soigner sur ses vieux jours. Il est vrai d'ajouter que nos vieillards de lettres ne seraient pas longtemps à la charge de la société. Le soin que vous prenez de les enfermer ensemble leur permettrait de se dévorer les uns les autres en moins d'un jour.

Quant à ce tribunal d'honneur qui nous mettrait d'accord et nous dispenserait de nous égratigner à coups d'épée, laissez-moi vous conter une anecdote qui ne manque pas d'actualité.

Il y a quatorze ans et quelques mois, la Société des gens de lettres s'érigea elle-même en tribunal d'honneur. Il s'agissait de décider si un journaliste d'infiniment d'esprit était ou n'était pas honnête homme ; s'il avait ou non *fait chanter* dans l'intimité quelques artistes italiens qui chantaient plus spécialement en public; si enfin M. A. de C., qui avait divulgué les secrets de cette musique de chambre, devait ou ne devait pas donner satisfaction à M. F.

La Société dûment saisie soumit les faits à une enquête dont le dossier existe encore. Il est autographié, j'en ai eu un exemplaire entre les mains. On entendit plusieurs chanteurs qui avaient chanté plus qu'ils ne désiraient; l'accusé allégua pour toute défense qu'il était à la fois critique et courtier d'engagements; juge incorruptible dans son journal, homme d'affaires dans son cabinet. L'explication ne parut pas concluante ; le tribunal d'honneur déclara qu'un homme de bien, comme était M. A. de C., ne devait pas se commettre avec M. F.

Savez-vous ce que fit le condamné? Il choisit parmi ses juges un homme jeune, célèbre et justement honoré. Il lui consacra dans *le Corsaire* un article de quelques lignes, et dès le lendemain, le juge au tribunal d'honneur envoyait deux témoins à son justiciable. — « Vous voyez bien, dit M. F., qu'on peut se commettre avec moi. » Il lui traversa le poumon d'un coup d'épée.

Nous avons perdu, ces jours derniers, un critique prodigieux que la France ne remplacera jamais, quand même elle en aurait envie. Italien comme Casanova, il s'était élevé en moins de vingt ans aux plus hautes positions de la presse parisienne. Il écrivait fort bien, plaisantait finement, et comptait mieux encore. A force de travail et d'économie, il arriva non-seulement à gagner 18 000 francs par an, mais à ménager sur ce revenu un capital de six cent mille. Il obtint la croix de la Légion d'honneur et la porta plusieurs années sans que personne osât y trouver à redire. Les circonstances ne m'ont jamais permis de cultiver son amitié, quoiqu'elle fût précieuse et valût son pesant d'or; mais j'ai collaboré avec lui dans un ou deux journaux, et les nécessités du métier nous mirent quelquefois en présence. Son thème favori, dans la conversation, était la misère des gens de lettres qui ne sont ni payés ni considérés, et la fortune insolente des ténors qui gagnent, à chanter faux, cinquante mille écus par année. Cette plainte assurément sincère me semblait entachée d'exagération : car enfin les ténors les mieux rétribués sont toujours les plus prêts à partager leur fortune. Il est certain d'ailleurs qu'on a vu des gens de lettres payés et considérés au delà de toute vraisemblance. Tout son siècle, excepté Siraudin, le combla des plus respectueux hommages. On a vu plus de monde à son enterrement qu'aux funérailles d'Aristide le Juste, qui mourut beaucoup plus pauvre. La presse périodique n'a pas encore fini de chanter ses louanges; les plus honnêtes gens s'honorent d'avoir été ses confrères; on l'encense comme s'il avait un feuilleton lundi prochain. Son talent d'une rare finesse et d'une extrême subtilité échappe à l'analyse comme les opérations d'un homme trop habile échappent à la loi. Sans être positivement érudit, il savait juste à point nommé tout ce qu'il avait besoin de savoir. Il écrivait agréablement, sans autres qualités saillantes que le bon sens uni au savoir-faire, et une désinvolture d'esprit sans égale. Aucun de ses écrits ne restera, pas même la traduction du Dante qui est son ouvrage le plus médiocre; mais je ne crois pas que ses feuilletons servis à point aient ennuyé un seul lecteur. Il répandait un charme sur les objets les plus insignifiants; il nous intéressait au programme d'un concert ou d'un bénéfice de Mlle Nelly; il tournait si galamment une réclame en faveur de l'orgue Alexandre, ou du Docteur noir, ou des cuivres de M. Sax, que le public suçait la pilule comme un bonbon, et souriait pour toute grimace. Cet homme éminemment pratique avait tous les genres d'esprit sans excepter l'esprit de faire le bien. Il savait semer à propos quelques graines d'amitié et de reconnaissance. Jamais je n'ai entendu une voix s'élever contre lui sans qu'aussitôt quelqu'un prît sa défense en disant : il m'a poussé, protégé, encouragé gratis! Il était trop malin pour nager contre les courants et heurter de front l'opinion publique : en louant une chose évidemment mauvaise, en chutant un succès de bon aloi, il eût discrédité sa maison et fait baisser son papier sur la place. Il se rattrapait sur les talents douteux, contestés, ou simplement fatigués. Il les mettait dans la balance comme un changeur du Palais-Royal pèse les monarques d'or ou d'argent, et si l'un d'eux, fût-il Mario en personne, lui paraissait un peu léger, il l'égorgeait en douceur avec cette perfidie de bon ton que je viens d'imiter dans la mesure de mes forces en vous entretenant de lui.

J'ai ressenti en revanche une véritable douleur

en apprenant la mort de Mme Casimir Salvador, née Delphine Fix. Le monde ne l'a pas connue : elle y était entrée par une sorte de miracle; elle vient d'en sortir par la plus épouvantable des catastrophes. Nous la connaissions, nous, les vieux habitués de la Comédie-Française, et nous l'aimions comme un joli petit camarade en jupons. Je n'oublierai jamais l'accueil qu'elle me fit la première fois que je m'aventurais dans ce terrible foyer des artistes. Personne ne m'y connaissait, excepté Got, qui justement n'était pas là. On me dévisageait en chuchotant, comme toutes les nouvelles figures. Moi, je regardais les tableaux, par contenance, n'osant ni rester ni sortir. Je la vis se pencher à l'oreille de Félix, le plus joli causeur et le plus charmant avocat de la maison; je compris qu'elle lui demandait le nom de cet intrus si peu à l'aise. Je ne sais quelle audace ou plutôt quelle confiance me poussa droit devant elle, et je lui dis presque effrontément qui j'étais. Avec quelle cordialité elle me tendit les deux mains en me donnant la bienvenue! Nous fûmes amis dès ce soir-là, et dans le deuil qu'elle laisse après elle, je me console un peu à l'idée que je suis resté son ami jusqu'à la fin. C'était la plus honnête nature et la plus franche, dévouée à ses parents, attachée à son art, excellente pour ses coreligionnaires malheureux, quoique pauvre et logée rue du Hasard, dans un voisinage qui contrastait singulièrement avec sa vertu. Il m'arrivait quelquefois de monter à son quatrième étage : on y rencontrait des écrivains, des artistes, et quelques jeunes gens du monde, sincèrement résignés à la plus cordiale et la moins coquette des amitiés. Il y avait alors à la Comédie-Française un certain nombre de jeunes filles signalées et presque montrées au doigt pour leur bonne conduite. Les hommes de cinquante ans plaisantaient avec elles et leur disaient poliment : « A quoi bon? Qu'espérez-vous de cette singularité affichée? Vous condamnerez-vous à rester vieilles filles? Pensez-vous que les princes du sang ou les administrateurs du Crédit mobilier viennent jamais vous épouser ici?

— Et pourquoi non? disait fièrement la petite Delphine. « Entre les demoiselles qu'on épouse et les filles comme nous, il n'y a qu'une différence : le talent. » Elle avait la repartie vive et l'esprit fin. Ses intimes l'appelaient Delphix Fine. Nous avons bien ri, dans les temps, d'une discussion muette qu'elle eut avec Mlle Judith. Elles n'étaient pas précisément intimes. La moins jeune des deux (inutile de la nommer) entre un soir dans la loge de l'autre, plante son pied tout chaussé dans une pantoufle un peu large, hélas! qui traînait là, et la lance au plafond. Delphine sent le coup, vient droit à son *amie*, et lui montre trente-deux dents de la plus éclatante blancheur.

C'était bien répondu. Mlle Judith s'enfuit sans répliquer.

Parmi ces aimables jeunes filles que l'on courtisait pour le principe, en les respectant malgré soi, il y en a deux qui se sont mariées, au contentement unanime de leurs amis. L'une a épousé un jeune sculpteur sans fortune, mais laborieux et plein de talent. Elle n'a pas dit adieu au théâtre; elle se fait applaudir tous les soirs sur la scène, elle passe ses journées entre un mari qui l'adore et un bel enfant. L'autre avait gagné le gros lot à la tombola du mariage; elle portait un des beaux noms de l'aristocratie israélite; on lui avait reconnu deux millions de dot; elle était riche, considérée, aimée; elle avait espéré neuf mois le bonheur d'être mère; et la voilà qui meurt à trente-trois ans! Pauvre Delphine!

Ce pauvre Ribes est mort aussi, mais sa fin trop prévue n'a étonné personne. Le miracle, c'est qu'il ait vécu jusque-là. Il était condamné depuis longtemps, mais il se pourvoyait tous les jours en appel avec une incroyable énergie. C'était un artiste de la vieille roche, ardent, nerveux, soutenu par la fièvre, comme Mme Dorval et la Malibran. J'ai travaillé quelques semaines avec lui; nous répétions une pièce que Paris n'a pas entendue : il l'aurait aussi bien jouée que *le Marquis de Villemer*, si les sifflets ne lui avaient pas coupé la parole. Il avait un frère, ancien soldat, qui coupa le sifflet à l'un de nos tapageurs, le lendemain de la première représentation.

Les correspondants des journaux ont jugé probablement que c'était peu de trois morts pour égayer le mois des roses. Ils ont conduit Alphonse Karr aux portes du tombeau, administré les sacrements à Victorien Sardou, et effarouché le cheval d'Émile Augier, qui se promenait à pied dans la campagne. Ces *canards*, de goût douteux, ont l'avantage de fournir quatre lignes de copie : deux pour annoncer la nouvelle, et deux pour la démentir. Leur seul défaut est d'épouvanter les amis et de tuer par-ci par-là quelqu'un de la famille.

On n'a pas inventé le combat de deux navires américains devant Cherbourg; c'est un fait authentique; les marins qui y ont laissé leur peau sont bien morts, et la plume magique des chroniqueurs n'en ressuscitera pas un pour faire de la copie. Je ne sens pas mon cœur se fendre de pitié pour quelques corsaires, et pourtant on éprouve une impression bizarre à la nouvelle d'un tel événement. Nous vivons au milieu d'une civilisation si pacifique, si heureuse, si correctement vernie, que le bruit d'un carreau cassé ébranle pour un instant tout notre système nerveux; le cri d'un chien à qui l'on a marché sur la patte nous émeut pour la journée. Dire que les Américains étaient ainsi en 1860! Le vernis a craqué un peu, puis beaucoup, puis l'homme sauvage a reparu, nu comme un ver et poussant des cris féroces. Ayons soin de notre vernis, citoyen du doux pays de France!

Le bey de Tunis a voulu se donner le luxe de vernir sa petite principauté pour éblouir les yeux de l'Europe : mauvaise affaire! Le cuir des musulmans ne prendra jamais le vernis; il suffit de le frotter à coups de bâton, suivant l'usage antique et solennel, si vous voulez qu'il reluise. Voilà un homme de bien qui s'interdit la faculté de tordre le cou de ses ministres. Qu'arrive-t-il? Les ministres, sûrs de l'impunité, font main basse sur l'argent du peuple et dirigent des galions sur Londres et sur Paris. Le peuple de ces pays a peu de distractions; on ne lui donne pas de spectacle gratis au 15 août; son seul plaisir est de voir quelquefois étrangler un ministre. Il se plaint; il n'a pas tort. Il demande le spectacle ou son argent : ces circoncis ont des susceptibilités que je ne partage pas, mais que j'excuse.

J'avais encore beaucoup de choses à vous conter, par exemple l'ouverture de la ligne transatlantique. Nous irons directement du Havre à New-York, sans demander le passage aux bâtiments anglais. Cette satisfaction d'amour-propre va coûter neuf millions et quelques centimes au budget de la France : c'est donné. La nouvelle ligne est aux Péreire, qui s'arrondissent de jour en jour. Ils ont les Landes, ils

ont Bordeaux, ils ont l'Espagne; ils ont hérité de
Marseille dans la succession du pauvre Mirès; ils ont
Paris, de compte à demi avec la préfecture; ils ont
la Turquie et le Mexique, mais c'est un fief grevé de
quelques hypothèques. Les Rothschild ont le Nord,
un peu de l'Italie, et je ne sais quel bien du côté de
Saragosse. Ce retour à la féodalité par l'argent est
assez curieux, mais compliqué en diable. On repense
malgré soi à l'Allemagne du douzième siècle. Mais
au fond, comme dit Giboyer, cela m'est bien égal.

Personne ne parle plus des élections de l'Académie; par contre, chacun fait de nouveaux sénateurs. Quand on me demandera mon avis, ce qui ne saurait tarder, je recommanderai au prône M. Sainte-Beuve. Le *Siècle* de M. Havin ne l'aime pas, mais le Dix-Neuvième Siècle voit en lui un écrivain de premier ordre, un critique à larges vues, et un brave homme malgré tout son esprit. *Item*, il n'est pas riche; *item*, il s'est fièrement compromis; et je connais des gens qui lui doivent une chandelle.

La grande course du bois de Boulogne a fait une recette de cent mille francs, ou peu s'en faut. Le cheval gagne du terrain; le Français devient sportman; on fait plus de *Vermout* que de trois pour cent à la Bourse. J'ai même entendu dire que les collégiens de septième délaissaient un peu leur *de viris* pour le *Stud-Book*. Est-ce un bien? est-ce un mal? Le résultat le plus clair, c'est que nous avons battu à plat nos bons alliés d'Angleterre. Mais il se passera bien des années avant que nous ayons réellement amélioré nos races et fait descendre jusque dans les chevaux de fiacre une goutte du sang de *Vermout*.

Que vous dirai-je encore? On a fermé l'Exposition au bout de six semaines, sans la moindre prorogation. C'est un peu court, surtout pour les pauvres critiques qui vont achever leur compte rendu dans le vide. L'administration des Beaux-Arts a dépensé 500,000 francs en achats. Le chiffre est raisonnable. Par malheur, on achète trop de choses pour payer décemment les bonnes. C'est le moyen de se faire beaucoup d'amis; ce n'est pas le moyen d'enrichir nos musées. La *Victoire*, de Crauk, une œuvre de grand talent, et patriotique par-dessus le marché, restera pour compte à l'artiste. Il en demandait 25 000 francs, et on lui en offrait 15 000, juste le prix que sa statue lui a coûté. En principe j'aimerais mieux que l'État laissât aux particuliers le soin d'encourager les artistes. Mais du moment où il s'en mêle, il doit réserver ses faveurs aux œuvres importantes, qui n'ont d'autre client que lui, et ne pas se faire des pacotilles de médiocrités, qui changent la maison de l'Empereur en succursale de l'hôtel Drouot.

Les poules sont couchées depuis six heures, les Bretons depuis neuf; il en est dix: Bonsoir, lecteur!

Si tu dors bien cette nuit, j'en serai peut-être la cause. Quant à moi, je suis sûr d'avoir gagné à ton service une infirmité temporaire qui me retiendra au lit jusqu'à demain matin.

1ᵉʳ AOUT.

« Rome n'est plus dans Rome, » ou pour parler plus net, il n'y a presque plus de Parisiens à Paris. N'en dites rien aux Allemands, aux Russes et aux Anglais qui profitent de la belle saison pour nous faire leur visite. Ils se regarderont les uns les autres ; ils s'écouteront parler à Mabille, au Château des Fleurs, au pré Catelan, au concert Besselièvre ; et chacun d'eux s'en ira persuadé que les Parisiens ont plus d'accent que d'esprit.

L'empereur et l'impératrice ont fait un mois de villégiature à Fontainebleau, puis ils ont bifurqué sur Saint-Cloud et Vichy. Le bonhomme Dangeau serait fort embarrassé pour écrire la chronique de la cour ainsi dédoublée, à moins d'emprunter les jambes du colosse de Rhodes. Le grand événement de Fontainebleau a été la fondation d'un club de canotiers gentilshommes, sous la présidence de la jolie princesse Murat. On voit que l'alliance anglaise se dénoue, malgré l'intervention du bon vieux roi des Belges : nous augmentons notre flotte de six *périssoirs*, et de trois *youyous*. Les journaux n'ont pas dit si les canots privilégiés du petit lac étaient blindés, mais c'est probable. Sans blindage, point de salut : le *Kearsage* l'a prouvé aux corsaires de *l'Alabama*.

Depuis que l'empereur est à Vichy et l'impératrice à Saint-Cloud, les faits divers semi-officiels ont pris une couleur des plus originales. On lit que le souverain de trente-sept millions d'hommes s'est tenu les côtes toute une soirée en l'honneur de Gil-Pérez, et que la plus jolie, la plus élégante et la plus mondaine des impératrices a présidé gravement le conseil. C'est le mode renversé, mais il est à remarquer que les affaires publiques n'en vont ni mieux ni plus mal. Je ne crains pas que la sainte alliance profite de l'occasion pour nous envahir à nouveau, mais j'ai peur qu'une trop longue méditation sur la carte d'Europe assombrisse un beau teint transparent et nacré.

Les simples Excellences se dispersent à l'exemple des Majestés. Tous les jours on apprend que le ministre de ceci a remis son portefeuille au ministre de cela. Touchante confiance, que les banquiers n'imiteront jamais ! J'entends dire pourtant que la Banque de Savoie vient de passer la main à la Banque de France ; mais on ajoute que cet acte de renoncement s'est payé quatre millions. C'est ce que la couronne de France a donné dans les temps au prince de Monaco, en échange de son petit droit divin.

Je lis assidûment le cours de la Bourse, quoique je n'aie pas de grands intérêts engagés sur ce tapis-là. Mais un philosophe s'amuse de tout, même d'une partie de cartes où il ne doit ni gagner ni perdre. Le résultat de mes observations, qui datent de plusieurs années, c'est que la belle saison fait tout fleurir excepté les affaires d'argent. Le bulletin d'été ne manque jamais de dire que la Bourse a été nulle, à moins pourtant qu'elle ait été mauvaise. On manque rarement d'annoncer une reprise pour les premiers froids, comme si les papiers en circulation devaient tous remonter à la chute des feuilles. La logique n'a rien à voir dans cette prophétie, et cependant l'expérience lui donne toujours raison. Peut-être existe-t-il certains courants magnétiques qui pèsent sur le marché comme les courants d'air appuient sur le baromètre. Si la loi se confirme, les sages feront bien d'imiter le marchand de bois qui achète en été pour revendre en hiver.

Il paraît assez naturel que les transactions soient moins actives de moitié lorsque la mer, la campagne et la chasse retiennent loin du marché la moitié des acheteurs et des vendeurs. Mais, pour pousser le raisonnement jusqu'au bout, il conviendrait aussi de donner des vacances à la moitié des agents de change, ou mieux encore de fermer la Bourse un jour sur deux. Les affaires n'en souffriraient pas, puisqu'il n'y a pas d'affaires, et toute une population d'hommes actifs et intelligents jouirait comme nous de la campagne et détendrait ses nerfs au soleil. Les Anglais savent la vie mieux que nous; ils prennent tous de vraies vacances. La manie de campagne dont ils sont possédés profite à la santé publique et au progrès de la population. Ce peuple a doublé en cinquante ans : il comptait 9 500 000 individus en 1810, et 19 700 000 en 1860. Je n'ose pas vous dire dans quelle proportion nous nous sommes multipliés durant la même période.

On commence pourtant à comprendre chez nous que le bitume et le gaz ne sont pas des éléments de bonheur. Les familles les plus riches et les plus éclairées vivent huit mois aux champs et quatre dans les villes. Paris ne bat son plein que vers la fin de décembre et la marée humaine y descend dès les derniers jours d'avril. Mais il faudra du temps pour que la simple bourgeoisie entende ses intérêts et se crée de nouvelles habitudes. Nous avons les chemins de fer, nous n'avons pas encore la manière de nous en servir. L'alimentation publique a fait des progrès incontestables, mais la circulation est en retard. Nous commençons à consommer autant de pain, de viande et de vin que notre santé en réclame; il faudrait que chaque citoyen consommât dans son année cinq ou six cents kilomètres de plus. On y viendra.

Cette révolution inévitable, et désirable, étonnera d'abord un peu les directeurs de nos théâtres : je crois qu'en fin de compte ils n'y perdront rien. Du temps qu'on ne pouvait sortir de Paris sans se ruiner en poste ou s'étouffer en diligence, le peuple caserné dans la ville avait contracté l'habitude du spectacle, à défaut d'autres plaisirs. L'État, dispensateur de tous les priviléges, obligeait les théâtres à s'ouvrir en tout temps, de peur que les internes de Paris ne fussent privés de récréation pendant les soirées de juillet. Mais comme l'autorité n'était pas assez forte pour contraindre le public à s'enfermer dans une étuve et à payer ce supplice-là, les théâtres mangeaient de l'argent depuis les lilas jusqu'aux vendanges, sauf à se rattraper sur les recettes d'hiver.

La liberté proclamée depuis six mois et inaugurée depuis trente jours adaptera ce vieux plaisir du théâtre aux besoins et aux mœurs de la société moderne. Il y a mille bonnes choses en germe dans ce décret impérial : la liberté d'ouvrir boutique, qui n'est pas méprisable, et la liberté de fermer, qui vaut encore mieux en juillet. Quelques-uns de nos confrères ont ri de voir que six ou sept théâtres inauguraient la liberté par une clôture. Ce qui m'étonne, moi, c'est que tant de théâtres aient cru devoir rester ouverts. La comédie, le drame et l'opéra sont des objets de consommation comme le pain, la viande et la galette : il n'en faut pas servir au peuple plus que son appétit ne lui permet d'en manger chaque soir. Vous verrez que dans quatre ans, lorsque les directeurs connaîtront un peu mieux les besoins de la place, on n'ouvrira pas plus de quatre ou cinq théâtres pendant les mois d'été : juste assez pour que les Anglais, les Allemands et les Russes aient un échantillon de l'art français.

Ou bien on construira, pour la belle saison, des salles aérées, fraîches, commodes, véritables lieux de plaisir, comme j'en ai rencontré dans les plus modestes villes d'Italie.

Ou bien encore les directeurs des vieilles salles modifieront si bien leurs tarifs que la modicité des prix attirera les pauvres eux-mêmes, et fera descendre le goût du spectacle dans les dernières couches du public. Il y a dans Paris cent mille individus qui font queue pour un *gratis* sous le soleil intolérable du 15 août : ceux-là, je vous en réponds, ne sont pas des sybarites ; ils ne craindront pas la chaleur, si vous leur donnez Molière ou Rossini pour quinze sous. Reste à savoir quelle est la meilleure combinaison, ou de fermer trois mois, ou de jouer devant les banquettes, ou d'user le mobilier du théâtre pour des recettes de cent francs.

L'expérience en décidera; mais du moins on ne verra plus un directeur se ruiner par ordre, en vertu d'un cahier des charges imposé et accepté aveuglément.

Aux approches de l'hiver, les coupons d'avant-scène et les billets d'orchestre reprendront faveur comme le 3 p. 100 et les actions du Crédit mobilier. Alors les directeurs profiteront de la hausse pour élever leurs prix. Ils vous feront payer d'autant plus cher que la pièce sera meilleure et le succès plus éclatant. Jusqu'à ce jour, et très-injustement, une stalle du Vaudeville a toujours coûté le même prix, soit qu'on donnât la deuxième représentation des *Faux bonshommes* ou de la *Dame aux Camélias*, soit qu'une demi-douzaine de pauvres acteurs, mourants d'ennui, célébrât les funérailles de M. et Mme Fernel. Quant aux premières représentations, les directeurs ont pris la sotte habitude de les donner pour rien devant les concurrents, les ennemis de l'auteur, et tous ceux qui ont un intérêt direct à faire tomber la pièce. Tandis que trois ou quatre cents personnes dans Paris offrent en vain deux, trois ou quatre louis pour un strapontin de bois dur, on offre les meilleures loges et les fauteuils les mieux rembourrés aux critiques qui égorgeront l'auteur et le théâtre dans leur feuilleton du lundi. Mauvaise combinaison : la dignité du journalisme ne s'en trouve pas mieux que l'intérêt de la direction. Les théâtres et les journaux vivent dans une intimité hargneuse comme les filles et leurs souteneurs. L'administration se prétend exploitée et battue; elle additionne avec amertume les billets que la presse lui a soutirés en un an. Le journal, de son côté, fait l'addition de toutes les réclames qu'il a insérées gratis dans l'année, et prouve qu'il y a mis du sien. Ce n'est pas encore tout : *sotto voce*, certains directeurs laissent entendre que leur budget est grevé de subventions secrètes. S'ils déposent leur bilan, on raconte autour d'eux que l'infâme journalisme les a mangés tout vifs. Ne vaudrait-il pas mieux convenir une fois pour toutes que le théâtre et la presse rentreront dans le droit commun, les directeurs payant leurs réclames au prix du tarif, les critiques payant leurs places au prix du bureau? Le moment est bien choisi pour commencer cette réforme : il n'y a plus un seul forban au rez-de-chaussée des grands journaux.

Je serais bien curieux de voir jouer une pièce nouvelle devant toute une salle de bon argent. Il y aurait des effets singuliers, des émotions imprévues, le public étant plus vrai, plus neuf et moins blasé. La direction serait sage de ne point exagérer le prix des places : Balzac a fait une douloureuse expérience à la première représentation de *Quinola*. Les spectateurs qui ont payé trop cher deviennent plus exigeants que les autres. Il ne faut élever les tarifs qu'après un succès éclatant, bien et dûment constaté. Il faut savoir aussi les abaisser à temps, et tâter constamment le pouls du bon public. Les directeurs anglais ont pris une habitude qui ne tardera guère à se naturaliser chez nous. Le prix de toutes les places sera réduit de moitié à partir de neuf heures et demie. C'est une chose qui se fait déjà, mais malproprement, sans ordre, avec mille petites friponneries, par le ministère des vendeurs de contre-marques. Du moment où le directeur est un marchand assimilé à tous les autres, il a le droit d'écouler à prix réduit, comme un solde de marchandises, les billets qu'il n'a pu placer autrement.

Les effets de la liberté sur l'art et la littérature dramatiques n'ont pas pu se montrer en un mois, et en un mois de morte-saison. Deux théâtres seulement ont tâté du répertoire classique que tous semblaient prêts à dévorer. La Porte-Saint-Martin a bientôt renforcé Molière de Rossini et de Bellini, parce que Molière joué médiocrement n'exercerait pas à lui seul une attraction bien puissante. Jamais je ne payerai pour entendre en juillet les chefs-d'œuvre que je sais par cœur, si vous ne me garantissez une exécution hors ligne. Le petit Théâtre-Déjazet ne semble pas avoir trouvé un filon nouveau dans *Tartuffe :* le voilà qui fait relâche à peu près tous les soirs. Au résumé, cette première expérience n'aura guère servi qu'à mettre en relief la troupe savante, exercée, presque infaillible, qui attire l'Europe entière au coin de la rue Richelieu.

On peut prédire à coup sûr que les nouvelles conditions du théâtre développeront jusqu'à l'excès cette locomotion perpétuelle qui est entrée depuis cinq ou six ans dans les mœurs de nos artistes. Il se signera moins d'engagements à longs termes; comédiens et directeurs se prendront, se quitteront et feront perpétuellement la chaîne des dames. Chacun voudra sa part de la liberté proclamée. Deux théâtres ou trois auront un répertoire et une troupe. Les autres s'en tiendront à la nouveauté sous toutes les formes : nouveauté des ouvrages et des visages. Étant donnée une pièce inédite, on recrutera les exécutants un peu partout. C'est ainsi qu'un fabricant de soieries fait faire une mise en carte spéciale pour chaque dessin nouveau. Nous garderons pourtant des théâtres de répertoire et de troupe, comme il y a dans le commerce des maisons qui ne traitent que l'article uni, à la porte d'un magasin de nouveautés.

Le génie des auteurs sera-t-il étouffé dans ces convulsions? J'en doute. Les plus grands hommes du théâtre, Shakspeare, Molière, Rossini ont travaillé longtemps pour des troupes ambulantes, presque foraines, qui se renouvelaient sans cesse au gré du hasard. Les vieux moules de l'opéra, du drame et de la comédie sont tellement usés qu'on rendrait service au public en les brisant une bonne fois. Je vois en France un certain nombre d'esprits vraiment originaux qui tentent des voies nouvelles : c'est Dumas fils, Augier, Barrière, Labiche, Lambert Thiboust, Meilhac, Sardou. Ils cherchent, ce que personne n'a fait avant eux, au lieu de couler de la pâte dans le vieux gaufrier comique. Quelques-uns ont trouvé ; d'autres trouveront peut-être. La comédie et le vaudeville sont déjà, quoi qu'on dise, dans la voie du progrès. Le drame est arrêté, malgré le talent incontestable des Dennery et des Féval : ils se recommencent et se rabâchent à satiété ; le siècle demande autre chose. Il n'y a plus d'opéra possible au monde, si l'on ne crée un élément nouveau. Scribe a épuisé avant sa mort la mine admirable qu'il avait ouverte lui-même. L'opéra-comique est fini, plus que fini. Félicien David, Maillart, Grisar, les rares compositeurs originaux qui nous restent, attendent le bec dans l'eau qu'on leur trouve des situations musicales. C'est pourquoi j'applaudis à la révolution qui bouleversera tantôt le sol de nos théâtres : non-seulement parce que la liberté ne saurait être mauvaise en soi, mais aussi parce qu'il était temps de faire table rase. Le jour où les grands arbres d'une vieille forêt se couronnent au lieu de croître, on défriche le terrain et l'on voit pousser des récoltes admirables sur un fonds qui semblait épuisé.

Pourquoi le galant homme qui gouverne le Gymnase est-il le plus habile directeur de Paris ?

Parce qu'il n'a pas hésité à rompre avec le vaudeville de Scribe et de Bayard, le jour où Dumas fils a créé un art plus vivant et plus vrai. Parce qu'il s'est hâté d'ouvrir ses portes à Sardou, un autre débutant, moins hardi, moins profond, moins nouveau, mais doué d'une finesse et d'une dextérité prodigieuses. Quand vous lirez cette chronique, vous aurez probablement vu et applaudi le *Don Quichotte* de Sardou, Paul Dalloz et Gustave Doré. C'est un grand avantage que vous aurez sur moi, car je suis toujours à la porte de Quimper, au milieu des blés noirs qui fleurissent, et ma lorgnette ne porte pas aussi loin que le télescope d'Herschell. Je n'ai su que par ouï-dire le début éclatant de Mlle Honorine au Palais-Royal ; j'admire de confiance le *Don Quichotte* qui se joue aujourd'hui même, à l'heure où je fais de la prose au fond d'un petit manoir isolé. Mais j'ai vu dans l'atelier de Doré les costumes qu'il dessinait pour la pièce ; j'ai assisté à une conférence du grand artiste avec don Lesueur, qui semblait pénétré de l'esprit de son rôle ; je connais et je goûte beaucoup cet aimable Victorien Sardou, qui ressemble, par l'audace et par le visage au jeune vainqueur de Marengo ;

j'ai beaucoup travaillé dans ma vie avec Paul Dalloz, directeur-gérant des deux Moniteurs. C'est un jeune homme très-bien né, comme son nom l'indique; en outre, gentleman accompli et doué d'une activité d'esprit singulière. Il a plus de nerfs qu'il n'en faudrait pour mettre en mouvement deux ou trois corps humains; il est actif, curieux, inquiet, passionné pour les choses nouvelles et les découvertes en tout genre; sa porte et son esprit sont ouverts à toute heure aux idées de progrès. Sans avoir, il s'en faut, l'encolure d'un Hercule, il a donné de rudes coups d'épaule à toutes les nouveautés utiles de notre temps.

Je ne sais pas encore au juste si le *Moniteur* du soir sera compté parmi les nouveautés utiles. Des journalistes que j'estime, des orateurs que j'admire ont exécuté une charge à fond de train contre cette feuille privilégiée qui trouve le secret de payer six centimes de timbre et de se vendre un sou, prix fort. D'un côté, j'apprécie infiniment toutes les combinaisons qui noircissent le papier blanc, multiplient les lecteurs et étendent la matière abonnable; de l'autre.... les discussions politiques sont interdites à la *Nouvelle Revue de Paris*. Pour tout concilier (car je suis un homme conciliant, quoi qu'on dise), je ne crois pas que le *Moniteur* du soir doive porter préjudice à aucun des journaux existants. On l'achètera, j'en suis sûr, pour avoir la primeur des nouvelles officielles, pour y lire Théophile Gautier, Méry, une rédaction littéraire au-dessus de toute comparaison. Mais on s'empressera de prendre en même temps quelque feuille un peu moins authentique, ne fût-ce que pour entendre la voix des simples mortels, pour recueillir des opinions non officielles, et même (pardonne-moi, grand peuple!) pour rencontrer les canards qu'un *Moniteur* ne publie pas.

Juste au moment où l'on criait bien haut que l'officiel du soir allait tuer tous ses confrères, mon ami Millaud n'a pas craint de fonder deux nouveaux journaux, l'un politique et financier, l'autre purement littéraire, hebdomadaires tous les deux. La modestie, cette auréole des gens de lettres, me défend de vous dire que ces feuilles ont une rédaction du premier choix car j'écris régulièrement dans la première et je compte travailler pour l'autre. Ce que je peux avancer sans rougir, c'est que Lamartine, Dumas, Alphonse Karr et plusieurs autres individus bien famés signent leur nom dans les deux journaux de la semaine, sans compter Léo Lespès et Timothée Trimm qui sont évidemment deux personnes, car un seul homme ne pourrait en faire tant. Les deux journaux réunis ne se vendent que six sous; isolés, ils valent quatre sous pièce. Aussi les vendeurs ont-ils soin de les tenir séparés. Dans un petit voyage que j'ai fait la semaine dernière, j'ai trouvé le journal littéraire seul de son bord à la gare de Quimper. A Lorient, on n'avait que le journal politique; à Vannes, le littéraire avait mis l'autre en fuite et le champ de bataille lui était resté. Je n'ai pas poussé mes recherches plus loin, parce que je n'allais pas jusqu'à Nantes; mais au retour j'ai trouvé la politique régnant à Vannes, les lettres à Lorient et la politique à Quimper. Je signale cette malice des vendeurs pour que l'excellent Millaud la connaisse et la déjoue; mais je crois qu'il aura du mal.

Voilà donc quatre journaux, tous bien portant et bien achalandés, réunis en faisceau dans les mains d'un seul homme. C'est une force, politique à part. Je ne crois pas que M. Millaud ébranle souvent les rois sur leurs trônes : s'il le faisait par accident, il est si doux et si bonhomme qu'il ne s'en consolerait jamais. Mais avoir dans le pays une clientèle de lecteurs innombrables, imprimer à coup sûr des kilomètres de papier, c'est le moyen de servir puissamment le progrès en propageant tout un monde de connaissances utiles. On peut taquiner Millaud, ses annonces mnémotechniques et ses voitures à la Barnum; il est doué d'une philosophie et d'une persévérance israélites. Faites pleuvoir sur lui les quolibets : il rira finement, ouvrira son parapluie et travaillera de plus belle. Barnum tant qu'on voudra, mais Barnum bienfaisant, car il fait écrire et il fait lire. J'avoue qu'en se dévouant aux intérêts du peuple il s'expose au danger de refaire une grande fortune : un journal qui réussit, c'est un capital tout créé.

Nous avons tous assisté à la naissance du *Nain-Jaune*. Un jeune journaliste audacieux, pétulant et brillant,s'éveille un beau matin avec le vague projet de fonder quelque chose. Il trouve un titre en mettant ses bottes, il rencontre un imprimeur en traversant la rue, il fait un tour de boulevard et recrute une rédaction : le journal est fait, l'hameçon est jeté. Que le public y morde, et demain le fondateur entre en possession d'un fort joli revenu. Il en jouit un an, deux ans, puis il trouve plus gai de capitaliser ses rentes et il vend la feuille à un ami. Connaissez-vous une industrie, un commerce, une culture où les fortunes s'improvisent aussi lestement? Mais il faut réussir, c'est comme un coup d'État. Malheur aux vaincus! Je connais deux honnêtes garçons de beaucoup de savoir et d'esprit qui se sont obérés pour toute leur vie en essayant de fonder deux journaux. J'en sais un autre qui a lutté plus d'un an contre l'indifférence obstinée du public. Il est artiste, il est philosophe, il sait le monde, il a des amitiés de choix. Son journal a été charmant dès le premier numéro : c'était comme un salon où dix hommes vraiment distingués prenaient leurs ébats sous le masque. Eh bien! le public n'y venait pas, et la *Vie parisienne* n'a franchement réussi qu'à sa deuxième année.

On dit que le *Nain-Jaune*, vendu par Aurélien Scholl, va se donner le luxe d'un cautionnement et traiter les questions politiques. J'ai lu je ne sais où une composition de troupe qui rappelle les beaux jours de la barrière du Combat : Veuillot, Proudhon, Silvestre, Barbey d'Aurevilly, Ulisse Pic, Granier de Cassagnac; les simples faits divers seront rédigés par quelqu'un de la Halle. Si la nouvelle est vraie, je plains les pauvres chrétiens qui seront exposés dans ce cirque! Mais le succès d'un tel journal est assuré. Le public aime les orateurs, les artistes et les savants qui font honneur à la France; il les aime presque autant que le bœuf, le porc ou le mouton. Vite! qu'on les égorge, qu'on les découpe, et surtout qu'on les serve bien saignants! Le plus beau de l'affaire est que personne n'échapperait aux dents de cette rédaction fauve. Les cléricaux seraient mordus par Proudhon, les libéraux seraient assommés par les autres. MM. Pouchet, Musset et Joly se verraient éreintés à la première page; MM. Pasteur, Flourens et Dumas recevraient leur compte à la deuxième.

Je vous disais le mois dernier que la France prend goût aux questions sérieuses. Elle vient de me donner raison une fois de plus en se passionnant pour et contre les générations spontanées. Je résume l'affaire en quelques mots pour ceux de mes lecteurs qui n'en auraient pas une idée nette. Il s'agit de savoir si certains animaux peuvent naître sans père ni mère ; si la matière organique en décomposition peut se réorganiser spontanément sous des formes nouvelles. Étant donné de l'air pur, de l'eau pure et un corps organique comme la filasse de chanvre ou la levûre de bière, est-il possible de développer des infusoires dans ce mélange par une sorte de fermentation animale ?

Oui ! répondent MM. Pouchet, Musset et Joly ; et ils le prouvent par des expériences aussi belles que concluantes. Ils démontrent que l'eau, l'air, la filasse, tous les éléments employés ne contiennent aucun œuf, aucun germe microscopique. Bientôt le mélange s'anime et l'on y voit la vie foisonner sous les formes les plus diverses. J'aime à croire que vous devinez l'importance d'une telle solution. Si un petit animal, gros comme la centième partie d'une tête d'épingle, a pu naître spontanément, rien n'empêche que la nature, par ses propres forces, ait formé, dans d'autres temps et d'autres conditions, des baleines, des éléphants, des lions, voire des hommes.

Cette doctrine n'est pas nouvelle ; on l'enseignait sans scandaliser personne dans les plus grandes écoles de l'antiquité. Mais elle a le malheur de contredire un texte hébreu : il faut opter entre la tradition religieuse et l'expérience scientifique. Vous n'êtes pas sans avoir entendu dire que certaine tradition, battue en brèche par le progrès, se débat depuis quinze ans avec une énergie admirable et fait tête à l'ennemi de tous côtés. Elle est forte, elle est habile, elle est riche, elle s'appuie sur des sentiments et des intérêts qui lui donnent une base solide. Le jour où M. Pouchet et ses amis ont trouvé la solution du problème, il y a eu, grâce à eux, une bonne position à prendre et une riche cause à plaider. On n'avait pas besoin d'être sorcier pour prédire que leur contradicteur, quel qu'il fût, serait choyé, fêté, acclamé, poussé et comblé de tous les biens de la terre, par le grand parti de la tradition. C'est à M. Pasteur que cette aubaine échut.

M. Pasteur prétend que toutes les générations prétendues spontanées s'expliquent par une pluie de petits œufs microscopiques dont l'air est littéralement infesté. Il ne les montre pas, ces œufs tombés du ciel, mais il les garantit, et c'est beaucoup. Une bonne affirmation bien lancée a plus de prise que toutes les preuves du monde sur les braves gens qui ont la foi. M. Pasteur a prêché en Sorbonne au milieu d'un concert d'applaudissements qui a dû faire plaisir aux anges. Mais M. Joly a parlé dans l'amphithéâtre de l'École de médecine avec une précision, une simplicité, une force d'évidence que j'ose appeler diaboliques. Voilà le monde savant divisé en deux camps, dont l'un admet les générations spontanées parce qu'elles sont évidentes et l'autre les nie obstinément parce qu'elles semblent révolutionnaires. Notez bien que les expériences de M. Pouchet ne contredisent que la Bible sans attaquer la divinité. Aux yeux de la philosophie déiste elles prouvent seulement que Dieu n'a pas encore tout à fait abdiqué sa vertu créatrice. Mais l'école de la tradition aime mieux contester un pouvoir à Dieu que d'abandonner un texte juif.

Qui est-ce qui nous mettra d'accord? Ce n'est pas l'Académie des sciences. M. Pouchet et ses amis avaient accepté son arbitrage, quoiqu'elle se fût prononcée d'avance en faveur de leurs adversaires. Mais lorsqu'on en vint au fait, M. Flourens, M. Dumas et les autres pontifes bernèrent si outrageusement les pauvres avocats de la génération spontanée, qu'ils résolurent d'en appeler au public.

Oh, les Académies ! *Le Journal des Savants*, publication académique, entreprend la démolition d'Etienne Geoffroy Saint-Hilaire, le plus illustre des savants qui l'ont honorée : mais il n'était pas orthodoxe. On tresse des couronnes à M. Pasteur, parce qu'il *pense bien*; on donne des étrivières à MM. Pouchet, Musset et Joly, parce qu'ils *pensent*. Vous entendez des vieillards renier leur passé, insulter leurs maîtres, étouffer leur conscience, par esprit de coterie ou d'académie.

Mais la raison publique aura beau faire : les académies régneront encore longtemps. Elles ont des revenus qui leur attirent des hommages. Elles me font penser à ces vieilles femmes riches, malades, un peu folles, qu'on entoure de soins pour en obtenir quelques sous.

Puisque nous sommes en pleine antiquité, on me permettra peut-être d'effleurer la question Montmorency : du bout des doigts, pas plus, car elle est toute brûlante. Un décret qui n'avait rien de scandaleux, puisqu'il n'était pas même public, un bon petit décret de poche a transmis à M. de Talleyrand-Périgord le titre de duc de Montmorency. Le nouveau duc est, dit-on, un jeune homme accompli, âgé de vingt-sept ans, et de tout point recommandable : il ne lui manque rien que d'avoir gagné deux ou trois batailles; mais encore fallait-il en trouver l'occasion. Je ne suis pas jaloux de la faveur qu'il a obtenue; le plus simple cottage, dans la vallée dont il porte le nom, ferait beaucoup mieux mon affaire : mais, il y a, dit-on, une douzaine de grandes familles qui revendiquent cette couronne sans duché, en vertu de droits héréditaires. Qu'on se débrouille ! Pour un simple amateur, le décret personnel du 14 mai 1864 a surtout un intérêt de curiosité historique. Il nous apprend que ce titre de duc, créé en 1551, il y a trois siècles, a déjà satisfait l'orgueil de quatre familles différentes. Henri II l'a donné, Louis XIV l'a transmis, Louis XV l'a transféré,

Louis-Philippe l'a laissé prendre, et Napoléon III l'a ressuscité. Je voudrais bien savoir si tous les titres qui nous font bayer aux corneilles ont fait autant de voyages que celui-là? Toutes nos théories sur la transmission des vertus par le sang pêcheraient par la base, car il n'y a pas plus de sang Montmorency dans un Montmorency qu'il n'y a de veratrum ou d'opium dans une dilution homœopathique. Voilà mon sentiment, mais je doute qu'il exerce une grande influence sur la décision des tribunaux.

Nous n'avons eu, depuis un mois, qu'un procès intéressant : je parle du procès, et non de l'accusé. Celui-là était un furieux de la plus dangereuse espèce, assez improprement décoré du nom de Boyeldieu. Non-seulement il avait envoyé sa victime dans l'autre monde, mais il avait écharpé toutes les autorités de la commune, pour épuiser un reste de mauvaise humeur. Si on l'avait jugé l'année dernière, ou seulement il y a trois mois, son affaire était nette. Mais il est arrivé devant la cour d'assises après l'exécution de la Pommerais : on peut dire que l'assassin de Mme de Pauw lui a sauvé la vie. Les jurés étaient si fortement prévenus contre la guillotine, que le ministère public a dû plaider la cause de la loi. Il l'a fait en bons termes, avec beaucoup de noblesse et d'humanité, sans décourager les braves gens qui rêvent un régime plus doux.

Cependant le jury a tenu bon ; il a usurpé le droit de grâce que la constitution réserve à l'Empereur. Admettre les circonstances atténuantes, c'était signer avant l'arrêt une commutation de peine. Je signale le fait, parce qu'il est de bon augure : lorsqu'une révolution est acccomplie dans les mœurs, elle ne tarde guère à se traduire dans les lois.

Je n'ose pas affirmer que les jurés d'outre-Manche useront de la même clémence envers l'assassin de M. Briggs. L'émotion est vive ; songez donc ! un homme égorgé en ville, dans un wagon du chemin de fer de ceinture ! Autant dire l'omnibus de la Madeleine à la Bastille ! Chacun songe à soi et craint le même sort.

Pour moi, le point saillant de cette triste aventure, c'est la froide résolution, la cruauté tranquille de ce Germain qui tue un homme dont la montre lui plaît. Ne croyez pas que la misère l'ait poussé, qu'il ait pris une montre pour l'échanger contre du pain ! Non, il en avait une qui n'était pas de son goût, il se promettait depuis quelque temps d'en acquérir une autre en tuant quelqu'un ; il faisait part de ce projet à ses amis et connaissances.

Nous avions à Saverne, il y a deux ou trois ans, un gaillard du même caractère, Germain comme ce Müller, et aussi froidement scélérat. Il avait travaillé chez un boulanger de la ville; pour le moment, il posait des rails sur le chemin de fer. Tous les jours, en allant au chantier, il disait à ses camarades : « Qui est-ce qui veut venir à Benfeld? Nous tuerons la vieille Marguerite Reibell, et nous prendrons son argent. » Les autres répondaient par des considérations toutes pratiques; on lui parlait des gendarmes, des juges et du bourreau qui est à Strasbourg. « Ah! bah! répliquait-il, nous ne nous laisserions pas prendre. » Enfin, deux camarades s'en allèrent à Benfeld avec lui. Ils étranglèrent Mlle Reibell et sa servante, firent main-basse sur 7 ou 8000 francs en or, et partirent pour Strasbourg après avoir eu soin de donner à manger aux vaches de leurs victimes. A Strasbourg, ils débutèrent par commander leurs photographies, puis ils prirent du bon temps. L'Allemagne est à deux pas; ils ne songèrent pas même à passer la frontière. Leurs camarades du chantier, à la première nouvelle du crime, avaient dit : « Ah! les gaillards! » et raconté la chose naïvement. On savait dans toutes les brasseries le nom des trois bons garçons qui avaient fait le coup. La justice en prit deux; le principal coupable était parti pour Londres. Non qu'il songeât à se cacher! mais il avait toujours eu l'idée de voir l'Angleterre, comme Müller avait convoité la montre de M. Briggs. Il revint bientôt à Saverne; un gamin le fit voir à un sergent de ville qui l'arrêta facilement. Il fut tout étonné de cette mésaventure, mais il conta avec une satisfaction visible qu'il avait fait le monsieur en Angleterre et roulé dans des voitures à quatre chevaux. On lui coupa le cou, mais il mourut sans se douter que le bien et le mal sont deux choses distinctes. Ces Germains sont une race intéressante à connaître. Il y a parmi eux des païens sublimes comme Gœthe, des mystiques comme Klopstock, des martyrs héroïques comme Robert Blum, de gros hommes pâles qui suent la bière, des chasseurs sveltes et fringants, des goinfres bourrés de choucroute, des vierges blanches, nourries de la rosée des fleurs. Mais souvent, au milieu de l'infinie variété qui naît du croisement des races, on voit paraître un échantillon pur du type primitif, un barbare de l'an 500.

1ᵉʳ SEPTEMBRE.

Il y a trente jours environ, au moment de signer cette chronique mensuelle, je me félicitais en moi-même d'un bonheur rare et nouveau. C'était la première fois que je causais avec vous sans vous annoncer la mort de personne. Le destin qui donne à mes bavardages une couleur nécrologique semblait être enfin désarmé.

Ce que c'est que de nous! Tandis que ma petite prose s'en allait gaillardement vers une imprimerie de Paris, une lettre bordée de noir m'apportait de Paris au fond de la Bretagne le deuil le plus cruel et le moins attendu. L'homme de bien à qui je dois le peu que je suis devant le public, celui qui m'a deviné, aidé, conseillé, réveillé quelquefois et plus souvent apaisé, soutenu d'une main paternelle dans toutes mes défaillances, M. Hachette était mort; et je ne le savais pas même malade; et la nouvelle m'est arrivée si tard que je n'ai pas même vu le cercueil où dormait cette prodigieuse et bienfaisante activité!

Je n'ai connu que par le récit de nos amis communs les détails de cette mort et de ces funérailles où le regard d'un étranger n'aurait pas su reconnaître les parents des simples amis, tant la douleur était universelle. En quelques jours, les hommes de son intimité avaient vieilli de dix ans : ils chancelaient sur le chemin du cimetière. « Sa mort nous a décapités, » disait M. Geruzez, notre excellent maître; « en le voyant si jeune et si actif, lui qui était de notre âge, on oubliait qu'on avait soixante ans! » Les Littré, les Quicherat, les Lesieur, les Patin, les Saintine, les meilleurs, les plus honorables, les plus illustres de ses contemporains enterraient avec lui leur dernière jeunesse. Les auteurs qu'il publiait, les employés de sa librairie, les ouvriers qu'il occupait, tout ce qui l'avait connu l'a pleuré : il est presque inouï qu'un homme si riche et si puissant ait laissé tant de regrets sur la terre. C'est qu'il était le moins égoïste et le plus désintéressé des riches, et que dans cette immense fortune accumulée par le travail il n'y avait pas une obole du bien d'autrui.

M. Hachette s'était fait une loi de ne jamais plaider contre les gens de lettres. Si quelqu'un d'entre nous lui avait emporté son argent, il eût crié par la fenêtre : « Gardez-le, mais ne revenez plus! » On le savait, et presque personne n'a abusé d'une si excessive délicatesse. Il se louait beaucoup de ses rapports avec les écrivains. En thèse générale, défiez-vous des éditeurs qui médisent de la littérature. Ceux qui nous traitent de mangeurs et de paniers percés croient excuser ainsi leurs rapines. Ils nous volent notre argent parce que nous en ferions un mauvais usage.

Je ne sais pas combien de millions M. Hachette laisse à ses héritiers ; je suis à peu près sûr qu'il a versé exactement la même somme entre les mains des littérateurs. Il partageait avec nous le produit de nos livres, comme un bon métayer partage la récolte avec son propriétaire. L'auteur donne sa prose, capital embarrassant, difficile à placer, dont il ne saurait point tirer parti lui-même; l'éditeur fournit son argent, ses soins, son activité, ses relations, ses magasins, ses employés, toute une vaste et puissante machine qui distribue le livre broché jusqu'aux extrémités de l'Europe et de l'Amérique. Le traité que l'auteur et l'éditeur signent côte à côte est un acte de société temporaire où chacun des contractants apporte une part égale en vue d'un bénéfice à partager. Seulement, l'éditeur a le temps de publier cinquante volumes, tandis que l'auteur en écrit un; c'est pourquoi il s'enrichit plus vite.

Cette inégalité logique et nécessaire, M. Hachette la compensait de son mieux par les plus aimables procédés. Sa maison large et magnifique n'était pas plus à lui qu'aux écrivains de sa librairie, promus l'un après l'autre au grade d'amis. Tout l'hiver, il tenait table ouverte; il donnait des concerts et des bals somptueux où j'ai vu plus d'une fois les philosophes de la rive gauche écarquiller leurs yeux éblouis. En été, il ouvrait ses châteaux aux grammairiens, il promenait les commentateurs dans ses breaks, il invitait poëtes, romanciers et pédagogues à des chasses à courre. Chaque soir, vers six heures, on donnait un coup de filet dans cette énorme manufacture du boulevard Saint-Germain; on arrêtait pêle-mêle les écrivains, les professeurs, les artistes, on chargeait les prisonniers dans de grandes voitures et on les transportait en masse au Plessis-Piquet. Quelle bonnes journées j'ai passées là, l'été dernier, avec Gustave Doré, Bida et tant d'autres! La bonne, cordiale et prévoyante hospitalité! Notre excellente Mme Hachette était clouée sur son lit, avec une jambe cassée, et pourtant sa vigilance maternelle se devinait partout dans la maison. Elle pensait à tout, et même à retarder les pendules pour retenir ses hôtes jusqu'au lendemain. Rien n'était oublié, ni votre livre de prédilection sur la table de votre chambre, ni le plat que vous aviez trouvé bon quinze jours auparavant. Mme Hachette savait le soir quel convive avait dîné de bon appétit, quel autre avait paru indifférent aux suavités de la cuisine. Pardonnez-moi ces humbles détails : la vraie bonté est celle qui s'étend jusqu'aux infiniment petits de la vie, et c'est dans la maison de M. Hachette que j'ai trouvé les plus fines délicatesses du cœur. Il n'est pas rare, grâce à Dieu, de rencontrer une famille étroitement unie, mais la plupart du temps ceux qui s'aiment ainsi se cloîtrent dans un cercle, vivent pour eux, écartent les étrangers, et font de leur intimité un égoïsme à plusieurs têtes. Le côté original de cet intérieur, c'est qu'il était ouvert à plus de cent personnes et qu'on y sentait pourtant la chaleur des affections concentrées.

Les journaux ont tout dit sur l'activité de cet honnête homme qui sut tirer de son cerveau un capital presque fabuleux; mais il faut l'avoir approché comme nous pour savoir à quel point il restait simple et doux au milieu du travail même. Les grands ouvriers, en général, sont comme les machines à haute pression : malheur à qui se prend dans leurs engrenages! M. Hachette quittait, reprenait, suspendait ses plus sérieuses occupations pour causer avec un ami, pour caresser un enfant, pour écouter un importun. Il a mené de front cent idées, sans être possédé par aucune. La moindre nouveauté l'enflammait; il n'apercevait pas un obstacle, même à deux lieues de sa route, sans chercher à le soulever; ses enfants l'accusaient respectueusement de poursuivre les affaires mauvaises et de leur tourner le dos dès qu'elles étaient devenues bonnes : toute sa conduite était l'expansion d'une nature riche, vaillante, multiple, qui se complaît dans l'effort, mais qui n'en est point ébranlée, toujours prête à se détendre au premier appel du cœur.

Et pourtant cette noble machine humaine, qui fonctionnait doucement, sans bruit et sans secousse, a éclaté un matin. Pourquoi ? Comment ? Nul ne l'a su. La meilleure constitution, la vie la plus régulière, la conscience la plus pure : les centenaires du bon temps étaient tous faits de ce bois-là. Méditez sur ce coup ; la chose en vaut la peine. M. Hachette n'est pas le seul qui, de nos jours, sous nos yeux, soit mort ainsi. Les médecins accourent, ils déclarent que le cerveau s'est ramolli, et qu'il faut faire ouvrir le tombeau de famille ; leur savoir ne va pas plus loin. C'est ainsi que les forgerons, quand un arbre de couche admirablement travaillé se brise sous une pression de quelques kilogrammes, déclarent que le métal s'était écroui.

Je ne suis ni médecin, ni physiologiste, et je sais que mes conjectures sur une question de cette importance ne sauraient être d'aucun poids. Mais il me semble que les hommes de notre temps vivent peut-être un peu vite. Le plus puissant et le plus délicat de nos organes, le cerveau, travaille plus en six mois qu'il ne faisait jadis en vingt ans. L'enfant tout jeune et tendre est mis dans des écoles où les bras, les jambes, le corps entier s'atrophie au profit du cerveau. La vie moderne est organisée de telle sorte que la contention d'esprit supplée à tous les autres efforts et les rend pour ainsi dire inutiles. C'est le travail du cerveau qui lutte à peu près seul contre toutes les forces de la nature ; le bien-être, la fortune, le pouvoir, les honneurs, tout ce qui a du prix ici-bas, s'obtient par un labeur de tête, et nous sommes tous fiers d'une révolution qui soumet à quelques quintaux de cervelles la masse énorme de notre globe. C'est un beau résultat, je l'avoue, mais il a son triste côté. L'homme ne sera bientôt plus cet être harmonieux, proportionné, dont toutes les parties concouraient au même but avec un ensemble admirable. Tout est ventre chez les uns, tout est cerveau chez les autres ; le muscle se fait rare. On s'apercevra peut-être un jour que l'espèce dégénère à force de se perfectionner. Souvenons-nous que l'homme n'est ni ange ni bête, et qu'on risque de s'envoler bientôt chez les anges lorsqu'on s'éloigne trop de la bête. Les sauvages de quelques contrées ont encore un cerveau en miniature, à peine plus gros que le poing. J'ai vu mourir en moins d'une année trois petits garçons nés à Paris, de pères artistes. Le cerveau de ces pauvres petits êtres était si développé, que la nature fit de vains efforts pour fermer la boîte du crâne. Il y aurait beaucoup à dire là-dessus, mais je passe parole aux savants.

La tombe de M. Hachette était encore ouverte lorsqu'une mort plus obscure, mais aussi lamentable et bien autrement prématurée, a déchiré mon âme et bien d'autres autour de moi. Je ne veux pas nommer celui que nous avons perdu ; son nom n'est pas de ceux qui appartiennent au public; sa mémoire ne relève pas des jugements souvent aveugles de la foule. Et pourtant il me semble que vous m'accuseriez d'omission et d'ingratitude si je ne parlais pas de lui. Ce qu'on appelle *tout Paris* connaissait sa jolie figure, son esprit vif, sa douce humeur, que rien n'avait pu altérer, ni un procès fameux dans les fastes de la Bourse, ni un veuvage effrayant, ni une succession de désastres qui l'avaient laissé pauvre. Nous étions quinze ou vingt du même âge que lui, ses amis du collége ou du concours général, nous avions tous suivi sa marche inégale à travers le monde, tantôt avec envie, tantôt avec compassion, toujours avec amitié. Jeune homme, il avait eu des bonnes fortunes à rendre jaloux un prince ; il s'était élevé par lui-même à une des plus jolies positions de la finance ; il avait épousé une héritière aimable et bien née qui lui donna deux beaux enfants. Le vent tourne, tout change: sa femme meurt, il quitte sa charge, il perd tout, excepté ses enfants, ses livres et ses amis, dont j'étais. Jamais je n'ai rien vu de meilleur, de plus cordial, de plus gai, de plus tendre que ce philosophe de trente-six ans. Nous passions quelquefois des matinées entières entre son petit Henri et sa jolie petite Geneviève; je l'admirais d'être resté si jeune et si bon après tant de malheurs. Mais un jour de ce mois d'août, au restaurant, comme il allait se mettre à table avec un ami, il tomba mort, et l'on sut qu'à force d'étouffer son chagrin en lui-même, il avait rompu son cœur.

Je ne sais pas, lecteur, si vous avez l'esprit aussi mal fait que moi; mais si je revois Paris après une courte absence, et que je n'y retrouve plus mon compte de vieux amis, je me prends à haïr la grosse ville dévorante et brutale. La joyeuse activité des boulevards me paraît insolente; la gaieté des théâtres toujours en fête me paraît cynique, et je me promets de mourir en province, si j'ai le choix. Paris est comme un océan qui vous noie sans garder une ride; j'aime mieux les lacs tranquilles où la chute d'un corps humain trace des cercles infinis.

Mais il est temps d'aborder les événements d'intérêt public, ou tout au moins les choses d'un intérêt général.

Toute la France, ou peu s'en faut, a lu avec émotion la lettre de l'Empereur au maréchal Vaillant. La voici résumée en quatre mots pour ceux qui par hasard n'en auraient pas eu connaissance: « Hâtez la reconstruction de l'Hôtel-Dieu, et ralentissez celle de l'Opéra, afin que le temple du plaisir et l'asile de la douleur puissent être inaugurés ensemble. » Les malins d'estaminet, qui expliquent tous les grands sentiments par de petites causes, ont dit en versant leur eau-de-vie dans leur café : « C'est tout simple : on n'avait plus d'argent pour continuer l'Opéra. » Pure sottise ! comme si la France n'avait pas toujours de l'argent à foison pour les dépenses de luxe !

Il me paraît plus simple et plus équitable de reconnaître la bonne intention, le sentiment délicat, la pensée démocratique qui a conduit la plume de l'Empereur. Si jamais souverain a confondu ses intérêts avec ceux de la classe ouvrière, c'est lui. Mon seul regret, s'il m'est permis de regretter ici quelque chose, est de ne pas voir encore la même communauté d'idées entre cet homme éminent et bienveillant et la classe moyenne, cette élite quelquefois exigeante ou même tracassière, mais toujours éclairée, active et libérale. Je suis bourgeois, j'adore la liberté et j'exècre la violence : c'est pourquoi je rêverai toute ma vie une entente cordiale entre la bourgeoisie et les hommes qui nous gouvernent : le progrès sans secousse est à ce prix.

Mais pardon ! je reviens à la lettre impériale. Le désir qu'elle exprime a pris force de loi sans perdre un seul moment. M. Haussmann commence les travaux de l'Hôtel-Dieu ; le maréchal Vaillant ralentit la construction de l'Opéra nouveau, et ces deux édifices pourront être ouverts le même jour à deux publics bien différents. L'intention, je le répète, est noble et généreuse. Mais il se peut que des intérêts fort respectables soient lésés par l'exécution. N'avez-vous pas remarqué toutes ces maisons neuves qui entourent le vaste enclos où l'Opéra se bâtit ? Elles ont l'air d'attendre quelque chose. Elles attendent en effet l'inauguration du théâtre. Le terrain qui les porte s'est vendu jusqu'à deux mille francs le mètre : c'est l'espoir d'un brillant voisinage qui lui a donné tant de prix. Les ouvriers qui les ont construites ont touché une haute paye, une espèce de *prompte*, pour travailler plus vite et finir plus tôt : on voulait à tout prix arriver en temps utile et exploiter sur toute la ligne cette bienheureuse inauguration. Il y a là quelques centaines de millions qui réclament l'ouverture de l'Opéra comme les prés demandent la pluie. Ces capitaux seront paralysés tant que les palissades resteront debout. Ils ne produiront pas moitié du revenu qu'on en espérait ; ils vont rester longtemps à l'état de non-valeurs, et cela sans profit pour personne. Les pauvres gens qui vont à l'Hôtel-Dieu se faire couper la jambe ne s'inquiètent pas de savoir si l'on chante *Guillaume Tell* dans un bâtiment neuf ou vieux ; je crois même qu'il leur importe assez peu de souffrir dans un palais ou dans une masure. Mais, en revanche, il importe beaucoup aux propriétaires de la rue Scribe et des rues voisines de voir leurs immeubles en plein rapport. Je crois même qu'ils se cotiseraient au besoin pour bâtir l'Hôtel-Dieu, s'ils pouvaient à ce prix se dispenser de l'attendre.

Le mois d'août est le mois des fêtes : on nous en a donné de toutes les couleurs. Un heureux concours de circonstances m'a permis ne n'en voir aucune, ni la distribution de la Sorbonne, ni la distribution des médailles au Palais de l'Industrie, ni la distribution des prix du Conservatoire, ni la distribution des coups de coude au 15 août, ni la belle féerie de Versailles, ni la revue du roi d'Espagne, ni la représentation de gala, ni l'inauguration du chemin de fer espagnol, ni même une pauvre petite inauguration de statue, quoiqu'il pleuve des statues partout. C'est une plaie d'Égypte, et je ne rencontre jamais ces tas de bronze officiel qui représentent nos grands hommes sans penser aux crapauds que Moïse répandit en pluie sur Pharaon. Jamais, j'ose le dire, le moment ne fut plus mal choisi pour couler l'image des grands hommes. Nos costumes étriqués, nos chapeaux ridicules, nos bottes, nos parapluies, tout résiste au génie du sculpteur et lui oppose des difficultés insurmontables. Nos personnes elles-mêmes sont ce qu'il y a de moins plastique : des savants desséchés, des généraux ventrus, des hommes d'État voûtés par l'âge et le travail, voilà les matériaux que le dix-neuvième siècle offre à la statuaire. Parlez-moi de Pèriclès, d'Alcibiade, de tous ces beaux garçons qui avaient commencé par être de jolies filles, et qui dans l'âge viril partageaient leur journée entre la gymnastique et les affaires ! Nous sommes généralement laids de corps, mal bâtis ou démolis. On rencontre çà et là quelques belles têtes où la pensée a imprimé une noble empreinte. Il faut peindre ces figures-là, ou tout au plus les modeler en marbre ; mais il y a tout profit à laisser le corps dans l'ombre. A quoi bon envoyer à la postérité des échalats et des futailles ? J'ajoute qu'il n'est pas sans danger d'exposer aux yeux du peuple les nains illustres, les bossus pleins de gloire et les éléphants valeureux de notre époque. Les femmes enceintes voient cela tous les jours en traversant la place, et leurs fœtus se modèlent en dépit du sens commun.

J'aurais pu vraisemblablement aller voir Madrid ces jours derniers avec cent cinquante autres journalistes ; il suffisait de demander une invitation ; mais je n'y aurais rien gagné, ni vous non plus. De ces sortes d'expéditions; on ne rapporte ni impressions, ni observations, ni vérités neuves, ni rien qui mérite d'être écrit. Pourquoi ? Pour deux raisons : parce qu'on voyage en fête, et surtout parce qu'on voyage en bande. L'administration qui vous invite a toujours à cœur de bien faire les choses : elle emmène des cuisiniers, des vivres et des drapeaux de Paris. Pour un rien, elle se chargerait d'un théâtre, et mettrait dans ses fourgons le personnel des Bouffes-Parisiens. En quelque endroit qu'elle vous débarque, vous retrouvez par ses soins tout ce que vous espériez avoir laissé chez vous. Et puis, on est pressé; on descend de wagon pour se mettre à table, on se lève de table pour remonter en wagon. Les indigènes qu'on aperçoit au vol ont tous l'air ahuri, fussent-ils par hasard aussi spirituels que Voltaire : ils voient passer un train pour la première fois! De causer avec eux, de savoir ce qu'ils pensent, ce qu'ils font, comment ils vivent, il n'y faut pas songer : le temps presse. Mais le pis de l'affaire, c'est qu'on voyage avec des confrères, des camarades, qui ont tous emporté autour d'eux l'atmosphère du boulevard, et, passez-moi le mot, la gaminerie littéraire de Paris. Chacun de vos voisins est un homme laborieux, sérieux, peut-être sentimental, observateur à coup sûr, et chercheur autant que vous-même ; mais il suffit qu'on soit ensemble pour qu'on soit tous incapables de rien faire sérieusement, sauf peut-être une partie de whist. Celui-ci raconte une anecdote de coulisses, celui-là risque un calembour sur les noms des villes où l'on passe, cet autre est enchanté de retrouver le nez d'Hyacinthe au milieu d'un village castillan. On se taquine, ou l'on s'amuse, où l'on pose les uns devant les autres; presque personne n'est soi, et surtout personne n'a cette liberté d'esprit, cette quiétude, ce détendu, cet oubli de Paris sans lequel il n'y a point de voyage utile. Les enfants les mieux élevés deviennent des gamins dans les rangs de la pension, sur le chemin du collége; les journalistes les plus graves se changent en étourneaux, un jour d'inauguration. Si jamais je vais en Espagne, j'irai seul ou avec un ami, et je vous raconterai mon voyage.

La réception d'un prince étranger, qu'il vienne du Nord ou du Midi, est toujours une belle fête. Le Parisien y court, et comme il est nerveux, esclave de ses yeux et de ses oreilles, amoureux des panaches, des équipages et de la musique militaire, il manifeste dans ces occasions un enthousiasme fou. Fou (j'en demande pardon à mes concitoyens) est malheureusement le mot propre. Car enfin, si nous avons un gouvernement qui se fasse respecter de l'Europe, il est presque impossible que tous les souverains de race latine, saxonne ou même slave, ne défilent pas devant nous en dix ans. Le public de Paris, toujours prêt à crier, les acclame l'un après l'autre, sans distinction, pourvu qu'ils soient présents de leur personne. Vive la reine d'Angleterre! Vive le roi des Belges! Vive le roi d'Espagne, et le roi d'Italie, et le roi de Prusse, et le roi qui se trouve là! Mais si demain nous avons la guerre avec la

Prusse, l'Angleterre ou la Russie, il n'y aura pas d'ordure assez immonde dans le ruisseau de la rue Mouffetard pour éclabousser nos idoles de passage. C'est pourquoi les apothéoses du Champ-de-Mars m'ont toujours inspiré des réflexions mélancoliques, et je les évite quand je peux.

Je ne déteste pas la distribution des prix du Conservatoire, quoique cette solennité soit aussi féconde en déceptions que beaucoup d'autres. Il est trop vrai que tous ces lauréats pleins de belles espérances avortent quatre-vingt-quinze fois sur cent; jamais, je crois, on n'a récompensé plus facilement qu'aujourd'hui; jamais le niveau des talents ne s'est montré plus modeste. Mais enfin, ces petites fêtes de la rue Bergère sont émaillées de jolies figures et de physionomies rayonnantes; on y voit des jeunes filles qui feront volontiers le bonheur de leur siècle, et des portières transfigurées par le rayonnement de leur géniture : le spectacle est joyeux, sinon moral.

Le gros événement de l'année a été la décoration de Samson. Nombre d'honnêtes gens, et M. Legouvé à leur tête, avaient pris la chose fort à cœur. Depuis plusieurs années, on demandait, au nom de l'égalité civile, qu'un comédien fût enrôlé dans la Légion d'honneur. Il y avait, je crois, beaucoup à dire pour et contre. L'anathème religieux qui a longtemps pesé sur les comédiens est d'une absurdité révoltante : les hommes d'État et tous ceux qui raisonnent doivent le rejeter avec horreur. Reste à savoir s'il est prudent et politique d'exposer au coup de pied de Dorante et aux sifflets du public un fétiche respectable et respecté. La question n'est pas résolue, quoi qu'on dise, car M. Samson, chevalier de la Légion d'honneur, appartient au corps enseignant, comme M. Pasteur ou M. Caro. La profession d'artiste dramatique n'est pas plus honorée dans sa personne qu'elle ne le fut jadis en M. Marty, que Louis-Philippe décora comme maire. Tout bien considéré, le seul prince qui ait osé quelque chose en faveur des comédiens, c'est Louis XIV, lorsqu'il fit manger Molière avec lui.

On pourrait écrire un traité de philosophie sur le signe honorifique que Napoléon Ier a fondé avec tant de succès. Les souverains de l'ancien régime octroyaient de leur grâce à quelques gentilshommes la faveur de porter un habit, un bijou, un ruban distinctif. En ce temps-là, rien ne faisait plus d'honneur à un homme que la bienveillance du roi; le mérite personnel venait après, bien loin, à distance respectueuse. Les citoyens les plus justement illustres s'inclinaient de bonne foi, sans fausse modestie, devant un bambin de quatre ans, honoré et décoré par le bon plaisir du maître.

L'auto-da-fé démocratique du 4 août ramena les Français à la nature, mais il était bien malaisé de les y retenir longtemps. En Amérique, il est établi que tous les hommes sont égaux, sauf un certain classement qui ressort du talent, du courage, des services rendus à la société, en un mot du mérite personnel. Chacun sait ce qu'il vaut, sauf une légère erreur que tous commettent à leur avantage ; chacun connaît aussi, sauf une légère dépréciation, la valeur de son voisin. Mais pour classer un peuple par ordre de mérite, sans faveur et sans erreur, il faudrait le discernement infaillible d'un dieu. Et, depuis quelque temps les dieux ont perdu l'habitude de mettre pied à terre. Les citoyens de New-York, qui élisent comme nous le chef de leur gouvernement, savent qu'ils n'ont pas un dieu à leur tête, mais un homme sujet à cent faiblesses, quoique plus capable et meilleur que le commun. Ils lui permettent donc de trancher les questions de politique et de guerre, mais ils ne lui accordent pas le pouvoir quasi divin d'imposer tel ou tel individu au respect des autres. Ils veulent bien placer pour quelque temps M. Lincoln au-dessus d'eux, mais ils seraient choqués si M. Lincoln établissait, de sa grâce, une hiérarchie entre ses électeurs. Voilà pourquoi la Légion d'honneur, qui a si magnifiquement réussi en France, ne saurait s'acclimater en Amérique ni même en Angleterre, ni dans les autres pays ou l'individu vit par soi, sait sa valeur et n'attend rien que de soi. Elle a bien pris chez nous parce que nous sommes un peuple foncièrement monarchique c'est-à-dire léger d'esprit, faible de caractère (M. Philarète Chasles a bien raison), une race moutonnière dans l'obéissance et même dans la révolte, une pension de grands enfants qui enfoncent quelquefois les portes et qui se rendent machinalement à la salle de retenue. Notre premier besoin, quand nous n'avons pas de maître, est de nous en donner un ; nous ne nous croyons en sûreté que le jour où nous sommes en tutelle ; nous doutons modestement de notre valeur personnelle tant qu'un autre homme, notre égal aux yeux de la nature, ne l'a point attestée par brevet ; nous estimons nos concitoyens et nous-mêmes sur le nom, l'étiquette ou l'habit. De là vient cette manie des titres, des uniformes, des décorations ; maladie incurable, puisque les révolutions les plus radicales l'ont à peine palliée un instant.

Je dois avouer, pour être juste, que la Légion d'honneur est l'aristocratie la plus démocratique du monde. Les citoyens y sont admis sans faire leurs preuves de noblesse ; il est presque inouï qu'un fils ait été décoré pour les belles actions de son père. Il est bien rare aussi que le ruban rouge tombe par accident sur un malhonnête homme. Enfin tous les pouvoirs qui se sont succédé depuis le premier empire ont été assez économes de cette distinction pour lui garder une partie de son prix. Par toutes ces raisons, elle est plus recherchée des nationaux et des étrangers que tous les cordons bleus, verts ou jaunes. Je connais bien des gens qui donneraient une brochette de douze croix européennes pour un centimètre de ruban francais. Moi-même qui traite ici la question sans chauvinisme aucun, en philosophe revenu de toutes les vanités de ce monde, je ne lis pas sans émotion le *Moniteur* du 15 août et je sens une véritable joie, lorsque j'y trouve le nom d'un ami. Il faut donc que la chose ait une valeur réelle, en dépit des objections de la raison pure.

Est-ce à dire que le droit de porter un peu de rouge au revers gauche de l'habit illumine à tout jamais la vie d'un homme? Non certes. Il faudrait être plus sot qu'un paon pour sentir cette satisfaction après six semaines de jouissance. Mais n'être pas décoré, voir cette petite tache rouge au paletot de ses contemporains, de ses égaux, de ses amis, et n'avoir pas le droit de la porter soi-même, voilà ce qui est vexant, puis pénible, puis, au bout d'un certain temps, odieux, insupportable, cruel!

Il y a des salons où tous les hommes sont décorés, excepté les domestiques. Mettez-vous à la place d'un garçon du monde, intelligent, riche, bien élevé, bien mis, qui fréquente ces maisons-là, et qui n'a rien à la boutonnière! On commettrait des crimes pour échapper à ce déshonneur-là.

J'ai remarqué que tous les hommes de ma génération sont décorés, sauf trois ou quatre. Je parle de ceux qui se faisaient remarquer dans leur jeunesse, soit au collége, soit à l'École normale, soit à l'Académie de Rome, soit chez les éditeurs de Paris. Les uns ont pris à droite et les autres à gauche, et l'on a fini par se rencontrer au but. Voici Charles Garnier, que j'ai connu il y a douze ans à l'École d'Athènes. Il a lutté, il a souffert, il a fini par gagner une belle bataille, puisqu'il construit le nouvel Opéra. Je sais bien que la lettre impériale lui défend de terminer son travail, juste au moment où l'on fonde un prix de 100 000 francs pour le plus bel ouvrage qui sera terminé dans cinq ans, mais qu'importe? Il a fait son chemin, il a rejoint les autres, il a le droit de porter du ruban rouge comme Perraud, Baudry et presque tous les camarades de notre temps.

Crauk était avec nous à l'Académie de Rome. On ne peut pas le citer parmi ceux qui ont eu la vie facile. Je l'ai vu l'année dernière engager tout ce qu'il avait pour finir une *Victoire*. C'était presque l'histoire de Benvenuto Cellini fondant son argenterie : le mont-de-piété remplaçait la fournaise, voilà tout. Cette statue, par un hasard assez mérité, se trouve être admirable; une cabale lui enlève la médaille d'honneur; l'administration des Beaux-Arts marchande l'œuvre, et finalement la laisse pour compte à l'artiste. N'y avait-il pas de quoi se casser la tête contre les murs? Oui, mais on raccommode tout avec un peu de ruban rouge. Et puis M. Haussmann achète la *Victoire;* on décide qu'elle sera placée sur une colonne au milieu du square des Arts-et-Métiers, qui deviendra le square de Sébastopol, et rappellera nos victoires de Crimée. Tout est bien qui finit bien.

J'ai connu au collége un prix d'honneur appelé Glachant : il écrivait le français comme Saint-Évremond, au dire des élèves et des maîtres. C'était d'ailleurs le plus aimable et le meilleur des camarades, malgré tout son esprit. Il entre le premier à l'École normale, il en sort le premier, il fait son temps de province, revient professer à Paris, et épouse la fille pauvre et charmante d'un honnête professeur comme lui. Rien n'annonçait qu'il fût décoré de si tôt, malgré tout son talent et ses dix-neuf ans de service. Mais un miracle intelligent élève son beau-père au ministère de l'instruction publique; il suit le mouvement, se jette à corps perdu dans ce labeur prodigieux dont M. Duruy étonne la France; il rend des services éclatants, lui aussi; il prononce un discours justement admiré à la distribution de l'École polonaise, et le voilà au but avec Garnier, Crauk et Lambert Thiboust, quoiqu'il n'ait certes pas suivi le même chemin.

Quel excellent et heureux garçon que ce Lambert Thiboust! L'esprit le plus pétillant, le cœur le plus ouvert, le visage le plus franc, la nature la plus épanouie. Il est tout en dehors; il montre tout ce qu'il pense, tout ce qu'il sent, tout ce qu'il fait, excepté ses bonnes et généreuses actions. A quelle école appartient-il? Je n'en sais rien, ni lui non plus. Il danserait sur les théories d'Aristote s'il savait où elles sont. Aucune prétention, aucune vanité, aucune préface; il n'écrira jamais comme nos poetes gourmés : « L'auteur de cette pièce a l'intention de rebâtir le monde. » Il est de ceux que le talent habite depuis la cave jusqu'au grenier, et qui ne connaissent pas même leur locataire. Les idées lui viennent par poignées; il écrit des pièces, il rit en travaillant, et son honnête gaieté se répand dans la foule comme une traînée de poudre.

Eh bien! cet homme charmant entre tous, cette source de bon rire, cet observateur joyeux comme un faune, se serait peut-être rembruni avant deux ans si on ne l'avait pas décoré. Il arrive après quelques-uns qui n'ont jamais eu son mérite, il le savait, et quoique la distribution des croix ne soit pas précisément une distribution des prix, on souffre de l'oubli comme d'une injustice. On se demande ce qu'on a fait, par quelle faute ou quelle imprudence on s'est nui; cette petite tache rouge qui manque à votre habit n'est pas seulement une lacune, c'est une réalité attristante, une petite tache noire qui grandit, grandit tous les jours et assombrit l'homme tout entier.

Je ne dis pas cela pour mon ami Féval. On l'a bien fait attendre et il sentait vaguement que son tour était passé depuis une quinzaine d'années, mais il ne se plaignait point; il n'était pas même triste : il travaillait. On a même remarqué que sa puissante imagination, la plus prodigieuse de notre époque, émigrait insensiblement vers des régions plus sereines. Il a débuté dans le noir et le voici dans le rose. Entre le *Fils du Diable* et *Annette Laïs*, le contraste est aussi frappant qu'entre un Salvator et un Greuze.

Mais en voilà peut-être beaucoup sur un même sujet et l'on m'accusera d'allonger le ruban outre mesure. Je ne veux pourtant pas omettre le nom si souvent applaudi d'Hector Crémieux, et celui de Ludovic Halévy qui n'est pas décoré pour ses comédies (car on l'a malheureusement séparé de Meilhac), mais pour plusieurs années de services buraucratiques, tant au Palais Morny qu'au ministère de l'Algérie.

J'ai commencé par cette chronique par deux malheurs; il me reste à parler d'un sinistre et d'un crime : l'incendie de Limoges et l'assassinat qui se juge à Foix. L'évêque de Limoges a déclaré à ses ouailles que l'incendie était un fléau envoyé par la Providence, et pourquoi? Parce que nous travaillons le dimanche. Si le feu n'a brûlé personne et s'est contenté de ruiner quelques centaines de familles, c'est encore la Providence qui l'a voulu, et pourquoi? Parce que Monseigneur a promené les reliques de saint Martial, saint Aurélien et sainte Agathe. Si le lecteur m'en croit, il saluera humblement ces respectables billevesées, et il ira chercher dans son secrétaire quelques louis pour les incendiés.

Ce Latour qu'on juge à Foix m'a tout l'air d'un coquin, mais quelle énergie et quelle tête! Supposez qu'on l'ait mis au collége, puis à l'école de Droit, puis... n'importe. Mon idée en deux mots, c'est qu'avec une vingtaine de mille francs bien employés, on en aurait fait non-seulement un honnête homme, mais un superbe avocat général. La société me dira qu'elle n'avait pas 20 000 francs à perdre; mais additionnez les frais du procès, l'argent volé à la Bastide-de-Besplas, la vie de deux femmes et de deux hommes, et vous verrez qu'il y aurait économie à soigner l'éducation de ces gaillards-là.

1ᵉʳ OCTOBRE.

En voilà, des événements, dans un simple mois de trente jours! Le vieux Destin nous a fait bonne mesure; on ne l'accusera pas d'avoir pris des vacances.

J'ai tout noté par le menu, selon ma vieille et recommandable habitude, mais je ne me fais pas fort de tout conter ici sans rien omettre : le tableau ferait éclater son cadre. Je mets ma plume à cheval, comme pour passer une revue, et je la lance au triple galop sur le front des événements, assez mal alignés. Nous nous arrêterons quand nous serons au bout, mais nous n'aurons pas tout vu, c'est probable.

La plus grosse affaire du mois, c'est le réveil inespéré de la question romaine. Je n'ai pas d'opinion, ici du moins, sur le traité franco-italien, et je me garderai d'examiner ce grand fait sous son côté religieux ou politique. Si j'ose ratifier à mon tour la convention signée par deux grands peuples, c'est pour des raisons d'intérêt privé que voici : 1° L'occupation de Rome qui pèse un peu sur nos budgets, me coûte une douzaine de francs chaque année : j'économiserai bientôt ces douze francs, et je les reporterai sur une dépense plus utile, comme, par exemple, l'OEuvre des bibliothèques populaires, si vaillamment entreprise par mon ami Jean Macé. 2° Mon petit cousin Charles tire à la conscription dans trois ans. La France n'ayant plus rien à faire à Rome ni au Mexique, nous demandera moins de conscrits ; et plusieurs numéros, qui étaient mauvais depuis sept ou huit années se trouveront excellents du coup. 3° Je connais un brave militaire, du nom de Dumanet, qui est devenu le mécréant le plus forcené depuis qu'il tient garnison à Rome. On est presque certain qu'il se convertira à des idées plus chrétiennes dès qu'il sera mis en contact avec l'honorable et modeste clergé français. 4° J'aime le roi Victor-Emmanuel sans l'avoir jamais vu. Il me fâchait un peu de l'entendre traiter en caporal de zouaves par tous les ennemis de l'Italie et de la liberté. Le succès d'une négociation si difficile et si contrariée prouve qu'il est doué des qualités les plus délicates de l'homme d'État. 5° Mgr de Mérode, qui est moins de mes amis, a déclaré un jour, parlant à ma personne, qu'il se chargeait de défendre la papauté temporelle contre les étrangers et les

Romains eux-mêmes, sans l'appui du drapeau français. Je ne suis pas fâché d'assister à cette expérience *in anima arroganti*. 6° Cette résurrection de la question romaine fera peut-être un regain de succès à certain livre énergique et prophétique que j'ai publié en 1859.

A ce propos, permettez-moi une réflexion de plus en plus personnelle, mais d'une moralité générale. La publication de la *Question romaine*, ouvrage purement politique, avait soulevé contre moi toutes les âmes pieuses. Depuis que Renan a fait imprimer la *Vie de Jésus*, je suis rentré dans la catégorie des hommes inoffensifs. Est-ce parce qu'il a visé plus haut que moi et touché un point plus sensible? ou simplement parce qu'un clou chasse l'autre? Il est certain que, dans la polémique religieuse de notre temps, le bon Renan joue le rôle du bouc émissaire. Il a chargé son dos de toutes les iniquités d'autrui.

On nous annonce que les gardes nationaux de Turin, dans un élan de *loyalisme* un peu exagéré, ont voulu retenir le gouvernement, à coups de fusil. Vérité au-deçà des Alpes, erreur au-delà. A Paris, quand les gardes nationaux tirent sur un gouvernement, ce n'est pas pour le retenir au milieu d'eux.

Je comprends le dépit des capitales et des maîtresses abandonnées. Mais lorsqu'une jolie fille est mise dans ses meubles par un fils de bonne maison, elle sait à l'avance que cette liaison ne durera pas toujours, et que le jeune homme se mariera tôt ou tard dans son monde. Avis à Turin et même à Florence. Le roi d'Italie est fiancé à sa vraie capitale. Qu'il porte son bonnet de nuit dans une ville ou dans une autre, il a le choix ; mais au diable les maîtresses qui ont la prétention de se faire épouser ?

Je crois, d'ailleurs, que Turin, Milan, Florence, Naples, Venise, et toutes les grandes cités italiennes, conserveront leur importance et leur éclat propres sans disputer à Rome la présence du roi et le siége du gouvernement. L'Italie n'est pas une terre de centralisation comme la France et la Russie. L'esprit municipal, que nous devrions un peu réveiller chez nous, fonctionne à merveille chez nos intelligents voisins. Il supplée en mille affaires, et avec le plus grand profit, l'action du gouvernement, de l'administration, de la capitale. L'individu, comme la nation, veut et sait un peu *far da se*, agir par lui-même. Si les hommes éminents qui organisent ce beau pays s'efforçaient de copier la vieille centralisation française, ils useraient beaucoup de talent et de patience pour un résultat qui n'est point à souhaiter. Autant il est nécessaire de concentrer en un seul point les grands ressorts de la politique et de la guerre, autant il est malsain de caserner dans une seule enceinte toute l'intelligence et l'activité d'un pays.

Mais les collaborateurs de Victor-Emmanuel ont trop d'esprit pour copier nos modes lorsqu'elles commencent à passer. On comprend, à Paris, que les gouvernements les plus forts ne sont pas ceux qui touchent à tout, interviennent dans les moindres détails, et compromettent leur responsabilité dans les affaires les plus insignifiantes. L'autorité vraiment inébranlable est celle qui se renferme volontairement dans le soin des grands intérêts et des nécessités générales, laissant aux citoyens isolés ou associés la charge de pourvoir à leurs besoins personnels. Cette idée a percé plusieurs fois dans les discours de l'Empereur et de ses ministres: il se fait dans les esprits un travail favorable à l'association libre ; on parle de canaliser dans un lit plus étroit, mais plus plus profond, cettte force envahissante et envahie, menaçante et menacée, qui s'appelle l'État. Le jour où la commune, l'arrondissement et le département s'occuperont de leurs propres affaires avec un peu d'initiative et de liberté, les ministres auront moins de tracas, les bureaux seront moins peuplés, le grand budget sera moins lourd ; le pouvoir, gravitant dans une région plus haute, heurtera moins d'intérêts, de vanités et de sottises, et se fera moins d'ennemis à l'intérieur.

Les Conseils généraux, qui viennent de se réunir en septembre, ont un bel avenir devant eux. La décentralisation en fera, un jour ou l'autre, un des grands corps *non politiques* de l'État. En attendant, ils contrôlent à l'amiable le travail des préfets, ils votent les centimes additionnels, ils émettent, un peu au hasard, des vœux souvent très-sages. Leur rôle étant encore assez mal défini, ils touchent souvent à des points qui ne sont pas de leur compétence ; mais il y a du vrai et du bon dans ces vœux annuels, qui rappellent de loin les cahiers des états généraux.

Un conseiller proposait, ces jours derniers, deux réformes assez équitables. Il demandait que le droit de mutation ne pesât pas aussi lourdement sur la nue propriété que sur la toute-propriété. Je viens de voir un fait qui montre clairement l'imperfection de la loi existante. Un magistrat marié, sans enfants, laisse une petite fortune de cent mille francs environ. Il lègue par testament l'usufruit à sa veuve et la nue propriété à ses héritiers naturels. Au moment du décès, la veuve usufruitière a quarante ans ; le seul héritier naturel est un frère du défunt, âgé de cinquante-cinq ans. Il est très-vraisemblable que l'usufruitière enterrera le nu propriétaire, puisqu'elle a quinze ans de moins que lui. La nue propriété devient donc, par le fait, une espèce de non-valeur entre les mains de son nouveau maître. Et cependant le fisc lui demande sept mille francs pour droit de mutation. Sur quoi les prendra-t-il ? Sur son capital qui n'est pas disponible ? ou sur son revenu qu'il ne touchera jamais ?

Autre réforme du même auteur, qui s'appelle M. de Gasté, si j'ai bonne mémoire. Ne pourrait-on prélever l'impôt sur l'actif d'une succession, déduction faite du passif ? Lorsqu'un parent éloigné me laisse un bien de cent mille francs, grevé de quatre-vingt-dix mille francs de dettes, j'hérite en réalité de dix mille francs et non de cent mille. En justice, c'est sur ces dix mille francs que l'impôt du dixième, s'il y a lieu, devrait être perçu. En pratique, aujourd'hui, je donne quatre-vingt-dix mille francs aux créanciers et dix mille à l'État; il ne me reste pas un centime. Supposez que l'actif et le passif se balancent exactement, comme on l'a vu plus d'une fois. Si j'ai fait l'imprudence d'accepter la succession sans inventaire, il faudra que je mendie une somme de dix mille francs pour satisfaire aux exigences du fisc.

Un conseil général, et l'un des plus considérables de France, a cru devoir appeler l'attention du gouvernement sur les loteries à cinq sous. Il a parbleu bien fait. Cette spéculation commence à passer la mesure. On ne tardera pas à regretter la loterie royale, que nos pères ont abolie dans l'intérêt des mœurs. Cette fâcheuse institution avait de bons côtés : elle fixait à deux francs le minimum de la mise; elle n'allait pas chercher la monnaie de billon dans la poche des malheureux. Les dépouilles qu'elle enlevait à ses dupes tombaient directement dans le trésor; c'était donc un impôt perçu, au profit de tous, sur l'imbécillité publique. On sait moins dans quel intérêt, à quel profit, le Bureau-Exactitude vient démoraliser et ruiner la misère. On se demande par quelle tolérance il ajoute à ses annonces ces trois mots d'un pouvoir magique : autorisation du gouvernement. Cet insatiable bureau invente tous les jours quelque nouveau prétexte pour demander un nouveau million à ceux qui n'ont rien. Je sais que toutes ces loteries, sans cesse renaissantes, payent une sorte de tribut à des œuvres de bienfaisance ou d'utilité. Mais s'il faut deux cent mille francs pour bâtir un musée à Brives-la-Gaillarde, s'ensuit-il logiquement qu'il faille prendre un million dans la bourse des affamés? Les huit cent mille francs qui restent, où vont-ils? On en distribue deux cent mille aux contribuables, sous forme de lots; on en dépense cent mille pour embellir et honorer la quatrième page des journaux; reste un demi-million qui tombe je ne sais où : ce n'est pas dans le Trésor, la chose est bien certaine. Si l'on croit que le peuple a besoin de perdre son argent, qu'on rétablisse la vraie loterie ! Qu'on ressuscite la roulette au numéro 113 du

Palais-Royal? L'immonde Conversation de Bade est sur le point de fermer boutique; les croupiers et les pontes ont boxé dans l'antre; les gendarmes sont intervenus ; le roi de Prusse, qui partage l'Allemagne avec son frère l'empereur d'Autriche, a froncé le sourcil; Baden-Baden, ce bain où l'on se noie, cette fontaine où l'on n'a jamais bu que des bouillons terribles, est sur le point de proscrire le jeu : l'occasion serait bien belle si nous voulions restaurer en France un vice que nos pères ont exilé par dégoût. Mais on n'en fera rien : j'ai foi dans la prudence et la moralité des hommes qui nous gouvernent.

Je vous parle souvent d'un ministre très-honnête et très-passionné pour le bien, non pas qu'il vaille mieux que tel ou tel de ses confrères, mais parce qu'il est un vrai type : vous avez reconnu M. Duruy. Entre nous, je voudrais le voir tomber du ministère, parce qu'il s'y tuera, et ce sera grand dommage. Il mourra de fatigue, de discussion, de dépense intellectuelle et physique.

Son département avait jadis un organe semi-officiel qui coûtait cher au budget : le *Journal général de l'instruction publique.* M. Duruy a supprimé la subvention du journal général, persuadé que ces fonds auraient un meilleur emploi s'ils empêchaient de mourir quelques instituteurs primaires. Le *Journal général,* qui trouvait la subvention bonne, s'est jeté à corps perdu dans l'opposition. M. Duruy, qui pourrait riposter par des avertissements, comme tant d'autres, aime mieux répondre par des raisons à tous les articles qu'on publie contre lui. La lutte est vraiment curieuse : malheureusement le *Journal général* est peu lu; la *Revue de l'Instruction publique*, rédigée, chez Hachette, dans les idées du ministère, n'a guère plus de publicité.

M. Duruy a témoigné l'intention de supprimer les programmes du baccalauréat. Les programmes avaient engendré un manuel, qui avait engendré les fours à bachot, qui engendraient tous les ans quelques milliers de perroquets. Pour arrêter ce mouvement qui entraîne la jeune France au crétinisme, M. Duruy prépare depuis longtemps un programme que voici : « Les candidats aux diplômes de bachelier seront interrogés sur toutes les choses qu'ils doivent savoir. »

S'il en était ainsi, nul ne pourrait être bachelier sans avoir fait de véritables études, et les colléges des jésuites, qui sont des fours à bachot perfectionnés, seraient perdus. Monseigneur le cardinal Mathieu, le 6 août de cette année, a fulminé en latin contre cette réforme, dans une distribution de prix : « Les candidats tremblent, les juges ont peur, les mères se lamentent, les pères s'indignent, la mort est suspendue sur toutes les têtes.

Le *Journal général* n'a pas manqué de publier le discours, déclarant qu'il avait « retrouvé dans ces nobles paroles toute l'admirable précision et l'élégante clarté de cette belle langue de Cicéron et de Virgile. » Savez-vous ce qu'a fait la *Revue de l'Instruction publique*, organe officieux et gratuit du ministre? Elle a réimprimé le même discours, en relevant les solécismes épiscopaux, et le commentaire est presque aussi long que le texte!

Cette guerre a coups d'épingle n'empêche pas M. Duruy de courir les départements, de visiter les lycées, de faire à lui tout seul la besogne de quatre inspecteurs généraux, et d'imiter quelquefois le calife Haround-al-Raschid.

Il arrive un matin au lycée de...., accompagné de son fils, entre sans se nommer et pénètre incognito jusqu'au cabinet du proviseur.

Il frappe : « Entrez ! » Il entre. Le proviseur écrivait; cet honorable fonctionnaire lui dit sans se déranger : « C'est bon ; mettez-vous là. » Il s'y met et attend que la lettre soit terminée. Le proviseur enfin daigne lever la tête et lui dit :

« Quel âge a ce garçon-là?

— Vingt-deux ans.

— Diable ! et que comptez-vous en faire ?

— Mon secrétaire.

— Tiens ! Et vous voulez le mettre au lycée ?

— Non.

— Mais alors, qu'est-ce que vous venez chercher ici ?

— Je viens voir comment vous recevez les parents des élèves. Je suis le ministre de l'instruction publique. »

Apercevez-vous d'ici la figure du proviseur ? A quelque temps de là, un inspecteur général, décoché par le ministre, vient voir si les élèves sont mieux traités que les parents. Il trouve le pauvre petit peuple attablé devant des pommes de terre pourries. La pomme de terre la plus saine coûtait alors 3 francs l'hectolitre dans le département. Le proviseur était jugé. On a profité de ces vacances pour lui reprendre l'excellent lycée de X et lui donner, en échange, le modeste lycée de Z. Quelle bonne fortune pour les élèves de X ! Mais quel triste présent à faire aux pauvres élèves de Z ! Quand le progrès aura dit son dernier mot, les fonctionnaires de ce tempérament ne seront envoyés ni ni à Y ni à Z ; on les mettra sur le pavé.

Une légende assez consolante assure que M. Fould, ministre des finances, dénonça tout récemment à M. Vandal l'impolitesse de ses employés. Chacun sait quels visages rébarbatifs on rencontre, à Paris surtout, dans les bureaux de la poste. Il est certain que, sans les grillages qui le protègent un peu, le public pourrait craindre d'être mordu. L'honorable M. Vandal prit fait et cause pour ses agents ; rien de plus simple : tout chef d'un grand service est plus souvent léché que mordu. On dit que les deux hauts fonctionnaires, à l'exemple de M. Duruy et du célèbre calife, s'en allèrent ensemble, et dans le plus strict incognito, acheter un timbre-poste de quatre sous, et qu'ils furent reçus comme vous, cher lecteur, comme moi, comme tous ceux qui ne déclinent pas, en entrant, la qualité de ministre ou de directeur général; et que, finalement, le chef de ce bureau fut cassé aux gages pour avoir manqué de respect au maître de tous les fonctionnaires présents et futurs, le public. Ainsi soit-il!

Mais ces exécutions sont rares. Dans la plupart des cas, on se borne à déplacer le coupable, c'est-à-dire qu'on le lance, plus maussade et plus grossier que jamais, contre un public moins nombreux, moins éclairé, moins bien armé pour la défense.

La paroisse de ***, où j'ai quelques amis, est en proie au plus quinteux des pasteurs. Ces jours derniers, une fille du village se tordait sur son lit pour mettre au monde un fils de père inconnu. Au plus fort de ses douleurs, l'idée lui vient d'implorer Notre-Dame, et elle charge sa sœur, fille éprouvée comme elle, de porter un cierge à l'autel. Le curé se trouvait là, par malheur: « Allez-vous en, dit-il à la pauvre créature; remportez votre cierge; on n'en veut pas! En vérité, la Sainte-Vierge a bien le temps de prier le bon Dieu pour des drôlesses comme vous! » L'homme qui a fait cette sortie est non-seulement un mauvais prêtre, mais un chrétien, si j'ose le dire, insuffisant. Ses paroissiens seraient gens à donner du retour, s'ils pouvaient l'échanger contre un bon ; mais le maire, homme d'esprit, m'a dit avec une nuance de mélancolie : « Que gagnerais-je à me plaindre chez l'évêque ? Cet homme avait jadis une cure excellente ; on l'a mis en pénitence chez nous, parce que notre église est la moindre du diocèse. On ne nous en délivrera jamais, par la raison fort simple qu'on n'a pas de paroisse plus faible à lui donner. » Malheur aux faibles !

Malgré tout, la somme des abus va décroissant en France ; le jour se fait peu à peu dans les esprits, l'équité s'insinue dans nos mœurs, le progrès chemine à pas de loup, sans tapage. Si l'on récapitule les priviléges, les injustices, les absurdités, les vexations qui ont cessé depuis 1848, on sera contraint d'avouer que cette période de seize ans n'est pas purement réactionnaire.

On parle plus que jamais de proclamer la liberté des courtages. Nous avons la boulangerie libre, la boucherie libre et la liberté des théâtres. Le passeport est à peu près aboli ; la douane est malade ; les octrois n'iront pas loin. La Belgique les a supprimés et s'en trouve bien. Le roi de Hollande, un digne homme, très-simple et très-éclairé, disait hier aux députés de son peuple : « Mes ministres vous proposeront la suppression des octrois et quelques autres mesures financières. » Je serais bien étonné si M. Rouher, M. Béhic et tous nos hommes pratiques se laissaient distancer de beaucoup par les Belges et les Hollandais. Les octrois sont un vieil impôt compliqué d'une entrave odieuse et bête. L'argent qu'ils prennent aux contribuables n'est rien en comparaison du temps qu'ils lui font perdre. Tous les jours, dans la ville de Paris, l'octroi coûte plusieurs milliers d'heures qui pourraient être employées avec profit. La visite des bagages, à l'arrivée des trains express, n'est plus qu'une formalité dérisoire : comptez les employés qu'elle occupe et les voyageurs qu'elle retarde, pour ajouter quelques centimes à un budget communal de 150 millions !

L'an dernier, si j'en crois le rapport qui vient de paraître, les magistrats hollandais ont condamné neuf hommes à la peine de mort; aucun n'a été exécuté. Ceux qui veulent absolument laisser la guillotine debout comme un épouvantail du crime, se rallieront peut-être à cette combinaison. Gardons la loi terrible pour faire plaisir à Alphonse Karr, mais cessons de l'appliquer. C'est un moyen de soulager la conscience publique. Sur une moyenne de cinquante condamnés par an, l'exécuteur en tue vingt-sept, un peu plus de moitié. Vingt-sept hommes sains de corps, vigoureux, hardis, capables de tout, c'est une force qu'on pourrait employer au bien. Vous ne me persuaderez jamais que la civilisation en tire le meilleur parti possible lorsqu'elle verse leur sang dans la sciure de bois.

Depuis que les chemins de fer, la presse et l'électricité nous lient étroitement les uns aux autres, une nation devient un vrai corps organisé, sensible, traversé par des courants de fluide nerveux qui font tressaillir tous les membres à la fois. Qu'un procès criminel se débatte dans la Seine ou dans l'Ariége, peu importe : il est jugé simultanément par tous les Français des deux sexes. Chacun de nous écoute les témoins, les avocats, le réquisitoire du ministère public ; dans chaque ville, dans chaque village, dans chaque maison, l'affaire est plaidée à nouveau ; vous entendez partout des jurés qui ne sont point tombés au sort déclarer sur leur conscience que l'accusé est coupable ou qu'il n'est pas coupable. Le verdict est presque toujours unanime, j'en conviens. Jamais, de mon vivant, la cour d'assises n'a prononcé une condamnation capitale qui ne fût ratifiée par le suffrage universel.

Mais lorsqu'on vient à couper cette tête, que nous avions condamnée unanimement, il se produit dans les cœurs une réaction énergique. Chaque juré assiste au dénouement du drame en lisant son journal. S'il voit l'exécuteur porter sur l'échafaud un homme abattu, brisé, réduit à l'état de chiffon par la peur, il est pris de pitié et il se dit : « A quoi bon ? celui-là n'était plus à craindre ; on pouvait le laisser vivre dans une cellule de prison. » Voyons-nous, au contraire, un audacieux coquin, Jacques Latour, par exemple, saluer effrontément le peuple et chanter sous le couteau, nous disons encore : « A quoi bon ? Pourquoi la guillotine, si les vrais scélérats n'en sont pas effrayés ? » Et quand notre journal nous conte que vingt mille personnes de tout âge, de tout sexe et de toute condition sont accourues à ce spectacle ; que les mères y ont amené leurs enfants ; que les petits messieurs y ont bu du vin de Champagne avec des filles, comme aux courses de Chantilly ; qu'on a loué certaines fenêtres au prix d'un loge de l'Opéra, et cent turpitudes du même genre, nous disons plus tristement encore : « A quoi bon ? où est l'exemple ? cherchez l'effet moral ! Il y avait probablement, dans cette foule immonde, un ou deux assassins de l'avenir : presque tous ceux qu'on guillotine racontent qu'ils ont fait leur stage en voyant décapiter les autres. »

Pour moi, je n'ai qu'une idée, et j'y reviens souvent parce qu'elle se réveille en moi à tout propos. Lorsque j'entends parler des prisons centrales où les consciences simplement tachées se pourrissent en quelques mois ; du bagne de Toulon ; du pénitencier de Cayenne où l'on meurt trop, et surtout de la guillotine, je pense à la Nouvelle-Calédonie. Le joli problème à résoudre pour un homme de bonne volonté ! Étant données une île sauvage et une brigade de 6000 coquins, transformer ces deux éléments l'un par l'autre, si bien que les coquins fassent de leur île un paradis et que l'île fasse de ces coquins autant d'honnêtes propriétaires. On me dit que l'expérience est commencée sur une petite échelle ; qu'un jeune et courageux officier de marine a dévoué sa vie à cette œuvre d'humanité. Tant mieux ! mais il faudrait opérer en grand, avec des ressources, des outils, des capitaux : il faudrait que la France entière s'intéressât à la chose. Nous sommes riches, puisque nous avons des millions à jeter dans le gouffre des loteries. J'indique aux gens de bien, que le bagne dégoûte et que le sang repousse, un placement avantageux.

La question de la peine de mort n'a pas seule agité le public en ce mois de vendanges. On a beaucoup parlé des hôpitaux, de l'école de Rome, du mascaret, du prix Ruhmkorff, de la chasse, des bains de mer, des incendies, de la méthode Chevé, du père Enfantin, de Troyon qui est guéri, de notre pauvre et charmant ami Édouard Martin, qui perd la vue, mais qui, grâce au ciel, n'a jamais perdu l'esprit. On s'est occupé du grand voyageur Speke, qui, après avoir bravé mille morts pour trouver les sources du Nil, a péri misérablement à la chasse, tué comme une perdrix par quelques plombs numéro huit. On a suivi avec émotion le retour de Müller à Londres;

on admire la prévoyance du comité allemand qui le défend sans doute parce qu'il ne le croit pas coupable, mais qui lui recommande de ne rien avouer dans l'instruction. On a écrit sur la nouvelle constitution du royaume de Grèce, qui donne à la liberté toutes les garanties désirables, et sur l'émeute génevoise qui fait, avec celle de Bade et Turin, trois émeutes autour de nous en un seul mois. Les concitoyens de M. Buloz ont prouvé qu'on peut être calviniste, républicain et Suisse, sans respecter la paix et la légalité. C'est une surprise qui a dû contrister les amis du peuple génevois, si j'en juge par mon impression personnelle. Plusieurs de nos confrères ont écrit pour et contre les nouveaux noms donnés par le préfet de la Seine aux nouvelles rues de Paris. M. Cuvillier-Fleury, l'honorable et élégant critique des *Débats*, a publié sur ce sujet deux pages qui priment tout : il est impossible d'avoir raison avec plus d'esprit et de bonne humeur. Mais je n'ai pas trouvé, même dans les *Débats*, un argument qui a son importance. Par quel procédé mnémotechnique espère-t-on apprendre tous ces noms aux cochers de Paris? Passe encore quand l'autorité ne débaptisait qu'une rue à la fois ! on avait tout le temps de se fourrer un nom dans la tête. Ce baptême général sent un peu la ville conquise. Il me rappelle aussi le grand acte de Clovis qui baptisa tous les soldats de son armée après la victoire de Tolbiac. Du reste, si les cochers ne sont pas contents, ils se défendront par la voie de la presse : n'ont-ils pas un journal à eux seuls? Au milieu de ce conflit de questions qui tiraille en tout sens l'attention publique, les savants n'ont pas cessé de se battre à coups de plume pour et contre la génération spontanée, pour et contre l'unité des races humaines, pour et contre la théorie qui voit en vous et en moi, cher lecteur, des singes perfectionnés. Dans le fond, toutes ces questions roulent sur un seul et même point, que voici : « La science doit-elle chercher le vrai par tous les procédés scientifiques, et le montrer au peuple tel qu'elle l'a trouvé? Ou faut-il avant tout préserver les traditions vraies ou fausses qui sont la base antique et respectée de la société européenne? Les esprits indépendants établissent leurs calculs à la façon de Galilée. S'il leur semble prouvé que la terre tourne, ils le crient sur les toits, sans souci des conséquences. Ne venez pas leur dire que l'ordre social est fondé sur un livre infaillible, où la terre ne tourne pas; que si la terre tournait par malheur, le livre ne serait plus infaillible et l'ordre ne reposerait plus sur rien; que la terre ne doit donc pas tourner, sous peine de cataclysme social.

« Elle tourne! » répond Galilée.

Mais pourquoi cette obstination? Parce qu'il est un vrai savant, et qu'il préfère la vérité aux honneurs, aux emplois, à l'argent, à la liberté même. Si la Providence lui avait donné ce que nous admirons aujourd'hui sous le nom de sens pratique, il mettrait tranquillement la vérité dans sa poche, il défendrait les bons principes, il donnerait sur les doigts de ces petits novateurs, sortis on ne sait d'où, qui prétendent corriger les livres infaillibles ; moyennant quoi M. le baron Galilée, sénateur, grand-croix, membre du conseil général de l'instruction publique, membre du bureau des longitudes, bibliothécaire, professeur, etc., etc., siégerait à l'Institut entre MM. Pasteur et Flourens. Le mal de notre temps, c'est que le temple de la science n'est plus pour les habiles qu'une cage d'escalier. On adopte une théorie comme on prend un parti en temps de révolution, pour arriver à quelque chose. Mais j'en suis encore à comprendre la naïveté des chefs d'État ou d'Église qui se croient protégés par telle opinion scientifique et menacés par telle autre. La découverte de Galilée a fait trembler le pouvoir religieux et le pouvoir civil ; on a cru qu'elle allait changer la face du monde, mais le monde n'est pas si logique que cela. La terre tourne décidément, la tradition biblique a reçu un coup de canif, et l'Église n'en est pas morte. M. Pouchet père, de Rouen, démontrerait demain la génération spontanée ; M. Pouchet fils prouverait contre la Genèse que tous les hommes ne sont pas sortis d'un père commun ; M. Gratiolet, vaincu en champ clos, avouerait publiquement qu'il est le petit-fils d'un singe, je puis vous assurer que les bonnes vieilles de Saint-Jean-de-Choux, près Saverne, n'en brûleraient pas un cierge de moins. La foi est séparée de la science par un abîme protecteur.

Je me rappelle un procès qui fit grand tapage à Grenoble, en 1857. Il ne s'agissait de rien moins que de la Salette. Un prêtre interdit, M. l'abbé Déléon, avait écrit je ne sais combien de brochures qui expliquaient le miracle par des causes trop naturelles. Il désignait clairement la vieille demoiselle exaltée qui était apparue aux bergers; il nommait la couturière et les brodeuses qui avaient travaillé à son déguisement. A ces révélations, l'alarme fut au saint lieu; on craignit de perdre en un jour les 150 000 fr. de rente que le miracle rapportait déjà. Il fut décidé que Mlle de L. M... intenterait un procès à l'abbé Déléon; Jules Favre, l'illustre avocat de la démocratie, arriva de Paris pour plaider la cause de la Salette. L'abbé fut défendu, et très-éloquemment, par M. Bethmont; il gagna sa cause avec dépens; la Salette fut battue sur toute la ligne; on la crut morte et enterrée. Deux jours après, je monte avec quelques amis aux lacs de L. F..., qui sont sur le chemin de Corps-la-Salette. L'un de nous entre en conversation avec la brave aubergiste qui nous servait à déjeuner :

« Eh bien! ma bonne femme, la Salette vient d'avoir un procès. Vous le saviez?

— Oui, monsieur; nous savons aussi qu'elle l'a gagné, grâce à Dieu.

— Qui vous a conté cela

— Tout le monde.

— Elle a perdu!

— Elle a gagné! »

Nous avions par hasard un journal de Grenoble. On le lui donne à lire : elle ne s'en défend pas; nous croyons l'avoir convaincue. Ah! bien oui! Elle secoue la tête en disant : « Les journaux impriment ce qu'ils veulent. Ça n'empêche que la Salette a gagné son procès. »

Quand je repense à cette histoire, je me dis que ni la génération spontanée, ni les autres nouveautés qui font peur aux pontifes de l'Institut, ne menacent sérieusement la foi.

La question des hôpitaux, soulevée par la reconstruction de l'Hôtel-Dieu, a fourni matière à la controverse. J'ai lu sur ce sujet de notables sottises, rédigées souvent en bon style, et même avec beaucoup d'esprit. Les démocrates proposent la suppression pure et simple de l'hôpital, qui sera remplacé par des secours à domicile; les pastoraux veulent que l'hôpital soit bâti au milieu des bois, à quelques lieues de Paris; les employés de ministère demandent qu'on les soigne à part, dans des chambres d'officiers. De tout ce qui s'est écrit depuis un mois, j'ai conclu que l'organisation actuelle laissait peu de chose à redire. La place d'un hospice est en plein champ, en bon air, en pays tranquille; un hôpital doit être au centre de la ville, pour que les blessés et les malades s'y portent lestement, sans prendre le chemin de fer. Il faut que les meilleurs médecins, les chirurgiens les plus habiles puissent soigner les malheureux sans perdre leur journée ni renoncer à leur clientèle payante. Il faut que les étudiants puissent suivre sur le vif la leçon de leurs maîtres, sans trop s'éloigner de l'école, de la bibliothèque, des amphithéâtres de dissection. Les secours à domicile sont faits pour les impotents, les faibles, les valétudinaires, ceux qui n'ont pas besoin d'un traitement actif, énergique, continu. Il est certain que la journée d'un malade à l'hôpital coûte cher, mais elle coûterait dix fois plus cher à domicile. Les pauvres de Paris n'ont pas de logements habitables pour un malade; ils n'ont pas de linge, et quand l'Assistance publique les entretiendrait à trois francs par jour, ils n'auraient pas le moyen d'en acheter assez; le bois leur manque en hiver, et quand vous leur donneriez du bois, ils habitent souvent des cabinets sans poêle ni cheminée! Le malade vraiment malade veut être veillé; s'il reste au milieu des siens, il les mettra sur les dents l'un après l'autre : comment passer les nuits lorsqu'on travaille tout le jour?

Enfin, je demande aux hommes de bon sens si les grands médecins consumeraient leur vie à monter des étages, leur payât-on le prix exorbitant de cinq francs par visite. Or la visite d'un Velpeau, d'un Nélaton, d'un Andral, coûte à peine quelques centimes par malade à l'Assistance publique, parce que les malades sont tout rendus, réunis, alignés sous la main du docteur. Le traitement à domicile livrerait tous les pauvres à l'inexpérience du carabin sans clientèle; les maîtres de l'art médical, privés de la popularité, de la réclame et des sujets d'étude qu'ils trouvent à l'hôpital, ne soigneraient plus que les riches, et vous verriez bientôt une terrible dégringolade dans le savoir et le talent des médecins français.

Il ne faut pas que j'oublie la plaisante réclamation de ce fonctionnaire qui demande à l'hôpital une chambre d'officier. Est-ce le même qui demandait à payer demi-place dans les wagons et les omnibus? Si ce n'est lui, c'est son confrère. Messieurs les employés du gouvernement, si vous ne gagnez pas assez d'argent pour payer place entière; si même vous craignez que la misère officielle vous mène un jour à l'hôpital, ne vous en prenez qu'à vous-mêmes. Il fallait apprendre un état : j'en connais beaucoup, et d'honorables, où l'on gagne de l'argent. La demi-place et même le quart de place accordé à l'armée par les industries de transport coûte fort cher aux compagnies; elles ont consenti à ce sacrifice parce qu'il était réclamé au nom de l'intérêt public. Mais le public n'est pas intéressé au déplacement des expéditionnaires; il trouve que ces messieurs se déplacent déjà trop, et lui font peu de besogne en échange de ses écus. Quant à la chambre d'officier, les jeunes employés l'obtiendront sans intrigue s'ils le désirent absolument. Qu'ils donnent leur démission, qu'ils s'engagent dans la Ligne; qu'ils affrontent la congélation en Crimée, l'insolation en Italie, la fièvre jaune au Mexique, la mort partout; qu'ils se distinguent par leur courage et leur conduite; qu'ils prennent quelques drapeaux; l'épaulette ne se fera pas attendre, et la première fois que le major leur coupera la jambe, je leur promets un bon lit dans une chambre d'officier!

Si j'aborde sans transition l'académie de Rome, ce n'est pas, à Dieu ne plaise! que je la compte au nombre des hôpitaux; c'est simplement parce qu'elle me paraît malade. Le grand prix de gravure, que M. de Nieuwerkerke n'avait pas cru devoir abolir, s'est aboli tout seul par la faiblesse des concurrents. C'en est fait, la gravure est morte; la photographie l'a tuée. Reste à trouver le grand secret qui doit donner aux épreuves photographiques la durée de la gravure.

Le grand prix de peinture n'est pas encore décerné, et cela pour une raison qui serait plaisante si elle était moins triste : les juges du concours sont tous restés chez eux, excepté trois : ça les dérangeait, de venir juger,

En vérité, la France est un pays bizarre. Nous faisons des efforts de Titans pour jeter bas une maison vieille et incommode; et le lendemain, quand il s'agit de rebâtir, les ouvriers n'y sont plus. Et le surlendemain, le propriétaire qui avait hâté la démolition, revient voir si l'on n'aurait pas laissé une ou deux chambres debout, par un heureux accident. Après des fouilles savantes et laborieuses, il retrouve l'escalier du sous-sol, descend à son ancienne cuisine, s'y loge provisoirement, et y passe toute la vie, avec sa femme et ses enfants. C'était bien la peine de démolir la maison !

Les bouleversements qu'on a faits dans le département des beaux-arts étaient presque tous désirables. Mais il fallait les appuyer, et tenir bon. J'aurais mis une sorte de coquetterie à faire prospérer mon œuvre ; je me serais levé de bon matin pour voir si mes nouveaux rouages n'avaient pas besoin d'être huilés. Mais hélas !

Comme jury d'exposition, l'Institut avait ses manies, mais il était exempt de petitesse. Le jury neuf, mi-parti d'élection et d'administration, s'est laissé entraîner à des actes où perçait un peu trop le sentiment personnel. Rappelez-vous les deux grandes médailles, l'une donnée à un mort, l'autre jetée à la mer, pour que personne ne pût la prendre.

Comme corps enseignant, l'Institut avait sa doctrine, que je ne crois pas excellente; mais enfin il enseignait.

Comme juge des concours pour l'école de Rome, l'Institut avait ses préférences, je dirai même ses faiblesses, mais il jugeait. On a pu quelquefois l'accuser de passion, jamais d'indifférence.

La passion n'est pas endémique dans le pays des arts. Je dois cette confidence aux honnêtes bourgeois qui verraient encore dans l'artiste un homme fiévreux et flamboyant. Parmi les bons artistes contemporains, j'en sais qui ressemblent à de parfaits notaires, à des paysans madrés, à des pauvres honteux, à des diplomates, à des entrepreneurs de bâtisse, à des chefs de bureau, à des ouvriers en chambre, à des maîtres d'étude, à des chefs d'escadron, à des marchands de lorgnettes, à des marquis, à des voyoux: j'en connais à peine dix qui représentent tant bien que mal le type de l'artiste comme vous le rêvez.

Ma bonne étoile m'a fait rencontrer il y a quatre ou cinq ans un vrai prêtre des arts, un inspiré, un fanatique doux, un martyr, un saint homme couronné de l'auréole lumineuse. C'était un chirurgien de marine qui s'adonnait à l'enseignement gratuit de la musique. On l'appelait Émile Chevé. Il est mort ces jours derniers, victime de son travail et de son dévouement, à l'heure où le succès allait enfin payer ses peines.

Je n'oublierai jamais notre première entrevue. Un de nos amis communs me conduisit chez lui à l'heure du dîner. C'était le seul moment où il ne fût pas entouré d'élèves. La maison était plus que modeste, cachée dans une de ces vieilles rues qui n'ont jamais vu le soleil. On avait dressé la table dans une salle de classe, meublée de bancs, décorée d'un tableau noir où l'on voyait encore une phrase de musique. M. Chevé était grand et maigre; sa figure longue, rasée, encadrée de beaux cheveux gris, respirait une douceur évangélique. Il s'habillait en homme indifférent à toutes les vanités du monde; sa seule décoration était un bout de ruban rouge, gagné au péril de la vie sous le climat féroce du Sénégal. Mme Chevé, sa femme, aujourd'hui sa veuve, est une toute petite personne, blanchie par le travail plus que par les années; son regard pétille d'intelligence : elle a écrit une excellente méthode de musique; elle est vouée à l'enseignement comme son frère et son mari. Son frère, c'est Aimé Paris, professeur de musique, de sténographie, de mnémotechnie, de tout ce qu'on voudra. Cet homme infatigable a consacré sa vie à la recherche de mécanismes qui peuvent faciliter l'étude et accélérer le travail : la fameuse méthode Galin-Paris-Chevé n'est qu'une branche de son enseignement, mais c'est la plus importante. Je vis encore à cette table, où l'on m'avait fait asseoir sans façon, le fils de M. Chevé et sa jeune femme, un couple charmant, je vous jure, mais qui ne chômait pas plus que le reste de la famille. Tout ce monde professait, professait, professait : en public et en particulier : à l'École polytechnique, à l'École normale, à Saint-Cyr, à Sainte-Barbe, dans les régiments, dans les séminaires, dans les pensions de demoiselles, et surtout dans le grand amphithéâtre de l'École de Médecine. C'est là qu'un grand public de travailleurs, généralement pauvres, venait chercher le soir un noble délassement autour de M. Chevé. J'ai assisté deux ou trois fois à ces belles leçons, belles par la limpidité de l'enseignement, par la bonté angélique du maître, par la reconnaissance filiale des élèves. Après avoir admiré l'homme dans sa maison, au milieu de sa famille naturelle, il fallait le voir là, entouré de deux mille enfants adoptifs.

M. Chevé n'avait plus de voix; l'enseignement avait usé l'une après l'autre toutes les cordes de son larynx; et pourtant il trouvait moyen d'apprendre les plus exquises finesses de l'intonation à tout ce qu'il y a de plus sourd au monde : la foule. C'est grâce à lui que vous rencontrerez quelquefois dans un atelier de mécanique ou de couture des musiciens capables de lire un air à première vue ou de l'écrire sous votre dictée. Ses élèves en ont fait d'autres; la fièvre qui possédait cet excellent homme a gagné par une heureuse contagion tous ceux qui avaient étudié sous lui. Aujourd'hui la méthode Chevé, officiellement adoptée par la Suisse, réclamée comme un bienfait par la Russie, se répand à petit bruit jusqu'aux extrémités de la France. Je ne veux pas jurer qu'elle fera naître dans chaque bourgade un Rossini, un Auber ou un Félicien David, mais elle permettra aux Français les plus déshérités de lire une page de *Guillaume Tell* comme une page d'almanach. Pour hâter ce progrès qui n'est pas indifférent à l'avenir de la civilisation française, il s'est formé un comité d'hommes éclairés et considérables, sous la présidence de M. de Morny. Ce que c'est que de nous! La première récompense décernée à M. Chevé par ses puissants protecteurs sera sans doute une tombe.

DISCOURS DE RENTRÉE.

Saverne (Bas-Rhin).

Si j'avais l'honneur d'être magistrat, je me croirais obligé d'écrire cet article en phrases de dix-sept à dix-huit lignes : c'est un usage qui a force de loi. Je ne le critique point ; il paraît même assez logique qu'un orateur en robe exprime sa pensée par des phrases à queue. Mais un bonhomme de journaliste, en veste ronde et en pantoufles (sans parler des sabots qui sont là-bas, derrière la porte), a le droit de causer en langage familier, surtout lorsqu'il se trouve dans une intimité de cent mille vieux amis.

Expliquons-nous sur l'amitié. Je serais un grand sot si je croyais avoir des droits à la vôtre. C'est vous, fidèles abonnés ou lecteurs assidus de l'*Opinion nationale*, qui avez droit à la mienne, et vous saurez pourquoi, si vous me suivez jusqu'au bout.

Il importe assez peu que j'aie écrit à cette même place la matière de deux volumes in-18. Pour quelques bonnes vérités que vous aurez lues avec plaisir, j'ai dit probablement une foule de choses qui vous ont déplu. On est homme, et par conséquent sujet à l'erreur; on va trop loin ou pas assez, selon la poussée des circonstances et les dispositions actuelles de l'esprit.

On apprécie les faits, on juge les personnes avec une rigueur qui ressemble à la haine, ou avec une indulgence qui frise la complicité. Et l'on se fait ainsi de mauvaises affaires, soit avec les particuliers, soit même avec des fractions notables du public. Ces petits accidents, inévitables, hélas! dans la carrière d'un journaliste, améliorent leur homme au bout de quelques années.

Avez-vous un jardin? avez-vous un fruitier? Vous avez remarqué que les fruits bien meurtris par une grosse chute mûrissent toujours les premiers. Ils se gâtent quelquefois, mais ils n'en savent rien; c'est le consommateur qui juge. Vous saurez, dans six mois, si l'expérience m'a gâté ou mûri.

L'amitié que j'ai pour vous, mes chers lecteurs, s'explique par un proverbe latin : « Vouloir les mêmes choses et ne pas vouloir les mêmes choses, voilà la véritable et solide amitié. » Si j'essayais d'énumérer toutes les choses que vous voulez, et moi aussi, toutes les choses dont vous ne voulez pas, ni moi non plus, vous seriez étonnés de voir tout ce qui nous manque et tout ce que nous avons en trop.

Les peuples ont deux méthodes pour obtenir ce qu'ils désirent et se défaire de ce qui les gêne. La première, qui fut longtemps la seule, a fourni plusieurs volumes à l'histoire. Elle consiste à délibérer secrètement dans les caves, à sortir en armes un matin, à tuer beaucoup de soldats et un petit nombre de curieux, à piller des palais, lacérer des tableaux, briser des glaces, brûler des fauteuils, allumer des lampions, casser des réverbères, planter des peupliers, crier dans les clubs et chanter dans les rues; après quoi, l'on choisit ou l'on accepte un gouvernement neuf qui promet tout ce qu'on veut, ne fait rien de ce qu'il a promis et périt à son tour dans une insurrection destructive et sanglante.

L'autre méthode, qui est la bonne, mais qui était malheureusement impraticable avant le suffrage universel, la voici : Un homme honnête, instruit et brave, connaissant par lui-même et par ses amis ce qui manque à la nation et ce qu'elle a de trop, met son talent, son cœur et sa fortune sur une feuille de papier. Il entreprend, avec une douzaine de compagnons dévoués, de réclamer au jour le jour les réformes que le peuple désire, et de faire en détail, sans effusion de sang ni bouleversement de la chose publique, la grande œuvre poursuivie et manquée par les insurrections. S'il est à la hauteur du rôle qu'il s'est choisi, s'il lit à livre ouvert dans l'opinion publique, s'il exprime avec force et clarté ce que les citoyens sentent vaguement au fond de leur conscience, il réunit bientôt autour de lui une association puissante.

Son journal, machine onéreuse qu'il n'aurait pu alimenter trois mois à lui seul, est défrayé par l'abonnement du riche et l'obole quotidienne du pauvre. Ses idées, empruntées au fonds commun, mais frappées à l'empreinte de son esprit, circulent dans la foule ; ses arguments, répétés par cent mille bouches intelligentes, arrivent à l'oreille des gouvernements les plus sourds. De la rue aux ateliers, des ateliers aux boutiques, des boutiques aux salons, sa parole va jusqu'aux palais, et s'impose.

Le suffrage universel, ce grand ressort de la société moderne, transforme ses conseils en lois et lui-même en législateur. Voilà le phénomène admirable et bienfaisant qui s'est produit plusieurs fois à Paris dans ces dernières années. En dépit de toutes les lois qui entravent la liberté d'écrire, la pensée comprimée emporte la société française vers le progrès, comme un peu de vapeur serrée dans un cylindre emporte les voyageurs vers leur but.

Le journal que vous lisez en ce moment n'est pas le seul, grâce à Dieu, qui travaille à nous faire des révolutions pacifiques. J'en connais plusieurs autres à Paris et dans les départements qui expriment, avec des mérites et des succès inégaux, l'opinion du peuple français. Un jour viendra sans doute où la presse, organe des sentiments publics et conseillère du suffrage universel, sera comptée parmi les grands pouvoirs de l'État.

Émile de Girardin, mon très-éminent et très-paradoxal ami, a beau prêcher sur les toits l'impuissance du journalisme : sa fortune politique et financière, le crédit qu'il sait donner par son talent aux erreurs les plus énormes et aux iniquités les plus criantes, réfute sa théorie et plaide éloquemment contre lui.

Mais soyez bien persuadés que ni l'éloquence, ni l'esprit, ni le savoir d'un homme ne suffiraient jamais à fonder un journal si le public n'y apportait une généreuse et intelligente collaboration.

Personne plus que moi ne rend justice aux talents politiques et littéraires et à la haute probité de l'homme qui a fondé l'*Opinion nationale*, mais j'affirme que sans vous, abonnés de Paris, souscripteurs de la province, simples acheteurs du boulevard et des gares, il n'aurait rien fondé du tout. Une voix sans écho est une voix perdue dans le désert ; la sympathie d'un grand public répercute la moindre parole et la renvoie de proche en proche jusqu'aux dernières limites du monde.

On me dira que le mensonge et l'injustice recrutent des adhérents ici-bas comme le droit et la vérité; j'en conviens. Il n'est pas d'opinion si fausse et si monstrueuse qu'elle ne puisse rencontrer un public, ou le créer. On fonderait demain, dans l'avenue Marbeuf, un journal d'opposition contre les lois les plus sacrées de la nature, il aurait bientôt des complices, et même de très-riches et de fort bien placés.

C'est une raison de plus pour que les publicistes dévoués au progrès remercient cordialement leurs complices dans le bien, ces myriades de collaborateurs anonymes qui ont aidé le journal de leurs deniers, de leur assentiment, de leur vote.

L'idée mère de ce journal, comprise et adoptée presque immédiatement par un public d'élite, peut se résumer en deux mots : *Démocratie constitutionnelle*. La rédacteur en chef, avec une remarquable fermeté d'esprit, s'est maintenu six ans dans son programme. Ni les égarements les plus visibles de la politique française, ni les taquineries les plus agaçantes de l'administration n'ont pu le jeter hors des gonds.

L'*Opinion nationale* ne fera jamais cause commune avec ceux qui méditent un bouleversement social. Elle ne songe point à renverser ce qui existe en France par la volonté à peu près unanime du peuple : mais elle ne cessera jamais de réclamer tous les progrès compatibles avec la Constitution régnante. En un mot, elle poursuit patiemment une révolution de détail qui peut seule écarter les révolutions d'ensemble.

Nous sommes intimement convaincus que les secousses violentes, suivies d'inévitables réactions, ne sont bonnes qu'à pousser les peuples en arrière. La civilisation doit marcher comme la tortue de la Fontaine, pas à pas, sans un temps d'arrêt, et les yeux fixés sur le but.

Notre but est un peu loin, un peut haut, je l'avoue. Mais nous avons de bonnes jambes et le souffle ne nous manque pas. Nous rêvons la grandeur, la liberté et la prospérité de la France.

On nous a reproché quelquefois d'attacher moins d'importance aux choses du dedans qu'à la politique extérieure. C'est que la France n'est qu'un membre du grand corps européen, et que les maladies dont elle souffre ne sont pas purement locales. Croyez-vous qu'en attaquant avec persistance, durant un espace de six années, l'occupation de Rome et le pouvoir temporel du pape, nous n'ayons travaillé que pour les Italiens? N'est-il pas évident qu'un simple ordre du jour affiché dans nos casernes de Rome peut abattre ou relever la liberté de conscience dans notre propre pays?

Lorsque nous soutenons le grand peuple italien contre l'oppression autrichienne, la Pologne contre les Russes, le Danemark contre les Allemands, nous défendons l'indépendance des nationalités, qui nous intéresse un peu nous-mêmes; nous défendons le droit qui est une denrée française autant que polonaise, italienne ou danoise. Les généreuses argumentations de Guéroult, de Bonneau et de Labbé, sont aussi nationales que si elles traitaient de la Normandie ou de l'Auvergne; et la preuve, c'est qu'elles rencontrent un écho sympathique dans tous les cœurs honnêtes de la nation.

Rétablir tous les peuples dans leur droit, c'est l'unique moyen de pacifier l'Europe, et l'Europe pacifiée, c'est l'abolition des armées permanentes et notre budget réduit d'un bon quart. Nous n'hésitons jamais à conseiller la guerre lorsqu'il nous semble évident qu'une campagne faite à propos avancerait la réorganisation de l'Europe; nous blâmons de tout notre pouvoir les guerres d'aventure où l'on prodigue le sang de nos soldats et les ressources de notre budget avec plus de gloriole que de profit pour la France.

Mais est-on dans le vrai, lorsqu'on nous accuse de plaindre les opprimés du dehors sans jeter les yeux sur nous-mêmes? Nous défendons depuis six ans la liberté des élections, cette arche sainte des États démocratiques. Il n'est pas un de nous qui n'ait plaidé vingt fois en faveur de la liberté de conscience, sans parler de notre excellent Sauvestre, qui a fait son lit sur la brèche pour qu'on l'y trouve nuit et jour. Les progrès de l'instruction publique ont, dans le même Sauvestre, un avocat énergique, infatigable, j'allais dire religieux. Enseignement gratuit dans les écoles primaires, instruction professionnelle, éducation des filles, amélioration des jeunes âmes perverties, tout est de son domaine, et il faut lui rendre cette justice qu'il suffit à tout.

Il est presque inutile de dire que nous avons toujours réclamé la liberté de la presse : nous y sommes trop naturellement intéressés. Mais au lieu de nous enfermer sur ce point dans la déclamation stérile, nous avons tous prêché d'exemple et poussé des pointes hardies jusqu'aux plus extrêmes limites où l'on rencontre la loi. On nous a vu tâter le fer chaud et même nous brûler les doigts de temps à autre; les procès ne nous ont pas manqué, ni les avertissements non plus, et si le journal vit encore, c'est qu'un gouvernement sensé jusque dans ses erreurs ménageait le public nombreux et respectable qui s'est groupé autour de nous.

Les libertés municipales, si légitimement désirées par la presque totalité du peuple français, ont trouvé ici des avocats hors ligne. La ville de Paris est livrée, depuis un siècle de douze ans, à l'arbitraire d'un préfet très-capable et très-hardi, mais terrible aux intérêts privés. Nous le suivons pas à pas, nous l'attaquons corps à corps, notre existence n'est qu'une longue discussion avec lui; nous épluchons ses budgets, nous contrôlons ses affaires, il nous rend plus de comptes qu'à la commission municipale, et si l'on réunissait tous les *Communiqués* dont il nous gratifie, on s'apercevrait peut-être qu'il est le plus fécond de nos rédacteurs.

Le feuilleton dramatique où mon ami Sarcey entrait timidement en 1859, et qu'il occupe aujourd'hui avec l'autorité d'un maître, n'est pas un simple compte-rendu des comédies et des vaudevilles. C'est une petite tribune fort solide et même assez élevée. Il en tombe des vérités, dru comme grêle, et ma foi! gare dessous.

Sarcey, à ses débuts, s'est procuré la plus belle collection d'ennemis qui ait jamais aboyé autour d'un honnête homme. Personne ne le discute plus aujourd'hui; sa parole fait foi en matière de bon droit, comme dans les questions de bon goût. C'est qu'à l'autorité personnelle de l'écrivain vous avez ajouté l'appui de votre assentiment, vous public, qui êtes le maître.

Dans la critique musicale, un écrivain de grand cœur, notre ami Azevedo, soutient obstinément toutes les bonnes causes. C'est lui qui a prêché la liberté des théâtres jusqu'au jour où le gouvernement s'est laissé convaincre. Voilà tantôt six ans qu'il plaide pour les jeunes compositeurs étouffés, et pour la méthode Chevé qui, grâce à Dieu et grâce à lui, ne sera plus étouffée par personne. Dans la critique d'art, nous avons tous et toujours soutenu les artistes contre la toute-puissance des administrateurs, réclamé et obtenu les expositions annuelles, défendu et sauvé les pauvres refusés qui n'avaient pas même le droit de montrer leurs croûtes en public.

L'*Opinion nationale* est un des rares journaux où les ignorants peuvent lire avec fruit les articles de science. Victor Meunier jette une telle lumière sur les questions les plus difficiles qu'elles vous entrent pour ainsi dire dans les yeux. Mais c'est là son moindre mérite, et si vous l'avez suivi depuis quelques mois dans sa belle campagne contre l'Académie, vous avez vu les plus hautes vérités et les plus grands intérêts de la pensée humaine défendus avec autant de modération que de courage.

Pendant un mois ou deux, l'*Opinion nationale* a été le moniteur de MM. Pouchet, Musset et Joly, comme elle avait été le moniteur de l'école Galin-Paris-Chevé, et le moniteur de Garibaldi en Sicile et le moniteur des fédéraux américains contre l'esclavage, comme elle a été et sera toujours le moniteur du juste, de l'honnête et du vrai.

M. Barral n'est pas seulement un professeur d'agriculture. C'est avant tout un soldat du progrès, un ouvrier du bien, un esclave volontaire de la prospérité publique. Que pensez-vous d'un savant qui va lui-même acheter du pain bis au kilogramme chez tous les boulangers de Paris, l'un après l'autre? Ou c'est un maniaque, ou c'est un homme terriblement dévoué à quelque mystérieuse affaire.

L'affaire en question, c'était la nourriture du peuple. M. Barral avait à cœur de bien prouver que les pauvres de Paris étaient volés sur le poids et sur la qualité de leur aliment principal, que le monopole de la boulangerie pesait sur un million d'estomacs, et qu'il fallait nous donner la boulangerie libre. Nous l'avons.

Obtiendrons-nous aussi la liberté financière ? le monopole de la Banque de France, si onéreux au commerce général, si insolemment lucratif pour quelques actionnaires, tombera-t-il un jour au bruit des applaudissements ? Si cette révolution ne se fait pas, l'*Opinion nationale* et M. Ducuing pourront s'en laver les mains. L'homme et le journal auront fait tout leur possible. C'est encore un rude combattant que ce M. Ducuing. Il voit les finances de très-haut, et il voit juste. Son éducation s'est aite à cette grande école qui a produit Michel Chevalier, le Père Enfantin, les Péreire et tous les maîtres financiers de ce temps-ci. D'aucuns ont profité de ce qu'ils savaient pour faire de belles fortunes. Quant à lui, je le crois uniquement préoccupé de soulager les misères d'autrui. Manie assez rare, mais respectable, en somme.

La liberté des coalitions nous doit aussi quelque actions de grâces Quand je dis *nous*, ce n'est pa pour empocher ma part des mérites d'autrui. C'es qu'on croit être de moitié dans les bonnes actions d'un journal dès qu'on y a travaillé avec plaisir, au milieu de quelques amis, et en parfaite conformité d'idées avec tout le monde.

Malgré les travaux, les voyages, les plaisirs et les peines qui m'ont tenu longtemps écarté de l'*Opinion nationale*, j'ai toujours gardé l'habitude de la lire comme *mon* journal, et lorsque j'y rencontrais un article remarquable, qu'il fût de Guéroult ou de Sauvestre, de Malespine ou de Labbé, je me frottais les mains avec une satisfaction toute personnelle, comme s'il y avait eu là dedans quelque chose de moi.

Notez que je connais à peine la moitié des rédacteurs, et, parmi ceux que je connais, il y en a que j'ai vus une ou deux fois, mais n'importe. *Eadem velle, eadem nolle*.... C'est le proverbe latin que je citais en commençant.

Je disais donc que notre campagne en faveur de la liberté des coalitions a établi une sorte d'intimité entre l'*Opinion nationale* et les ouvriers de Paris. Nous avons été leur moniteur, et cela dure encore, et cela pourra durer longtemps, au grand profit de tout le monde. Autant je trouve basse et bête la flatterie qui va du savant à l'ignorant, de l'habit à la blouse, autant je suis heureux de voir des relations cordiales s'établir entre ceux qui savent et ceux qui veulent savoir.

Les ouvriers de Paris, qui ne portent p us de blouse qu'à l'atelier et qui lisent le soir en rentrant dans leur famille, sont un des plus précieux éléments de la civilisation française. Ils ont le cœur chaud et l'esprit gai, deux qualités qu'on ne rencontre point à chaque pas dans les couches supérieures. Malheureusement, ils sont encore presque tous dans l'ignorance des choses qui les touchent de plus près. A qui la faute?

Ce n'est pas à eux, ni à nous; mais on pourrait remédier à cela, si tout le monde y mettait du sien. Les écoles du soir, les conférences, les cours, les bibliothèques et le journal qu'on achète en rentrant : voilà déjà quelques ressources. Les ouvriers anglais ont tout cela et bien autre chose encore. On a écrit pour eux non-seulement des volumes, mais des bibliothèques entières. Je reviendrai sur ce point dans quelque causerie, et je vous conterai la demande très-noble et très-originale que m'adressait il y a trois ans un ouvrier de Paris.

Mais je m'étais promis de tracer aujourd'hui une sorte de programme, ne fût-ce que pour me diriger moi-même dans mes causeries à venir. Le plaisir de me retrouver dans une maison amie, au milieu de collaborateurs sympathiques, m'a fait oublier cette sage résolution. Je m'aperçois trop tard que la place me manquerait, à moins d'écourter ma liste. Décidément, au lieu de vous annoncer ce que je compte écrire ici, je vous dirai tout simplement ce que je compte n'y pas écrire.

Je serais fort mal placé pour vous conter chaque semaine les nouvelles des salons, les plaisanteries du boulevard et les bavardages des clubs. Le petit bruit de ces événements-là n'arrive pas jusqu'à mon village. Je crois d'ailleurs que la plupart de mes lecteurs ne s'y intéressent guère plus que moi.

Ne craignez pas cependant que je vous entretienne de l'Alsace et du petit monde tranquille qui se promène autour du clocher de Saverne. On n'est pas devenu si villageois que cela. On reçoit les journaux, on communique avec la France; on lit tous les matins avant huit heures les nouvelles que vous avez reçues la veille au soir.

Il me serait facile de prendre un thème au hasard dans les événements de la semaine et d'y broder quelques variations légères à votre usage. Mais c'est une gymnastique un peu folle pour un esprit qui commence à se rasseoir. Je voudrais sans vous trop ennuyer, vous dire des choses très-utiles et tout à fait raisonnables. L'entreprise est délicate; cependant j'essayerai. A huitaine.

MON HOMME.

Vous souvient-il du temps où le citoyen français croyait sincèrement exprimer son opinion politique en disant :

« Raspail, c'est mon homme ! »

Un autre répondait avec dignité :

« Je ne suis pas de votre opinion, et je m'en honore. Mon homme est le général Cavaignac. »

Un troisième disait : « Moi, je tiens pour Veuillot ; » un excentrique reprenait : « Il n'y a qu'un homme en France, et je me ferais hacher pour lui : c'est Girardin ! »

Ces exemples indiquent assez que dans ces mots : *mon homme*, le pronom n'est nullement possessif; au contraire. De même qu'une femme dit à son amant : *Vous êtes à moi*, pour indiquer qu'elle est à lui, un Français a dit longtemps : *mon homme*, pour dire qu'il était l'homme de quelqu'un.

La féodalité a la vie dure, oui-da!

Le progrès a tant et si bien travaillé, que chacun de nous est devenu propriétaire de sa peau, contrairement à la doctrine de Bossuet, qui tenait pour l'esclavage. Les bourgeois et les paysans ont presque tous une maison pour abriter ce pauvre corps, et un bout de champ pour le nourrir. L'ouvrier le plus pauvre a ses vêtements, ses outils et parfois son mobilier ; mais combien étions-nous, il y a dix ans, qui eussions une opinion à nous ?

Voilà pourquoi l'on disait *mon homme ;* on voulait dire : l'homme qui pense pour moi.

En ce temps-là, qui n'est pas loin, un Français ne refusait rien à son homme. Non-seulement il votait aveuglément pour lui, mais il prenait toutes ses idées en bloc, sans distinguer les vraies des fausses ; il aurait voulu ne payer ses impôts qu'à lui, n'aller en guerre qu'avec lui, lui obéir et le servir en toutes choses. Nous sommes les serviteurs de nos idées, quand par bonheur nous en avons ; mais quand nos idées ont élu domicile dans la cervelle d'un autre, il faut, bon gré malgré, que nous nous fassions un peu les esclaves d'autrui.

Le Français qui avait son homme approuvait forcément la conduite droite ou onduleuse de son homme ; les amis de son homme étaient ses amis ; les ennemis de son homme étaient ses ennemis ; il louait ou dénigrait tout, suivant un mot d'ordre émané de son homme.

Il faut être initié à ce détail des mœurs françaises pour comprendre comment un ferblantier ou un maçon pouvait être, au cabaret, le caudataire de M. Guizot ou l'ennemi personnel de M. Molé.

Depuis une dizaine d'années, il se fait dans les esprits un mouvement très louable, que je voudrais signaler et définir aujourd'hui. Je ne suis peut-être pas le premier qui s'en soit aperçu, mais aucun publiciste, que je sache, n'a encore mis en relief cette nouveauté morale.

Le public commence à voir clair dans les choses politiques. Nous ressemblons à ce malade de Molière qui, après s'être livré aveuglément à M. Purgon et à ses confrères, comprend qu'il vaudrait mieux apprendre la médecine et chercher à se guérir lui-même.

Il souffre, ce bon public; il éprouve à la fois toute une liste de malaises : ignorance, pauvreté et ce qui s'ensuit. Il veut être soigné, tout prêt à récompenser largement le docteur. Que de fois il a donné sa confiance entière! Que de fois on lui a promis l'ordre le plus inébranlable et la liberté la plus absolue, le dégrèvement de tous les impôts et le développement de tous les services, la réduction de son armée et l'augmentation de sa gloire ; en un mot, l'impossible !

Il a cru les gens sur parole et livré sa santé à tous les empiriques qui ont offert de l'entreprendre. C'est qu'il n'est pas médecin, lui! Il croit que le traitement des peuples mal en point est une science occulte; il se jette dans les bras du premier qui annonce à son de caisse un spécifique infaillible. Il ressemble à ces pauvres illettrés, qui dans leurs maladies, s'adressent à la somnambule, à la tireuse de cartes, à l'invalide, au berger, au bourreau !

Pourquoi à l'un plutôt qu'à l'autre? on ne sait : le peuple est enclin à juger les gens sur la mine.

Celui-ci a plu par sa beauté, et celui-là par sa laideur; celui-ci par son gilet blanc, celui-là par son foulard sale, celui-ci par son sabre et celui-là par son parapluie. Vous avez entendu l'histoire de cette dame qui, croyant consulter un médecin, dans une circonstance délicate, s'adressa par méprise à un horloger. La France de 1848 a commis une erreur du même genre : elle a conté ses peines, montré ses plaies, donné sa confiance au gouvernement provisoire, qui était bien le plus honnête, le plus désintéressé et le plus libéral des horlogers.

Ces méprises seront impossibles quand le public aura pris l'habitude de formuler ses idées au lieu de les incarner; quand toutes les questions de droit ne se présenteront plus comme des questions de personnes.

Le mal est que jusqu'à notre temps les politiques ont parlé le latin des docteurs de Molière. Ils ont enveloppé d'un jargon protecteur les idées les plus simples et les plus accessibles à tous. Le bon sens, denrée qui abonde et surabonde dans toutes les choses de la vie, a été soigneusement écarté des discussions publiques. Il y aurait produit l'effet prodigieux[1] de l'acide phénique, qui coagule en moins d'une seconde tous les éléments de fermentation.

Si l'on ouvre au hasard, entre 1789 et 1854, l'histoire intime de la France, on est sûr de trouver la nation agitée, ou plutôt possédée par quelque grosse question de personnes. Point d'années, point de jours où l'on n'entende crier : Vive celui-ci! Il est notre homme! A bas celui-là! Il n'est pas notre homme!— Vous voyez à toute heure un petit nombre d'individus qui travaillent bien ou mal à la grandeur et à la prospérité nationales ; et d'autres, en nombre égal, qui travaillent à renverser ceux-là pour se mettre à leurs places. Le corps de la nation, ceux qui payent tout ce qu'on veut pour être bien gouvernés et qui n'aspirent point à gouverner autrui, sont ballottés par un tiraillement perpétuel. Je parle de vous, de moi, des bonnes gens qui vivent d'autre chose que des fonctions publiques. Ouvriers, marchands, paysans, artistes, nous sommes tous compris dans cette foule qui demande simplement à être bien servie, que le bon serviteur s'appelle Pierre ou Paul.

Si l'on pouvait construire au Creuzot une machine à gouverner qui appliquât mathématiquement les volontés générales du peuple, tout serait pour le mieux dans le meilleur des mondes, car les questions de personnes n'auraient ni raison ni prétexte. Mais il faut employer des hommes, et c'est le diable ! Aussitôt que les personnes de notre choix se sont mises à l'œuvre, une formidable opposition s'élève contre elles. Quiconque voudrait les remplacer, les attaque, les dénigre, les accuse de mal faire et, par ce moyen, les empêche de rien faire. Pour les brouiller avec le peuple, on les insulte non-seulement dans leur vie publique, mais dans leur conduite privée ; on s'en prend à leurs pères, à leurs fils, à leurs amis et à leurs animaux domestiques.

Or, un gouvernement, comme tout être vivant, a l'instinct de la conservation : le pouvoir se défend, il riposte, il réplique par des injures et au besoin par des rigueurs. Moyennant ce conflit, personne n'a le temps de travailler au progrès, c'est-à-dire de bien gouverner le peuple. Au bout d'un certain temps, l'opposition culbute le pouvoir et prend sa place. Mais elle a promis, elle aussi, plus qu'elle ne pouvait donner ; elle trouve, elle aussi, une rivalité formidable dans tous ceux qui aspirent aux emplois, et elle tombe à son tour, après quelques années de lutte pacifique ou sanglante, sans avoir rien fait pour le pays.

Voilà l'histoire trop authentique de la première moitié de notre plus grand siècle. Je la conte sans parti pris et sans haine contre les personnes. Si quelque chose m'étonne, c'est que nos gouvernements successifs aient trouvé le moyen de faire une certaine somme de bien dans cette bagarre; car le progrès a marché, c'est évident. Il est prodigieux que nos hommes d'État, obligés de défendre leur petit terrain pied à pied, aient pu songer à nous de temps à autre. Il est invraisemblable que les hommes d'opposition, démolisseurs jurés de l'ancien ordre des choses, après de longs combats qui les absorbaient tout entiers, aient trouvé dans un coin de leur cerveau quelques idées à peu près mûres pour les appliquer au bien public.

Dans toute opposition comme dans tout gouvernement, on trouve des hommes sincères et dévoués : je suis loin de prétendre que les uns n'attaquent le pouvoir que pour s'en rendre maîtres, et que les autres ne le défendent que pour en jouir. Mais il est positif que dans les deux camps, chez l'assiégeant comme chez l'assiégé, on est trop à la guerre pour s'occuper sérieusement de nous. Et nous-mêmes, comme des sots, au lieu de mettre à profit les loisirs que nous laisse notre néant politique, nous

nous enrôlons dans un parti dès que nous avons l'âge d'homme.

Remarquez, s'il vous plaît, que pour discerner le vrai du faux, le bien du mal, le possible de l'impossible, on n'a pas besoin d'être installé sur un trône, ni debout à une tribune, même assis au milieu du tapage dans un bureau de journal. Ces diverses attitudes sont également impropres à la méditation utile. Pour tirer au clair les cinq ou six grandes questions qui se partagent la France et le monde, il n'est pas nécessaire que vous sachiez l'histoire publique et privée des gouvernants et des opposants, leur origine, leurs débuts, leur passé, leurs variations, leurs relations et leurs alliances. Soyez un simple marchand, logé au fond d'une boutique, un modeste ouvrier à l'abri des besoins urgents, un villageois enfermé par le froid dans une humble maison avec quelques bons livres, vous êtes meilleur juge de vos droits et de vos intérêts que tous nos politiques passés, présents et futurs, car vous avez moins de passions en vous et moins de bruit autour de vous.

Les questions de personnes ou de partis (c'est tout un) n'engendrent pas seulement la stérilité. Elles arrosent de sang, elles encombrent de ruines la grande route du progrès. Un épicier et un tailleur, étrangers l'un et l'autre aux rivalités de la politique, peuvent penser blanc et noir et vivre en bons voisins. Si le ciel a permis que chacun d'eux fût son homme à lui-même et n'appartînt à personne, ils pourront discuter de bonne foi et s'éclairer l'un l'autre sans jamais en venir aux mains.

Mais que l'esprit de parti s'en mêle, que ces deux braves gens, pour le plaisir d'épouser des idées toutes faites, s'enrôlent sous quelques beaux parleurs, ils en viendront à tirer l'un sur l'autre dans la rue; l'épicier deviendra le gibier du tailleur, et réciproquement.

Nous sommes tous plus ou moins épiciers et tailleurs; nous avons tous reconnu, par une triste expérience, qu'en tirant les uns sur les autres nous nous faisions du mal; nous savons que les révolutions à coups de fusil n'avancent pas nos affaires, ne diminuent pas nos impôts, n'élargissent pas le cercle de nos libertés; bien au contraire. Les violences que nous pourrions exercer les uns sur les autres ne serviraient qu'à changer, sans profit pour nous, l'état-major de nos employés. C'est pourquoi nous avons pris un peu tard la résolution de nous éclairer honnêtement et en paix sur nos propres affaires sans nous enrôler dans un parti.

Il fut un temps où les ambitieux recrutaient aisément une petite armée parmi les ouvriers de Paris. On en a fait tuer beaucoup, sous divers prétextes, et personne ne peut dire ce que les agitateurs leur ont donné en échange de leur sang. Il n'était pas malaisé de les mettre en campagne, du temps qu'ils savaient à peine lire. Il suffisait de quelques mots inintelligibles accompagnés de promesses absurdes, avec une ou deux mauvaises chansons. Depuis qu'ils savent lire et même raisonner, ils cherchent sous les grands mots et n'y trouvent que le vide. Depuis qu'ils savent compter et qu'ils devinent par instinct les lois de l'économie sociale, ils sont persuadés qu'une secousse violente leur ôterait tout sans leur rien donner. Ils chantent encore, et ils font bien, mais c'est après dîner, pour passer gaiement un quart d'heure.

Mais, il ne faut pas se le dissimuler, l'indépendance que nous prêchons et qui a fait de grands progrès depuis dix ans n'est ni l'oisiveté, ni l'indifférence en matière politique. Elle exige, au contraire, un redoublement de force ; elle commande un travail assidu. Il était plus commode de suivre un chef pris au hasard, comme les brebis suivent leur bélier dans la plaine. Celui qui renonce à prendre les idées toutes faites, contracte l'engagement de faire ses idées lui-même ; rude besogne et nouvelle chez nous! L'ouvrier s'y met bravement, mais je serais un vil flatteur si je lui disais qu'il arrivera au but sans fatigue. Il a des droits à défendre comme citoyen, comme chef de famille, comme producteur. Du jour où il prend la noble résolution de les défendre lui-même, il doit se mettre en mesure de les définir, et les définitions ne sont pas plus un jeu d'enfant qu'une fantaisie de club; c'est un travail de haute gymnastique intellectuelle. Heureusement, l'aide ne manquera pas aux hommes de bonne volonté. On travaille chez nous et autour de nous à tirer les vérités au clair et à les dégager des violences haineuses et des déclamations vaines : les polémistes de la vieille école qui continuent à se reprocher une demi-douzaine de vieux crimes, comme la Saint-Barthélemy et les journées de septembre, seront étonnés un beau jour en voyant qu'ils pérorent dans le désert. On a commis des crimes dans tous les temps, dans tous les pays et dans tous les partis; c'est un mal dont nous ne sommes responsables ni les uns ni les autres. Ce qui nous importe, à nous, c'est de ne point les renouveler sous prétexte de représailles.

La manie que nous avons eue de nous glisser dans la peau d'un autre homme, mort ou vivant, a transformé le cimetière sacré de l'histoire en un vaste champ de bataille. On a vu, on voit encore de temps à autre les vivants se distribuer des horions formidables sur les épaules des morts. Si vous avez votre homme dans le passé, vous êtes condamné à épouser toutes ses querelles, à dauber sur tous ses ennemis, à justifier toutes ses fautes. Êtes-vous pour César? Il vous faut aimer Cléopatre et louer la dictature perpétuelle. Êtes-vous pour Brutus? Il vous faut approuver les assassins passés et présents, dès qu'ils ont la politique pour excuse. Si votre homme est Bossuet, vous voilà complice des dragonnades. Si votre homme est Rousseau, vous descendez par une pente irrésistible jusqu'aux deux grands commentateurs du *Contrat social*, Marat et Sanson. Si votre homme est Voltaire, il faut applaudir pêle-mêle *Zaïre* et l'*Écossaise*, la défense de Calas et le partage de la Pologne, l'adoption de Mlle Corneille et l'encensoir cassé sur le nez de Richelieu.

Pourquoi nous condamner à louer tout dans notre homme? à tout blâmer dans celui qui n'est pas notre homme? Un clérical s'oblige à ne rien admirer dans Voltaire, sous peine de forfaiture. Un libéral se croirait perdu d'honneur s'il rendait pleine justice à l'éloquence de Bossuet ou à la charité de Vincent de Paul.

Ne vaudrait-il pas cent fois mieux choisir dans le passé tout le bien, d'où qu'il vienne ; et, cette provision faite, tourner nos yeux et nos pas vers l'avenir? Nos pères se sont injuriés, égorgés, brûlés, sous les prétextes les plus futiles. Malgré leurs erreurs et leurs fautes, ils nous ont laissé en héritage un joli commencement de civilisation. Conservons-le avec reconnaissance et tâchons de l'accroître par tous les moyens qui sont en nous! Notre affaire en ce monde, la voici : être aussi libres, aussi honnêtes, aussi éclairés et aussi heureux que possible, et faire en sorte que nos enfants soient plus libres, plus moraux, plus instruits et plus heureux que nous.

Lorsqu'un homme apporte sa pierre, petite ou grande, à l'édifice du progrès, qu'il soit juif ou catholique, libéral ou clérical, républicain ou bonapartiste, condamné parmi les Treize ou invité pour huit jours au palais de Compiègne, nous devons accepter ce qu'il nous donne et le remercier cordialement. Le procès des Treize s'oubliera, le palais de Compiègne, que je n'ai jamais vu, mais que je crois bâti solidement, tombera en ruine un jour ou l'autre, comme le palais de Saint-Paul et le château d'Anet : les vérités démontrées, les découvertes utiles, les chefs-d'œuvre de l'esprit survivront à à tout ce qui excite un instant notre amour ou notre haine et s'ajouteront pour toujours au patrimoine de l'humanité.

Un pape s'aperçut, il y a 282 ans, que le calendrier Julien, établi par le grand César, contenait une erreur grave. L'année civile était plus longue que l'année solaire, et, par suite d'une erreur légère en apparence, tous les almanachs de l'Europe se trouvaient en avance de dix jours. Le pape Grégoire XIII mit le présent en règle et l'avenir en sûreté. Les catholiques s'empressèrent d'adhérer à la réforme, parce que le pape était leur homme. Les protestants d'Allemagne, de Suède et d'Angleterre, les schismatiques de Grèce et de Russie, se cramponnèrent au vieux comput. Ils savaient bien qu'ils étaient dans le faux et qu'ils allaient transmettre à leurs descendants un calendrier de plus en plus inexact. Mais quoi? Le pape n'était pas leur homme. Le grand Képler eut beau plaider devant ses concitoyens d'Allemagne la cause que je soutiens ici devant vous. On se boucha les oreilles. L'Allemagne attendit 118 ans, l'Angleterre 170 et la Suède 171 pour adopter une vérité mathématiquement démontrée. La Grèce et la Russie n'en ont pas encore pris leur parti. Elles craignent apparemment de commettre une apostasie en acceptant le bienfait d'un homme qui n'est pas leur homme!

Lorsqu'un bourgeois intelligent a le bonheur de tomber sur un excellent valet de chambre, il ne s'enquête pas de ce que le garçon dit ou pense en dehors de son service, ni du bulletin qu'il a mis dans l'urne aux dernières élections, ni des opinions qu'il exprimait dix ans plus tôt sur la monarchie ou la république. C'est un bon serviteur, il suffit. Mais qu'il soit question d'un de ces hommes hors ligne qui servent par leur génie tout un pays, tout un siècle : s'il ne pense pas sur toutes les questions comme la majorité régnante, non-seulement on refuse ses services, mais on l'exile, on l'emprisonne, ou même, pour abréger, on lui coupe le cou. L'inventeur de la chimie moderne, l'homme le plus utile que la France ait jamais produit, sollicita vainement un sursis de quelques jours pour achever une expérience : il fut guillotiné toute affaire cessante. Ceux qui tenaient le manche du couteau se firent conscience d'accepter ses bienfaits : Lavoisier n'était pas leur homme.

Je me trouvais hier dans une de nos villes les plus vaillantes et les plus intelligentes, à Metz. On donnait au théâtre la nouvelle pièce d'Emile Augier, très-convenablement interprétée par le gros de la troupe. Je mets à part le rôle de maître Guérin où M. Marck, ancien artiste de l'Odéon, aujourd'hui directeur des grands théâtres de Lorraine, s'est montré vraiment supérieur. Mais la salle était loin d'être pleine, et j'ai voulu savoir pourquoi. Elle était comble la veille avec *la Demoiselle en loterie*, *Jobin et Nanette*, *Henriette et Charlot*. On m'a répondu que des congrégations puissantes avaient mis en interdit le théâtre d'Émile Augier, Ce jeune, ce vigoureux, cet admirable esprit n'est pas l'homme de ceux qui pensent bien.

Son succès persistant et unanime à Paris nous prouve que la France revient de ses manies et que la guérison commence par la tête. Les grands enfants qui boudent contre leur plaisir ne font plus, grâce à Dieu, la majorité du pays. On compte les voyageurs qui voudraient arrêter le train ou faire sauter la machine, parce que le mécanicien qui la conduit n'est pas leur homme.

On compte aussi les optimistes enragés qui admirent les lenteurs, applaudissent les cahots et louent jusqu'aux déraillements, parce que le mécanicien est leur homme, et qu'il ne saurait rien faire de mal. Parmi les types curieux qui émaillaient autrefois la population française, il en est deux qu'on fera bien de crayonner au plus vite, car ils s'effacent de jour en jour.

Le premier, c'est le mécontent quand même, l'homme qui s'honore d'avoir été de l'opposition sous tous les régimes. Il déteste et méprise le gouvernement, quel qu'il soit, et lui dit, en prenant son café, les vérités les plus dures. Il a toujours en poche un ou deux hommes qui sont ses hommes, et qui feraient en un tour de main le bonheur du pays; mais si le malheur veut qu'ils arrivent aux affaires il leur tourne le dos et court en chercher d'autres. Rien ne peut désarmer ce dogue citoyen. Prenez toutes les réformes économiques, législatives, toutes les libertés civiles politiques et municipales; faites-en un gâteau que vous lui porterez sur un plat d'or : il vous mordra la main pour rester fidèle à ses principes. S'il acceptait ce qu'il demande, il se ferait horreur à lui-même et croirait voir, dans son miroir à barbe, la figure d'un homme qui a tourné. Fort honnête homme au demeurant, fanatique de la liberté, de l'égalité et de la tolérance, mais trop prompt à tirer des coups de fusil sur tous ceux qui n'interprètent pas ces trois mots comme lui.

L'autre est le satisfait quand même : il a placé son cœur au siége du gouvernement, et aucune révolution n'a pu le décider à le reprendre. Il s'honore d'avoir crié : « Vive le roi ! » sur le passage de Louis XVIII et versé des larmes de sang à la mort de S. A. R. le duc de Berry. Avec quelle fidélité il a défendu *in petto* ses souverains légitimes battus en brèche durant trois jours !

Mais avec quelle joie naïve et cordiale il a serré la main du roi Louis-Philippe !

Les banquets de 1848 l'ont jeté hors des gonds ; mais la Révolution faite, il s'est promené dans la rue entre deux blessés, et il a porté un couvert d'argent au gouvernement provisoire. Son seul regret dans les premiers jours, était de ne pouvoir se compter parmi les républicains de la veille, mais il s'est persuadé en moins de six semaines qu'il avait toujours eu le germe des sentiments républicains.

La victoire de juin l'a livré corps et âme au général Cavaignac, qui avait bien mérité ; mais après l'élection du Dix-Décembre, son cœur n'a plus battu que pour le prince-président. Aujourd'hui, il se ferait hacher pour l'Empereur, qu'il appelle son Empereur et qu'il admire en toutes choses. Il applaudit au jour le jour à tous les actes du gouvernement, à l'expédition d'Italie comme au siége de Rome, à la convention du 15 mai, à l'expédition du Mexique, à la paix, à la guerre, à la réaction cléricale, à la confusion des cléricaux, à M. Fortoul qui bifurque et à M. Duruy qui débifurque. Il a battu des mains à la pièce des *Cosaques*, et rêvé l'année dernière une expédition en Pologne; il se flatte aujourd'hui d'être au mieux avec Alexandre II. Nous l'avons vu tout prêt à descendre en Angleterre après l'attentat d'Orsini; mais quand la reine d'Angleterre a honoré Paris de sa présence, il a jeté son chapeau neuf sous les pieds des augustes chevaux.

Lorsqu'un gouvernement ne voit autour de lui que ces deux classes d'imbéciles, il frappe sur les uns, s'assied sur les autres, et n'en fait qu'à sa tête. Mais dès qu'il s'est formé, dans une grande nation, un bon noyau d'hommes sensés, exempts de haine aveugle et d'adulation plate, il y a une opinion publique qui s'exprime, s'impose et mène tout. Quels que soient ceux qui nous gouvernent, qu'ils soient ou non de votre choix et de votre goût, que leurs antécédents vous attirent ou vous éloignent, connaissez vos besoins, rendez-vous compte de vos droits et réclamez tous à la fois ce qui vous semble utile et juste : on le fera. Mais mettez-vous d'abord à penser par vous-mêmes au lieu de prendre à l'aveuglette des hommes qui pensent pour vous.

LA CULTURE DES EAUX.

I

Pourquoi donc le poisson est-il cher, le homard introuvable et les huîtres hors de prix depuis qu'on a inventé la pisciculture ?

Voilà une question qui est dans toutes les bouches et qui remplace (fort insuffisamment, j'en conviens) la matelote, la mayonnaise et la sole normande.

J'en suis préoccupé depuis assez longtemps ; j'ai fait plusieurs voyages et quelques expériences pour trouver la solution d'un problème qui intéresse trente-sept millions d'estomacs. Tous les Français, sans exception, sont égaux devant certaine loi que le conseil d'État n'a pas élaborée, que le Corps législatif n'a pas votée, que le Sénat n'a pas ratifiée, que l'Empereur n'a pas approuvée, et qui n'en est pas moins inviolable pour cela : une loi dont l'application n'est soumise ni au caprice des administrateurs, ni à l'interprétation des magistrats ; et pourtant celui qui l'enfreindrait huit jours de suite serait puni de mort. La voici en cinq mots, article unique : Il faut manger pour vivre.

Les chrétiens vous diront : « l'homme ne vit pas seulement de pain, mais aussi de la parole de Dieu. »

Selon les hommes de science, l'homme ne vit pas seulement de pain, mais de viande, de poisson, de sucre et de cent autres denrées qu'il se procure par le travail. Les politiques de notre école vous diront qu'il vit aussi de lecture, de discussion et d'un aliment rare et cher en certaines années, qu'on appelle la liberté.

Mais je laisse aujourd'hui à mes collaborateurs le plaisir et l'honneur de vous parler politique. La plume que j'ai taillée à votre intention est une plume d'oie ; elle se souvient d'avoir appartenu à un animal nourrissant.

Les questions économiques — ne vous effrayez pas de ce gros mot — ont un avantage sur toutes les autres. Elles réunissent les hommes au lieu de les diviser. Tous les Français sont unanimes sur le compte de Parmentier ; vous n'en trouverez pas deux qui s'entendent sur Robespierre ou Mirabeau. Vous rencontrerez par-ci par-là des citoyens qui contestent le génie de M. de la Guéronnière ; je vous défie d'en trouver un qui nie les services de Michel Chevalier. Ce qui m'enchante ce matin, c'est l'espoir de m'accorder, pour la première fois de ma vie avec M. Veuillot et le citoyen Proudhon. Je commence

L'eau couvre les deux tiers de notre planète : c'est une vérité que les orléanistes, les légitimistes et les conservateurs les plus fougueux reconnaissent sans peine avec nous. Le tiers où l'on se promène sans nager, et qu'on appelle familièrement le plancher des vaches, est cultivé de temps immémorial.

La culture des terres est un art très-savant et très-compliqué : il ne consiste pas seulement comme un enfant se l'imagine, à tracer des sillons où l'on jette du grain. Labourer et semer sont choses nécessaires, mais il faut, en outre, ameublir le sol et souvent l'amender par des mélanges ; il faut sarcler les plantes inutiles, il faut varier les cultures et quelquefois les interrompre ; il faut surtout avoir grand soin de restituer à la terre, sous une forme ou sous une autre, tout, exactement tout ce qu'elle nous a donné. Si vous lui preniez cent et lui rendiez quatre-vingt-dix-neuf, elle serait ruinée au bout d'un siècle ; or, un siècle n'est qu'une étape dans la marche de l'humanité. Un animal lâché dans un champ, consomme dix et restitue neuf ; la terre lui fait crédit. Au bout de quelques années, elle se couvre, tant bien que mal, de ses déboursées, car elle encaisse le cadavre. La bête est morte pour solde, ou à peu près.

Cette comptabilité devient plus difficile et plus savante dès qu'on l'applique à la nourriture de l'homme. Pendant que vous dîniez hier en famille, la terre vous a débité :

1° Du pain, du vin, de l'huile, des légumes, des fruits et de tous les produits végétaux qu'elle vous avait fournis directement;

2° Du foin, de la paille et du grain que vous avez consommés sous forme de viande, de jus et de bouillon;

3° Du combustible qu'elle a prêté pour la cuisson de vos aliments et le chauffage de la salle à manger. Le bois, le tan, la tourbe, le charbon, la houille, le gaz de cuisine et d'éclairage sont des produits végétaux plus ou moins modifiés.

4° De tout ce que vous avez usé, sali, dégradé sur vous et autour de vous : à ne considérer que votre serviette, vous devez à la terre le lin qu'elle a fourni pour la tisser, les corps gras et la potasse qu'elle a donnés pour la blanchir. La laine de votre habit n'est autre chose que du fourrage transformé et pour ainsi dire filé par les quatre estomacs du mouton.

Vous devez tout cela à la terre, et il faut que vous le lui rendiez sous une forme ou sous une autre, si vous ne voulez pas qu'elle demeure appauvrie par votre fait et moins féconde demain qu'elle n'était hier. Or, un homme digne de ce nom doit tendre par ses actes à laisser la terre plus riche, plus habitable, meilleure qu'il ne 'a trouvée en naissant.

Mais comment rendre au sol la totalité de ce que nous lui avons pris, et quelque chose de plus? L'ouvrier qui consomme un franc à son repas et le gros entrepreneur qui en absorbe quinze restituent par la digestion une valeur à peu près identique, et qui ne dépasse guère un sou. Ils redoivent au sol l'un quatre-vingt-quinze centimes, l'autre quatorze francs quatre-vingt-quinze centimes. Qu'ils meurent jeunes ou vieux, ils mourront insolvables; et quand même les mœurs ne nous défendraient pas de transformer leur cadavre en engrais, ils ne rendraient jamais la centième partie de ce qu'ils ont consommé.

C'est le travail de l'homme vivant qui rétablit la balance, et voici comme. L'ouvrier, le commis, l'artiste qui a peiné du matin au soir pour procurer aux autres hommes une vie plus agréable et plus facile, échange une part de son salaire contre les produits du sol. L'argent qu'il a gagné et qu'il dépense pour vivre retourne en grande partie aux hommes spéciaux qui cultivent la terre. Ceux-là s'empressent de diviser l'argent qui leur arrive en deux fractions, dont l'une qu'ils s'appliquent à eux-mêmes, est la rémunération du travail, et l'autre, qu'ils enterrent, va réparer les forces du sol appauvri.

Ce mécanisme ingénieux est, à proprement parler, le grand ressort de la vie moderne; mais il laisse encore à redire. Hélas! nous n'avons pas trouvé le mouvement perpétuel.

Si trente-sept millions d'hommes cantonnés sur ciquante-quatre millions d'hectares pouvaient satisfaire tous leurs besoins matériels sans préparer la ruine proche ou lointaine du sol; s'il suffisait de restituer à la terre les excédants et les détritus de la consommation publique pour conserver sa fécondité intacte, le mouvement perpétuel serait trouvé; un problème plus savant que la quadrature du cercle serait résolu.

On essaye tous les jours, et même avec un certain succès, des solutions ingénieuses. On sait que la majorité des citoyens français, et spécialement la classe la plus intéressante, ne mange pas assez de viande. Que fait-on? On cherche à l'étranger les races d'animaux qui produisent le plus de viande, en autres termes, celles qui donnent le plus au corps de l'homme, et l'on arrive à les acclimater chez nous.

Mais la viande ne nous donne rien qu'elle n'ait pris à la terre. C'est un aliment qu'il faut alimenter.

Plus elle est nourrissante, plus elle coûte à nourrir. Perfectionnez les races de boucherie ou les espèces de basse-cour, amenez-en de nouvelles, c'est fort bien; mais vous n'avez guère réussi qu'à reculer la difficulté. Cette viande vous fera vivre, bravo! mais de quoi vivra-t-elle?

Ceux qui cherchent le secret de vous nourrir sans ruiner vos descendants ont vu l'obstacle : ils l'abordent de front. La question de la viande est secondaire; les fourrages doivent passer avant tout : aux fourrages! Et voilà M. Barral qui vous apporte le brome de Schrader, un fourrage vivace, résistant, qui pousse vite, qui talle ferme, qui graine à foison. C'est fort beau, c'est fort bon, c'est un immense service ajouté à tant d'autres. La viande manque aux ouvriers, on importe les bœufs Durham; le fourrage manque aux bœufs, on acclimate le brome de Schrader. Mais le brome n'est pas comme ces orchidées qui se nourrissent à peu près de l'air du temps. Il ne vous donnera rien qu'il n'ait pris à la terre; plus il nous fera riches, plus il la fera pauvre, et ce qu'il aura pris, comment le rendrons-nous? Où trouver de l'engrais pour nourrir cette plante qui nourrira les bœufs qui nourriront les hommes?

Lorsque vous rencontrez un paysan maussade le long d'un champ ruiné qui rend à peine six grains pour un, il vous dit : — Ce n'est pas ma faute. J'ai

bon cœur et bons bras, mais l'engrais manque. —
Et pourquoi ? — Parce que le bétail manque. — Et
pourquoi ? — Parce que le fourrage manque. —
Faites des prairies artificielles !— Impossible puisque
l'engrais manque. L'engrais ! toujours l'engrais !
Ce qui entrave le plus obstinément la marche de
notre agriculture, ce n'est ni l'ignorance, ni la routine, ni la misère, ni la division exagérée des
biens-fonds, c'est la loi naturelle qui ne permet pas
à un pays, quel qu'il soit, de produire la somme
d'engrais qu'il lui faut.

Ce qu'on ne peut pas fabriquer soi-même, on l'achète ; c'est fort bien. Le cordonnier vend une paire
de bottes pour s'acheter un chapeau ; le chapelier
vend un chapeau pour s'acheter des bottes. Le
commerce est un échange de ce que vous avez en
trop contre ce que vous avez en moins. Mais c'est
l'agriculture qui produit les engrais, et c'est elle
qui les consomme ; elle n'en a jamais trop, ni même
assez. Quand vous voyez un paysan vendre son
fumier à un autre, vous pouvez prédire à coup sûr
la chute d'une famille et la ruine d'un champ. Que
la moitié de nos agriculteurs, pour faire un peu
d'argent, vendent leurs tas de fumier au voisin : la
France sera un corps à demi paralysé.

Il faut dire à la louange de nos concitoyens des
campagnes qu'ils achètent l'engrais plus volontiers
qu'ils ne le vendent. Ils le font même chercher à

des distances énormes, suivant l'exemple que les voisins d'outre-Manche nous ont donné. Les Anglais sont nos maîtres en culture comme en liberté. Voilà plus de trente ans qu'ils dévalisent les cinq parties du monde de tous les engrais disponibles. Faisons comme eux, nous ferons bien ; d'ailleurs nous n'avons pas le choix. Il faut épuiser toutes les mines que la paresse ou la stupidité de quelques peuples retardataires laisse encore à notre merci.

Mais après? Car tout s'épuise, même le guano des îles de Chinchas et les champs de bataille de Crimée. Un jour viendra, n'en doutez pas, où toutes les terres habitables seront peuplées et cultivées comme la France, où le petit milliard d'hommes qui s'éparpille à la surface du globe sera décuplé, et partant un peu serré ; où chacun s'appliquera forcément à extraire du sol tout ce qu'il peut donner à l'homme ; où tout le monde enfin, sous peine de mourir, cherchera des engrais à acheter, et n'en aura pas à vendre.

Ce jour est loin de nous, j'en conviens ; mais il faut le prévoir : il faut nous mettre en garde contre un danger sérieux, quoique éloigné, et chercher si par hasard il ne serait pas évitable.

Le mot de Louis XV : « Après moi le déluge! » est l'expression d'un égoïsme tout à fait noble ; mais les Français d'aujourd'hui ne sont plus si grands seigneurs que cela. Vous en trouverez peu qui se croient désintéressés dans les questions d'avenir. Les meilleurs se démènent pour assurer le pain du corps et de l'âme, et léguer une vie heureuse, intelligente et libre à des générations qu'ils ne verront jamais. Les plus indifférents se feraient un cas de conscience d'affamer, d'abrutir ou d'enchaîner par avance un enfant qui naîtra dans cent ans.

Que faudrait-il donc faire pour mieux nourrir les hommes d'aujourd'hui sans léguer la disette aux hommes du siècle prochain ? Comment doubler les ressources du présent sans entamer celles de l'avenir ?

La solution de ce problème est toute trouvée, mais elle est encore mal connue. Il s'agit simplement de chercher pour les hommes un supplément de nourriture qui ne coûte rien à la terre.

Nous exploitons depuis quelques milliers de siècles un seul tiers de notre planète, et nous l'avons ruiné par places, tantôt par ignorance de la grande loi de restitution, tantôt parce que la restitution intégrale était devenue impossible. Les nomades ne ruinent pas le sol ; ils lui laissent le temps de se refaire. Un peuple sédentaire, mais clair-semé sur de grands territoires, cultive tantôt ici, tantôt là, promène la charrue à la surface de la terre et écrème, sous forme de moisson, une force qui sera bientôt réparée.

C'est l'agglomération d'un grand peuple civilisé

sur une étroite superficie, c'est le labour savant et profond, c'est l'art, le courage et l'obstination du cultivateur qui épuisent le sol. Les Français ont fait des prodiges en ce genre depuis la grande émancipation de 89. Ils ont pris la terre à deux mains et ils en ont exprimé des trésors incalculables. Mais ils n'ont pas appliqué la loi de restitution, parce qu'ils l'ignoraient ; et aujourd'hui qu'ils la connaissent, ils ne l'appliquent qu'à moitié, parce qu'elle est en partie impraticable.

Le moment est donc venu, sinon pour tous les hommes, au moins pour les Français, d'attaquer résolûment les deux derniers tiers de la planète, et d'entreprendre à fond la culture des eaux.

Je serais bien fâché qu'on perdît l'habitude de cultiver les terres ; mais s'il est démontré que la terre ne suffit point à nourrir le peuple français, nous trouvons bon qu'on appelle un autre élément à la rescousse.

Grâce à l'irrigation et au drainage des prés naturels, grâce à la multiplication des prairies artificielles, grâce à la haute intelligence de nos éleveurs, grâce aux enseignements admirables de toute la presse agricole, aux encouragements des comices et aux efforts du gouvernement, le citoyen français, que l'univers envie, mange vingt-trois kilogrammes de viande par an, pas tout à fait soixante-trois grammes par jour. Voilà, mes bons amis, tout ce que le sol natal peut faire pour votre service.

Cette ration, si j'en crois les meilleures statistiques, n'était que de vingt kilogrammes par an, moins de cinquante-trois grammes par jour, en 1840. La dernière publication officielle, qui porte la consommation à vingt-trois kilogrammes, date de 1859. Ainsi donc, les progrès accomplis dans une période de dix-neuf années, l'énorme accroissement de la richesse publique, l'attention spéciale que gouvernants et gouvernés ont appliquée à la question de la viande, tout cela n'a servi qu'à augmenter votre ration quotidienne d'une quantité inférieure au poids d'une lettre simple!

Pesez avec la pointe de votre index une pièce de dix centimes, et sachez qu'en dix-neuf ans le travail de la civilisation n'a pas ajouté ce poids-là à la portion de viande ou de lard que le Français moyen consomme dans sa journée.

Nous pouvons espérer que le dessèchement des marais, le défrichement progressif des terres incultes, la mise en valeur de certaines régions autrefois désespérées et surtout la reconstitution de la grande propriété par l'association, ajouteront encore un bon demi-gramme par an à notre pitance quotidienne. A ce compte, chacun de nous obtiendrait, vers 1900, une ration de quatre-vingt-un grammes par jour, à peu près la moitié de ce qu'un ouvrier anglais consomme à son déjeuner !

Cette quantité croîtra peut-être encore de quelques grammes tous les vingt ans, grâce au travail de nos explorateurs, de nos marins, de nos chimistes. Il y a dans l'Afrique et dans le Nouveau-Monde, des troupeaux plus ou moins sauvages qui sont véritablement des mines de viande à exploiter. Qu'on trouve le moyen d'embaumer un bœuf pour six mois sans altérer ni le goût ni les qualités de sa chair : nos navires iront à Buenos-Ayres et plus loin faire nos provisions de boucherie, comme ils vont en Égypte nous acheter du pain. Je ne veux pas déprécier tous les palliatifs que la science, le commerce, l'industrie appliqueront un jour à notre misère ; je dis seulement que pallier n'est pas guérir.

Je dis qu'après avoir longtemps levé les mains vers le ciel et demandé aux dieux des alouettes rôties, l'homme s'est trop longtemps courbé vers la terre, cherchant à tour de bras la solution d'un problème impossible ; le moment est venu de tourner les yeux vers la mer.

II

Ceux qui viennent, comme moi, bavarder à jour fixe en présence d'un grand public, soit qu'ils parlent ou qu'ils écrivent, sont tenus de varier la matière de leurs discours. Ainsi ferai-je, ne voulant ennuyer ni les autres, ni moi-même.

Mais j'espère que mes lecteurs me permettront d'épuiser un sujet dont ils ont compris l'importance. Sans vouloir déprécier les encycliques pontificales, les conventions franco-italiennes et cent autres questions qui viennent l'une après l'autre nous passionner un mois ou deux, nous savons, vous et moi, qu'il y a autre chose ici-bas. Nous consacrons à la politique une demi-heure par jour, et quelques jours pleins dans l'année : c'est œuvre de citoyen. Mais tous, à l'exception de quelques rares privilégiés, nous employons dix heures chaque jour à gagner notre vie et la vie des nôtres : c'est œuvre d'homme.

Les philosophes qui nous apprennent à penser, les théoriciens qui nous initient à la science de nos droits, les orateurs, les publicistes, les hommes d'action qui vivent sur la brèche pour nous défendre, sont dignes assurément de notre reconnaissance. Mais estimez-vous moins cette autre classe de travailleurs qui construit péniblement à votre bénéfice la théorie de l'hygiène, du logement, du vêtement et de la nourriture?

Le progrès matériel, divinisé par la mythologie païenne, foulé aux pieds par la mythologie chrétienne, est le principal auxiliaire du progrès intellectuel et moral. Lui seul peut mettre à la portée de tout homme vivant les biens les plus sublimes : le savoir, la liberté, l'amour.

Nous entrons dans de saintes colères à la vue des méchants, des esclaves et des ignorants qui fourmillent ici-bas; nous accusons tel homme, tel préjugé, telle loi réactionnaire ; nous ne remontons pas à la cause principale, presque unique de tous ces maux ; c'est la *difficulté de vivre*, antipode du progrès matériel.

Pour apprendre, il faut lire. La lecture, nourrice de l'esprit, source de toutes les lumières, exige du temps et des livres. Pour être libre, il faut du temps, et encore du temps : du temps pour étudier les droits qu'on a, du temps pour les défendre. Pour aimer autrement que la brute, pour cultiver dans un cœur intelligent et noble les sentiments de la famille, de la patrie et de l'humanité, il ne faut pas s'essouffler nuit et jour à la poursuite d'un morceau de pain ; il faut avoir le temps de s'asseoir au foyer domestique.

Or, qu'est-ce que le temps dans les mœurs actuelles? Qu'entendez-vous sous les mots : « Il a le temps de lire, de défendre ses droits, d'élever ses enfants? » Vous ne voulez pas dire assurément que le soleil est une horloge partiale qui donne vingt-quatre heures à celui-ci, quatorze à celui-là, pas une minute à tel autre : le temps, c'est le loisir.

Un ouvrier qui paye en dix heures de travail le loyer, le vêtement, la nourriture et toutes les autres nécessités de sa famille, a quatorze heures de loisir, ou, comme on dit encore, quatorze heures à lui. Le reste de la journée ne lui appartient pas ; il doit dix heures chaque jour à cette éternelle ennemie du genre humain que j'appelle la difficulté de vivre.

Nous autres ouvriers de cabinet, nous ne travaillons guère plus de cinq heures par jour en moyenne ; nous avons donc tout près de dix-neuf heures à nous. Mais nous avons débuté par un long, pénible et coûteux apprentissage. Nos revenus sont moins certains que ceux du menuisier ou du maçon à la journée ; notre métier, s'il est moins pénible au corps, use le cerveau dix fois plus vite. Si l'on faisait le compte de tous ceux que la littérature envoie à Charenton ou directement au Père-Lachaise, on verrait que nous exerçons une des industries les plus insalubres du temps présent.

Un rentier, par un doux privilége, a toute sa journée à lui. Il ne doit pas une minute à la difficulté de vivre : mais pourquoi? Parce que son père a travaillé pour deux afin de lui ménager des loisirs. Parce qu''il a trouvé dans son berceau un capital tout fait, c'est-à-dire une somme considérable de travail accumulé.

Il est absurde d'espérer que dans un temps proche ou lointain tous les hommes pourront vivre de leurs rentes, consacrer vingt-quatre heures par jour à la lecture, à la famille, au soin des affaires publiques. Jamais la nature rebelle ne se laissera dompter à ce point qu'elle donne gratis à nos enfants ce que nos pères et nous-mêmes nous lui avons arraché à si grand'peine. Mais nous pouvons entrevoir le moment où la journée moyenne de tous les travailleurs, quels qu'ils soient, sera réduite à quatre ou cinq heures de fatigue.

Nous y arriverons, je vous le promets, et je me charge de vous montrer la route.

Nous sommes 37 millions de Français qui gagnons en commun dans la culture et l'industrie 20 milliards par an, soit 540 fr. 50 c. pour chaque individu; en d'autres termes, 1 fr. 48 c. par tête et par jour. Lorsqu'on vous prouvera que la somme est mal répartie, que M. un tel, sans rien faire, consomme à lui tout seul 400 000 fr. par an, tandis que le pauvre Pierre ou l'infortuné Jean travaille comme deux et mange comme un demi ; lorsqu'on vous amènera à réclamer ou même à faire une nouvelle répartition, le peuple français, dans son ensemble, ne sera pas d'un sou plus riche.

Il sera même beaucoup plus pauvre, car les grands capitaux ont la force du levier, les petits sont plus faibles et plus inutiles que la limaille. Si chacun des trente-sept millions que nous sommes empochait *ric et rac* ses vingt-neuf sous et demi par jour, nous n'aurions ni un chemin de fer pour nous transporter, ni aucune machine à vapeur pour exécuter les travaux de force, ni même un malheureux cheval pour traîner un coucou de Paris à la Villette. C'est l'accumulation de capitaux énormes entre les mains de quelques individus qui a permis à l'Angleterre de confectionner 83 millions de chevaux-vapeur, ou quatre cents millions d'hommes artificiels qui travaillent nuit et jour au profit des hommes vivants.

Voilà pour la théorie du partage : elle nous ruinerait sans enrichir personne. Quant à l'organisation violente du travail, savez-vous les fruits qu'elle porterait ? Je suppose que demain, à Paris, les ouvriers tailleurs de limes décident que leur journée sera réduite à cinq heures sans diminution de prix.

Les patrons ont le choix ou de fermer boutique, ce qui est dur, ou d'élever le prix de la marchandise : ils n'hésiteront pas.

Les serruriers, qui achètent les limes, vendront leurs serrures plus cher; les ébénistes, qui payent les serrures en hausse, hausseront le prix de leurs meubles; les propriétaires, obligés de tout payer à un taux impossible, élèveront le chiffre de leurs loyers; le boulanger et le boucher, *augmentés*, comme on dit, par leurs propriétaires, se rattraperont sur le pain et la viande, et le tailleur de limes, envahi par la cherté qu'il a semée lui-même sur la place, ne fera plus qu'un repas au lieu de deux, à moins qu'il se décide à travailler dix heures par jour.

Tournez la question sous toutes ses faces, vous arriverez toujours au même point. Paris est en commerce perpétuel avec la province : qu'il plaise aux Parisiens de vendre leurs produits deux fois plus cher, la province ne tardera guère à se modeler sur Paris. Que l'industrie essaye de rançonner l'agriculture! le bétail et le blé hausseront au même instant.

La vie est un échange de services réciproques; le plus simple est de nous servir les uns les autres en esprit de justice et de solidarité. Rien de plus triste et de plus stérile que la guerre de convoitise, telle que je l'ai entendue prêcher quelquefois. N'imitons pas les chevaux qui se mordent entre eux devant un râtelier vide. Tâchons plutôt d'emplir le râtelier : c'est pour cela que nous avons des mains.

Il n'y a qu'un moyen de réduire la journée de travail à cinq heures sans faire tort à personne : c'est d'ajouter à l'Évangile des temps modernes le miracle des pains et des poissons.

Le jour où la pitance quotidienne du peuple français sera doublée, ceux qui sont riches seront plus riches, et cependant le pauvre n'aura plus rien à leur envier, par la raison fort simple que la pauvreté n'existera plus. Peu vous importe, en somme, que messieurs tel et tel soient mieux nourris que vous sans rien faire, dès qu'il vous est permis d'acheter en cinq heures la satisfaction de vos besoins réels.

Le travail vous fera mieux goûter la douceur du repos ; vous ne regretterez pas l'oisiveté absolue qui pèse souvent au riche. Vous payerez gaiement votre dette quotidienne à la difficulté de vivre ; après quoi, vous pourrez vous livrer sans arrière-pensée à la culture de votre esprit ou aux épanchements de votre cœur. Mais quand verra-t-on cet âge d'or? Avant dix ans, si nous voulons. Cet âge d'or luira pour nous dès que la quantité d'aliments disponibles sera augmentée de cent pour cent.

Nous voici revenus à la culture des eaux après

un détour assez long, mais que je ne crois pas tout à fait inutile.

La culture des eaux, notez ce point, n'est pas appelée à remplacer la culture des terres. Elle lui fera concurrence, et la plus noble concurrence du monde; car elle fournira elle-même à sa rivale les éléments d'une immense prospérité.

Nous avons des provinces entières où le calcaire fait défaut. Pour amender ces terres froides, la mer a des ressources inépuisables, car elle prend soin de les renouveler incessamment. La seule rade de Brest possède des coquilles et des polypiers qui réchaufferaient toute la Sologne; quarante millions de mètres cubes, au dire des ingénieurs les plus compétents.

Les engrais manquent partout; la mer a des jardins où le fumier croît, fleurit et se ressème. Vous avez vu dans l'aquarium du Jardin d'acclimatation quelques curiosités de la flore sous-marine; il faut avoir fait une lieue à marée basse dans les goëmons, pour connaître son opulence et sa vitalité. L'analyse peut vous énumérer tous les principes fécondants que la nature a comme entassés dans les goémons et les algues, mais la pratique parle encore plus haut.

Allez voir la presqu'île de Penmarch, cette langue de sable éternellement balayée par le vent : l'engrais de mer en a fait une Beauce. Si vous avez le temps, poussez jusqu'aux sables de Roscoff : l'engrais de mer les a métamorphosés en jardin. On y fait tous les ans trois récoltes de légumes; le produit d'un hectare s'y élève à quatre mille deux cents francs. Entendez bien : je dis quatre mille deux cents francs de revenu; or, les hectares de Bretagne ne valent pas le tiers de cette somme en capital !

Voilà comment la mer nous donne déjà du pain et des petits pois, sans parler des fraises de Plougastel qu'elle nous garde pour le dessert. Mais il s'agit surtout d'exploiter (sans les détruire) les prodigieuses mines de viande qu'elle nourrit dans son sein.

Non-seulement la mer est deux fois plus étendue que la terre ferme, mais elle a des profondeurs où cent mille animaux vivent sans se gêner dans la même perpendiculaire. La terre n'est qu'une surface; si quatre ou cinq familles arrivent à s'y superposer les unes aux autres, ce n'est qu'au prix de grands travaux et de nombreuses incommodités.

La mer est un milieu nourrissant; elle forme sans cesse et prodigue sans relâche un aliment innommé dont la plante se sature et l'animal se gorge. L'air que les animaux respirent sur la terre a des propriétés admirables, mais il ne nourrit pas un bœuf au pré. Le plus simple paysan vous dira que ses bêtes ne vivent pas de l'air du temps; qu'un bœuf mange tous les vingt jours son pesant de foin sec, ou tous les cinq ou six jours son pesant de bonne herbe. Or, la plupart des bœufs que vous avez eus sous la dent étaient des bêtes de six ans.

Si vous voulez savoir combien un pot-au-feu de trois kilogrammes a pu coûter à la vieille Cybèle, le calcul est bien simple. L'animal (mettons qu'il pèse quatre cents kilogrammes) a dévoré environ cent soixante mille kilogrammes en herbe de bonne qualité. Il donne après sa mort trois cents kilogrammes de viande, dont le centième est là, sur votre table. Ce morceau, qui n'est pas énorme, coûte à la terre seize cents kilogrammes de matière végétale. Mettons huit cents si mon chiffre vous fait peur. Cette masse de fourrage, si elle était rendue à sa première forme, tiendrait à peine dans votre salle à manger.

Remplacez le morceau de bœuf par un jeune saumon de trois kilogrammes. Cet animal est âgé de deux ans et demi. Il est éclos dans un ruisseau; il a vivoté dix-huit mois dans la rivière. L'an dernier il pesait sept cent cinquante grammes. Il est descendu à la mer, il s'est jeté sur le sein de la grande nourrice, et il a fabriqué en douze mois ces trois kilos de belle chair rose qu'il rapporte lui-même à son ruisseau natal. Quelle différence faites-vous entre le plat de bœuf et le plat de saumon? Le premier est moins délicat et moins nourrissant que l'autre; le premier a coûté un prix fou à la terre; l'autre ne doit rien à personne, car la mer donne sans compter.

Parmi les animaux que la terre nourrit à notre usage, le lapin est d'une fécondité que l'on cite. On admire que la même mère puisse donner le jour à cent petits dans un an. Je ne veux point parler des autres animaux domestiques, bonnes gens, mais stériles ou peu s'en faut : n'humilions pas trop cette pauvre vieille terre; nous devons le respect à ses mamelles épuisées, car enfin, bien ou mal, elles nous ont nourris.

Les hôtes de la mer, cette grande provision de l'humanité affamée, sont doués d'une fécondité folle. Le hareng pond trente-cinq mille œufs, le maquereau huit cent quarante-cinq mille, l'esturgeon sept millions cinq cent mille, le turbot neuf millions, la morue neuf millions trois cent quarante-quatre mille, le muge à grosses lèvres jusqu'à treize millions. (*Pisciculture, pisciculteurs et poissons*, par Eugène Noël.)

Un savant très-versé dans ces matières et passionnément dévoué au progrès, — ce n'est pas M. Eugène Noël que je veux dire; on pourrait aisément s'y tromper : il s'agit d'un de ses complices dans le bien, M. Aristide Vincent, ingénieur à Brest,

— un savant, dis-je, et un homme d'esprit, m'écrivait cette semaine :

« Supposez un moment que les huit cent quarante-cinq mille œufs d'un maquereau arrivent tous à bien ; que les huit cent quarante-cinq mille œufs pondus par chacune des quatre cent vingt-deux mille femelles qui en proviendront arrivent également à bien, vous aurez trois cent soixante milliards de poissons, c'est-à-dire de quoi nourrir la France entière pendant le carême. »

Carême à part, il est certain que le poisson, j'entends le bon poisson, vaut la meilleure viande. Les habitants de nos côtes, du temps qu'ils mangeaient du poisson à leur appétit, étaient beaux et robustes : ils se multipliaient à vue d'œil, comme si le poisson leur eût communiqué ses vertus prolifiques. Je suis persuadé que nos pauvres petits Parisiens des faubourgs reprendraient lestement la couleur et la santé s'ils se livraient à l'ichthyophagie en attendant la poule au pot et le beefsteak pour tous. Les médecins ordonnent les bains de mer aux enfants de famille aisée ; ils ont cent fois raison. Mais le voyage et le séjour de Dieppe ne sont pas à la portée de tout le monde. On rendrait déjà un fier service à nos jeunes déshérités si on leur envoyait les produits de la mer en bourriches.

Dans l'état actuel de notre civilisation, le poisson

est plus cher que le bœuf. L'un se vend, prix moyen, un franc cinq centimes le kilogramme; l'autre ne coûte que quatre-vingt-un centimes. (Statistique officielle, 1860.)

Le citoyen français ne consomme dans son année que vingt-trois kilogrammes de viande, y compris les produits souvent empoisonnés de la charcuterie; mais en revanche savez-vous ce qu'il mange de poisson? Un kilogramme trois cent cinquante grammes par tête et par an. Ces chiffres sont étranges pour nous qui savons la terre un peu épuisée et la mer absolument inépuisable.

J'ai parlé des poissons qu'elle nourrit pour nous; je n'ai encore rien dit de ces crustacés délicieux, homards, langoustes, crevettes, dont la fécondité est égale à celle du poisson. Je n'ai pas prononcé le nom de l'huître, cet admirable hermaphrodite qui produit seul, sans aide, un, deux et jusqu'à trois millions de petits chaque année, pendant les mois qui n'ont pas d'R. Je ne vous ai pas dit que l'eau douce, l'eau des fleuves, des canaux, des étangs, des ruisseaux et des plus humbles mares peut nourrir des milliards d'animaux très-nourrissants, souvent très-délicats, qui tous, sans exception, sèment leurs œufs comme du sable.

Et le Français, fils de Voltaire, consomme tout doucement ses treize cent cinquante grammes de poisson, bon an, mal an, cinquante millions de kilogrammes pour la nation entière! Vérifiez les chiffres, le compte y est.

Vous comprenez fort bien que si l'eau douce et l'eau salée se cotisaient pour centupler cette pitance annuelle, nous serions tous plus riches et elles ne seraient pas plus pauvres. Pour donner à chacun de nous cent trente-cinq kilogrammes de poisson, de mollusques et de crustacés par an, la mer n'aurait pas le moindre effort à faire, pas la plus légère privation à s'imposer.

Nous comptions tout à l'heure qu'un couple de maquereaux pouvait produire, à la deuxième génération, trois cent soixante milliards d'individus pesant au moins un quart de kilogramme, ou quatre-vingt-dix milliards de kilogrammes à consommer. Or, quatre-vingt-dix milliards de kilogrammes, répartis entre trente-sept millions d'hommes, font deux mille quatre cent trente-deux kilogrammes par tête. Qu'en ferions-nous? C'est trop, non-seulement pour un carême, mais pour toute une année. Le dixième nous suffirait amplement; on pourrait même, à la rigueur, se contenter du vingtième.

Vous plaît-il maintenant que nous cherchions ensemble pourquoi la grande source de la vie nous en fournit si peu?

Nous entrons dans la seconde partie de ce petit travail; la troisième, si je ne vous ai pas trop ennuyés, roulera sur les mesures prises et à prendre.

Si l'admirable fertilité des eaux n'est pas plus utile aux hommes, la faute en est d'abord à la nature, ensuite à nous-mêmes. La nature n'est pas, comme on le dit trop souvent, une force clairvoyante et prévoyante. Elle n'a pas créé le turbot en vue de la sauce hollandaise, pas plus qu'elle n'a fait les étoiles pour nous éclairer, ou la glace pour frapper le vin de Champagne, ou le Vésuve pour chauffer les pieds des Napolitains, ou la maladie de Christophe Colomb pour punir les jeunes débauchés. La nature est une collection de forces puissantes, fécondes et aveugles. Elle produit des êtres à tort et à travers, sans se demander s'ils pourront vivre ensemble ou même s'ils sont viables, absolument parlant.

La paléontologie ou l'étude des êtres qui ont vécu jadis vous montre une multitude d'essais avortés, de tentatives malheureuses, d'animaux jetés au rebut parce qu'ils n'ont pas ou n'ont plus trouvé ici-bas les conditions indispensables à leur existence. Sans aller si haut ni si loin du sujet qui nous occupe, le plus rapide examen des espèces vivantes nous prouve qu'elles n'ont été faites ni pour elles, ni pour nous. Un champion du vieux principe des causes finales s'arrête avec admiration devant un gros brochet qui mange des ablettes. « Voyez, dit-il, comme ce poisson de proie est bien organisé pour une telle fonction! Quelle rapidité foudroyante dans ses mouvements! Quelle puissance dans ses muscles! Quelle vigueur dans ses mâchoires! Et ses dents! chacune est un chef-d'œuvre.

« Que le ciel soit loué! le dessein de la nature éclate à tous les yeux. Elle a fait le brochet pour manger les ablettes, grandir à leurs dépens et paraître en dernière fin sur la table d'une auberge, car tout revient à l'homme ; il est le but de tout. »

Mais que dirait le même finaliste si je lui faisais voir un petit troupeau d'ablettes pâturant à cœur joie dans le frai d'un brochet? Ne penserait-il pas que ce joli petit animal, ni fluet, ni subtil, ni glouton et à peine mangeable, a été mis au monde expressément pour empêcher que l'homme ne mangeât le brochet au bleu?

Les œufs de poissons naissent par milliers, par millions, mais ils ne sont fécondés par aucun accouplement dans l'ovaire maternel. La femelle les dépose; le mâle vient ensuite les arroser de sa laitance; et comme il met plus d'empressement que de soin à ce travail, tout n'est pas fécondé, il s'en faut. Ce devoir accompli, tant bien que mal, les parents vont à leurs affaires, abandonnant la famille à la garde de Dieu. Dieu permet que les oiseaux, les insectes, les crustacés, et même d'autres poissons raffolent de ces œufs et s'en régalent. Combien en reste-t-il sur cent au bout de quatre ou cinq jours ? Mais tous les œufs n'éclosent pas si vite : bon pour les œufs de perche, qui contiennent de petits animaux plus nuisibles qu'utiles. Mais les espèces fines, le saumon, par exemple, et la truite, restent cinquante jours dans l'œuf, quelquefois plus. Après leur éclosion, les perchettes sont hors d'affaire ; elles filent bon train au sortir de la coquille. Mais la truite et le saumon conservent sous le ventre une espèce de placenta connu sous le nom de vésicule ombilicale. Ce fardeau, qu'ils traînent presque un mois, les livre sans défense à tous leurs ennemis.

M. Michelet, dans son livre de *la Mer*, nous conte avec beaucoup de verve que les harengs sont mangés par les merlans, les merlans par la morue, la morue par l'esturgeon, et l'esturgeon par qui ? Par l'homme ? Rarement : c'est une viande trop médiocre. Par qui donc alors ? Par le requin.

Or, le requin, qui mange tout, n'est pas mangeable. Donc il semble que la nature ait créé les poissons en vue de cet élu de Dieu, cet aimable et poétique animal !

On a vu même plus d'une fois un matelot, après avoir mangé sa ration de morue, tomber à l'eau et devenir la proie des requins. Ne pourrait-on pas en induire que le matelot, dans les desseins de la Providence, est fait pour transformer la morue en chair humaine et la servir ainsi élaborée à notre seigneur le requin?

Voilà une des raisons pour lesquelles il reste encore de l'eau dans la mer. A voir le nombre d'œufs que le moindre poisson contient dans son ovaire, on pouvait craindre à première vue que l'Océan ne fût un jour solidifié. Mais la nature détruit de la main gauche ce qu'elle a fait de la main droite. Dans les fleuves comme dans les mers, elle a semé les bons et les méchants pêle-mêle : cette brebis d'eau douce qu'on appelle la carpe et ce tigre à nageoires qu'on nomme le brochet.

III

Si les humbles articles que nous publions au jour le jour, méritaient d'être dédiés à quelqu'un, je me ferais un devoir d'écrire ici le nom de M. de Massas, notre regretté collaborateur. Cet honnête homme a bataillé jusqu'à sa dernière heure contre le braconnage des eaux et la destruction stupide du poisson. Il avait le goût de la pêche, ce *sport* modeste entre tous, et il déplorait les abus qui font la solitude dans nos fleuves et nos rivières. Le Sénat est peut-être encore saisi de sa pétition en faveur des libres troupeaux qu'on anéantit dans leur germe. Il est mort avant le succès, mais les continuateurs ne manqueront point à sa tâche : les Pouchet, les Noël, les Vincent, les Berthot, les Kemmerer et vingt autres persévérants, obtiendront un jour ou l'autre ce qu'il réclamait ici-même. Si je n'ai pas inscrit M. Coste en tête de la liste, c'est que je me réserve de discuter bientôt ses mérites, mal appréciés à mon avis.

Il est à peu près inutile de répéter ici les doléances trop fondées de ce pauvre M. de Massas ; nos lecteurs ne sauraient les avoir oubliées. J'aime mieux vous citer des faits nouveaux, observés par moi-même, par mes correspondants ou mes amis.

Nous savons que la mer est assez grande pour produire des poissons, des crustacés et des molusques en nombre *illimité*. J'ajoute que les eaux douces de notre petite France représentent une masse de six milliards trois cent cinquante-deux millions cinq cent mille mètres cubes d'eau, d'après le calcul de MM. Berthot et Detzem. Or chaque mètre cube de ces eaux douces, incessamment renouvelées, peut nourrir au moins un poisson. M. Carbonnier, l'excellent pisciculteur du quai Malaquais, se chargerait d'en nourrir plus de cent dans ses aquariums d'un mètre cube Supposez que nos fleuves et leurs divers affluents nous donnent seulement la vingtième partie de leur produit possible : nous récolterons en eau douce cinq cent dix-sept millions de poissons par an, et ce revenu seul, à part le produit des mers qui reste illimité, représentera une somme de cent millions au moins par année.

La théorie est consolante, puisque, après un rabais de quatre-vingt-quinze pour cent, elle laisse encore un revenu de cent millions à l'actif, sans compter les produits de la mer, que je ne me lasse point de proclamer incalculables.

En pratique, voici ce que j'ai vu :

Dans la petite ville où je suis né passe un ruisseau, la Seille, qui sort du magnifique étang de Lindre et en apporte quantité de petit poisson. Tous les trois ou quatre ans, la Seille charrie des cadavres par milliers, par centaines de mille. Les habitants sont faits à cette destruction périodique. Ils disent : « Ce n'est rien; c'est la fabrique qui a lâché ses eaux, et la Seille est empoisonnée. »

J'ai observé le même fait en pleine Seine, à Neuilly.

La ville que j'habite depuis tantôt sept ans est traversée par une jolie petite rivière appelée la Zorn. Je me rappelle un temps où la Zorn fourmillait de poissons et d'écrevisses. Mais on a pris beaucoup d'eau pour alimenter le canal de la Marne au Rhin. On a fait une dérivation, c'est-à-dire une seconde rivière qui alimente plusieurs industries. La vraie Zorn, aujourd'hui, n'a de l'eau que par accident; elle n'a donc plus de poissons. La dérivation est mise à sec, ou peu s'en faut, tous les dimanches, quand les fabriques ne marchent pas : tous les dimanches, le frai, s'il y en a, périt par sécheresse. Le fretin, s'il en reste, est pris à la main.

Il y a quinze ou seize mois, je me trouvais à Thionville, sur la Moselle. J'ai là un vieux parent, professeur au collége depuis plus de cinquante ans, et pêcheur passionné depuis plus de soixante. « C'est fini, me disait-il; nous n'avons plus de poisson. Où est le temps? Dans ma jeunesse on prenait jusqu'à vingt barbeaux d'un seul coup d'épervier; aujourd'hui, nous donnons vingt coups d'épervier sans en prendre un ! » Je demandai le pourquoi de cette ruine invraisemblable; car la Moselle est assurément le cours d'eau que j'habiterais de préférerce si j'étais poisson. Il me répondit barrages, usines, meuniers et braconniers.

A Rouen, la Seine est dépeuplée. Là, vous trouvez une nouvelle cause de destruction, sans préjudice de toutes les autres. Les bateaux à vapeur, en soulevant l'eau sur ses bords, dérangent le frai du poisson, c'est-à-dire le tuent. On peut dire, en thèse générale, que sur cent œufs déplacés, quatre-vingt-dix-neuf sont perdus.

A Quimper (je parle seulement de ce que j'ai vu),

le saumon était surabondant il y a quelques années : il est plus que rare aujourd'hui. Les manufacturiers n'y sont pour rien; il n'y a point d'industrie dans ce coin béni de la Bretagne. Mais les pêcheurs viennent à marée basse avec de grands filets qui barrent la rivière dans toute sa largeur. Tout ce qui se présente est pris : voilà pourquoi l'on n'a plus rien à prendre. La loi ne permet pas qu'une rivière soit barrée dans toute sa largeur, mais je ne parle pas de ce qui est écrit, je conte ce que j'ai vu à peu près tous les jours dans un séjour de deux mois. Un de mes bons amis signalait cet abus à l'autorité compétente. « Que voulez-vous? lui répondit-on, nous ne pouvons pas empêcher ces pauvres gens de gagner leur vie! » Ces pauvres gens se ruinent et nous ruinent; ils mangent leur blé en herbe et le nôtre aussi. Voilà la belle besogne qu'ils font, grâce à la tolérance sottement paternelle de quelques employés publics.

L'été dernier, en juillet, j'arrive à Concarneau, juste au moment où les pêcheurs de sardines rentraient au port. Tous bredouilles, ou à peu près. Tel de ces malheureux rapportait pour deux francs de sardines; il avait jeté de l'appât pour vingt-cinq francs.

En septembre, j'étais à Étretat, et j'épiais le retour des bateaux de pêche. Quelquefois une ou deux raies, par miracle un turbot, le plus communément une douzaine de rougets, une centaine d'horribles poulpes, et souvent aussi rien du tout: voilà les richesses que deux hommes rapportaient au port après huit ou dix heures de fatigues et de dangers loin des côtes.

Je traverse Paris pour revenir chez moi, et j'entends dire que les huîtres sont en hausse parce que les bancs naturels, que nos pères croyaient inépuisables, vont se dépeuplant tous les jours. Pourquoi les bancs s'épuisent-ils? Peut-être parce qu'un même sol ne peut pas indéfiniment donner des produits de même nature. Mais surtout parce que la drague qu'on emploie pour arracher les huîtres est un instrument stupide et brutal.

Si l'on voulait rassembler tous les exemples d'imprévoyance, de gaspillage, de destruction inutile qui ont été constatés dans le domaine de la pêche, on en ferait une montagne. Ici, c'est l'administration qui, par la construction d'un simple barrage sur la Vienne, interdit le saumon à trois départements. Là, c'est le braconnier d'eau douce qui enivre ou empoisonne tous les hôtes d'un cours d'eau, pour vendre à vil prix quelques poissons morts ou malades. Plus loin, c'est un meunier qui remplit ses paniers de saumonneaux de dix-huit mois: ces petits animaux, qu'il va manger en friture, pèseraient l'un dans l'autre trois kilogrammes l'an prochain, si on leur avait permis de descendre vers la mer. Dans un marché public, vous voyez étaler cent mille raies, pas plus larges que la paume de la main, et sur la même table une raie de trente kilogrammes. Méditez là-dessus, la chose en vaut la peine. On vous vend des morues grosses comme une sardine et des homards de la taille d'une écrevisse. Je sais des villes où l'on mange un ragoût d'*anguilles naissantes :* chaque litre de cet aliment contient six mille petits animaux qui ne demandaient qu'à grandir. En d'autres lieux, on ne les mange pas, mais on les pêche à pleins paniers pour nourrir la volaille et pour fumer la terre. Partout le blé mangé en herbe : aussi fait-on de tristes moissons ! Dans une cuillerée de caviar, vous absorbez mille esturgeons qui donneraient, s'ils avaient grandi, cinquante mille kilogrammes de viande !

Or, la destruction que je signale après tant d'autres est encore dans l'enfance ; les coups de maître qui nous font frémir ne sont que des coups d'essai.

Il y a trente ans, le poisson pris se consommait sur place ; les transports étaient lents, pénibles et coûteux. En hiver seulement, les courriers de la malle et quelques pourvoyeurs hardis transportaient la marée à cent lieues de la mer. Aujourd'hui, le marché s'est étendu pour ainsi dire à toute l'Europe. Partout où la locomotive a sifflé, il surgit des milliers de consommateurs avides de poisson, et qui l'achètent tel quel, à tout prix. L'Europe entière est devenue une sorte de pompe aspirante qui attire chaque matin, en été comme en hiver, le poisson, les crustacés, les mollusques et tous les produits de la mer. Voilà pourquoi Paris paye aujourd'hui deux francs ce qui coûtait vingt sous en 1835; voilà pourquoi nos villes maritimes sont moins bien approvisionnées que Strasbourg ou Nancy.

Si les pêcheurs n'avaient en vue que leur consommation particulière, ou l'approvisionnement d'une zone limitée, ils seraient moins imprévoyants et moins friands de blé en herbe. Ils rejetteraient le fretin, ils élargiraient spontanément le maille de leurs filets; ils respecteraient l'animal qui fraye; ils ne traîneraient pas à travers la couche nuptiale des crustacés et des poissons ce formidable chalut qui pèse onze cents kilogrammes et descend à soixante-quinze brasses, trois cent soixante-quinze pieds de profondeur !

N'est-il pas singulier que les chemins de fer, les bateaux à vapeur, les industries à moteur hydraulique et les principaux engins de la civilisation moderne semblent s'être donné le mot pour épuiser, ruiner, frapper d'une stérilité irrémédiable les deux tiers du globe que nous habitons?

Mais ne vous hâtez pas de maudire les causes

apparentes de ce grand mal: attaquez plutôt avec nous la cause réelle. Elle est visible, elle est palpable, et je vous la ferai toucher du doigt si vous voulez.

Supposez que demain le préfet de la Seine publie un arrêté ainsi conçu: « L'âge d'or est rétabli dans le bois de Boulogne. Les Parisiens sont libres d'y prendre, d'y porter, d'y récolter, d'y semer ce qui leur plaira. Chacun pour soi, le bois pour tous. » Aussitôt fait que dit: la ville entière va se mettre en campagne. Les chasseurs prendront leur fusil, les charpentiers prendront leur cognée; le pauvre liera des fagots pour son hiver, les spéculateurs s'entendront pour exploiter les coupes en grand; les amateurs de jardinage déracineront les plus beaux arbustes, à leur choix. Avant huit jours, il n'y aura plus sur cette vaste superficie un animal, un arbre, une touffe de gazon, une pierre taillée, un rocher pittoresque. La semaine suivante, on viendra avec des tombereaux enlever la terre de bruyère, le terreau de feuilles mortes et même la couche d'humus ou de terre végétale qui peut améliorer les champs du voisinage. Au bout d'un mois, les carriers sonderont les entrailles du sol pour chercher du moellon, de l'argile, du gravier pour les allées de parc, du sable jaune pour le plancher des estaminets. Après quoi, cette belle propriété sera la plus lamentable solitude du monde.

L'Empereur ayant passé par là sera frappé de tristesse. Il donnera des ordres au ministre de l'agriculture pour que le bois de Boulogne soit semé immédiatement en graines forestières. Mais à peine le semis sera-t-il achevé que tous les éleveurs de la banlieue mèneront leurs cochons à la glandée. Si quelques graines échappent à la dent des porcs, les pépiniéristes viendront au bout d'un an ou deux enlever les jeunes plants.

On trouve dans tout pays, et surtout dans le nôtre, des hommes de bonne volonté. Vous en verrez sans doute une centaine à Paris s'associer gratuitement aux libéralités impériales et planter sur les ruines du bois de Boulogne quelques élèves de leurs jardins. Les uns y porteront un catalpa, dans l'espoir de se reposer quelquefois à l'ombre; les autres un pommier, avec la confiance que sur dix mille fruits, dans les bonnes années, il y en aura peut-être un pour eux. Mais tant que le préfet n'aura point rapporté la mesure administrative qui rétablit les mœurs de l'âge d'or, les catalpas de bonne volonté seront transformés en piquets et les pommiers charitables en bourrées. Et les particuliers, aussi bien que l'État, renonceront à faire un métier de dupes.

Ce que voyant, l'Empereur se décidera peut-être à casser l'arrêté préfectoral. On divisera en lots cette terre désolée et les lots seront vendus au profit du trésor. Avant dix ans, l'ancien bois de Boulogne sera couvert non-seulement des plus beaux arbres et des gazons les plus épais, mais des maisons les mieux bâties. Une population nombreuse s'y multipliera en bon air, chaque propriétaire bêchera, plantera, arrosera avec passion, car l'homme ne regrette ni son temps, ni son argent, ni sa peine lorsqu'il travaille pour lui-même ou pour ses enfants.

Cette hypothèse d'un terrain soumis aux lois de l'âge d'or n'est pas aussi gratuite et aussi vaine qu'elle a pu vous le paraître. Nous possédons dans notre doux pays *quatre millions d'hectares,* qui sont administrés et cultivés ainsi. Lorsque vous rencontrerez au milieu des champs les plus fertiles et des moissons les plus riches un terrain nu, dévasté, malsain, ne demandez pas le nom du propriétaire. Le maître de ce bien, de ce mal pour mieux dire, s'appelle tout le monde. Le terrain où chacun vient prendre ce qu'il peut, où personne n'apporte ni fumier, ni travail, ni semences, sous peine de passer pour un fou, c'est le domaine communal, régi de toute antiquité par la coutume de l'âge d'or.

Les eaux douces et les eaux salées, et voilà justement où j'en voulais venir, sont soumises au même régime.

Il est vraiment heureux que les poissons, les homards et les huîtres pondent plus d'œufs qu'un épi ne donne de grains. Dans quel état serait la pauvre vieille terre si on l'avait cultivée de tout temps comme nos pères et nous-mêmes nous cultivons les eaux? Tout le monde se croit autorisé à récolter dans l'eau, personne ne se croit tenu d'y faire des semailles.

Depuis que la science a démontré cette loi consolante : « *On peut faire de l'alevin* (ou du jeune poisson) *tant qu'on veut,* » l'État s'est mis en tête de repeupler les mers et les rivières. Rien n'est plus simple en vérité. Dix bons sous-officiers, aidés chacun par une vingtaine de soldats, peuvent confectionner en deux mois cent milliards de poissons de toute espèce. La même expérience, renouvelée trois ans de suite, comblerait de poissons tous nos cours d'eau; elle encombrerait nos rivages. Mais créer ne sert de rien si l'on ne préserve pas les êtres qu'on a mis au monde. Pourquoi semer des glands sur le communal, si l'on permet aux cochons de les manger?

Plusieurs départements ont secondé les efforts de l'État : il faut mettre en première ligne la Seine-Inférieure. De quel bien n'est pas capable un préfet comme M. Ernest Leroy, secondé par des savants et des travailleurs qui s'appellent Pouchet père, Georges Pouchet, Eugène Noël? Ils ont semé à pleines mains, mais la Seine et ses affluents n'en sont guère plus riches. Les pourceaux ont mangé les glands. Nous possédons en Alsace un homme d'un talent et d'une activité admirables, c'est M. Coume, ingénieur des travaux du Rhin, père anonyme et trop peu récompensé de nos chemins de fer départementaux : *Tulit alter honores.* M. Coume a semé plus de poisson qu'un laboureur de quatre-vingt-dix ans n'a semé de grains en sa vie. Ses ateliers d'Huningue, dirigés avec un zèle et une aptitude hors ligne par M. Yves Petit, fabriquent, bon an mal an, quatre millions de poissons de luxe, truites et saumons. La truite et le saumon, malgré ces courageux efforts, disparaissent peu à peu de notre Alsace, tandis qu'au Wolfbrunnen un simple aubergiste allemand nourrit dans un enclos huit à dix mille truites par année. C'est que l'enclos est une propriété privée, soustraite au régime de l'âge d'or, tandis que nos fleuves et nos rivières sont toujours le communal.

On compte par centaines les simples citoyens qui s'amusent à fabriquer du poisson et le portent ensuite à la rivière. A quoi bon, si deux lieues plus bas la rivière est fermée par un barrage ou un filet ?

Nous avons cependant un Code de la pêche. Mais la loi n'est autre chose que l'expression de la sagesse publique à un moment donné. Comment la loi dirait-elle que le poisson est une propriété, quand la nation ne le sait pas ?

De tous les animaux qui servent à notre usage,

les poissons, j'ose le dire, sont les plus mal connus. Tandis que les Chinois les élèvent, les croisent, les perfectionnent, les apprivoisent comme des animaux domestiques, nous persistons à les croire stupides, incurables, indomptables, fils du hasard, éternels jouets du hasard. Mais s'il est démontré que la science non-seulement les fait naître à volonté, mais les élève, les croise entre eux comme le cheval et l'âne, les chaponne pour les engraisser, les apprivoise même et les habitue à leur maître comme les canards ou les poules, ne faudra-t-il pas que la loi protége le cultivateur des eaux comme tous les autres industriels?

Est-il juste que l'action de prendre une montre de vingt francs soit un vol, et que le pillage d'un vivier la nuit, avec escalade et effraction, ne soit qu'une bonne farce?

Convient-il qu'un bourgeois ne puisse vendre un couvert de cinquante francs sans indiquer son domicile et l'origine de sa possession, et qu'un voleur de poisson, connu pour n'avoir ni vivier, ni étang, ni droit de pêche au filet dans une rivière, apporte à la criée deux cents kilogrammes de truites à trois francs le kilogramme, sans dire par quel miracle il les a prises?

En Angleterre, en Écosse, en Irlande, la loi protége la propriété du poisson comme les autres; elle ne fait aucune différence entre un pisciculteur et un autre industriel. Un homme afferme un cours d'eau. Il y met tous les ans cent mille saumons éclos dans ses ateliers, élevés jusqu'à l'âge de dix-huit mois dans ses bassins, et même quelquefois estampillés à la sortie : un coup d'emporte-pièce dans la queue n'est pas difficile à donner. L'expérience a prouvé que sur dix saumons lancés vers la mer, il en revient au moins un dans la rivière natale. On peut donc espérer que sur cent mille, dix mille viendront frayer à leur berceau. Mais dix mille saumons de six à huit livres à récolter par an, c'est une fortune ! Le pisciculteur fait sa récolte lui-même, ou il sous-loue le droit de pêche, à son choix. N'est-ce pas juste et logique ?

En France, un grand pisciculteur me disait l'été dernier : « J'ai affermé la rivière de...., en Bretagne, pour la culture du saumon. Je fais éclore, j'élève mes poissons dix-huit mois, et je les lâche. Mais à l'embouchure de la rivière, avant même de goûter l'eau pure de l'Océan, ils sont pris par les pêcheurs de l'inscription maritime. »

On a traité ici même de l'inscription maritime avec une compétence et un talent qui ne me laissent rien à ajouter. Je me renferme donc dans les rapports de l'inscription avec la pisciculture.

Un homme qu'on ne saurait trop louer, M. Aristide Vincent, m'écrivait en décembre :

« La mer est asservie, monopolisée au profit de

l'*inscrit*, qui ne sait, ne peut, ni ne veut en profiter.

« Qu'est-ce que l'*inscrit?* Un pauvre diable que de pauvres gens ont jeté sur un bateau pour n'avoir plus à le nourrir. Ce mousse ramasse généralement plus de coups que d'instruction et d'argent, jusqu'à ce qu'il soit d'âge à être levé pour le service de la flotte. Pendant les alternances du service militaire, l'*inscrit* navigue au commerce ou fait la pêche côtière, qui est le métier le plus misérable et le plus dur qu'on puisse imaginer. Quand ce malheureux est devenu vieux, qu'il ne peut plus naviguer, quelle industrie peut-il créer? Connaît-il les moyens d'utiliser la mer? possède-t-il ces moyens? Évidemment là, comme en agriculture, comme en toutes choses, on ne peut rien faire qu'avec le *capital*, l'*intelligence* et le *travail*. Tant que la marine ne permettra pas la réunion de ces trois éléments indispensables, les richesses maritimes resteront stériles au détriment des populations. »

Gardez-vous bien de voir dans cette honnête argumentation une attaque contre les marins pauvres, ou un réquisitoire contre les chefs de notre admirable marine. Aucun homme vivant aujourd'hui n'est responsable d'un abus formulé en ordonnance l'an 1681.

Colbert ne savait pas que la pisciculture deviendrait, cent quatre-vingts ans plus tard, une industrie vitale. Il croyait, comme tout son siècle, que la Providence renouvelle incessamment au fond des eaux, avec une largesse infatigable, la multiplication des poissons, que la mer ne sera jamais épuisée et qu'elle ne saurait avoir besoin de la collaboration des hommes. Voulant donner une marine à la France, il disait aux habitants de nos côtes : — Engagez-vous à servir l'État toute la vie, dans la mesure de ses besoins, et moi, pour prix de ce dévouement, je vous livre le monopole de la pêche.

Mais le jour où la pêche sera manifestement une récolte, n'appartiendra-t-elle pas de plein droit à tous ceux qui auront semé? Sera-t-il juste de l'interdire à ceux-là mêmes qui auront jeté le poisson dans l'eau?

Que pensez-vous d'une ordonnance ou d'une loi qui réglerait ainsi la culture des terres :

« ARTICLE PREMIER. — Tous les citoyens ont le droit de semer.

« ART. 2. — Les soldats en congé et les invalides de l'armée ont seuls le droit de récolter. »

Il faudrait un volume entier pour épuiser la question de la pisciculture, et les détails qu'elle comporte n'intéresseraient peut-être pas également tous mes lecteurs. Je me bornerai donc à indiquer, dans un dernier chapitre, la solution du grand problème que nous avons posé.

IV

Les citoyens français, depuis deux énormes siècles, ont fait leur dieu de l'État. Dans leurs besoins comme dans leurs dangers, ils étendent les bras vers cette haute et puissante abstraction, forte de tous les droits qu'ils lui ont abandonnés, riche de tous les millions qu'ils lui prodiguent. Logiquement, l'État ne devrait être que le défenseur des frontières et l'exécuteur des lois : nous avons obtenu qu'il se fît maître d'école, ingénieur, prédicateur, postillon, journaliste, agriculteur, banquier, industriel, boutiquier, maçon, maître Jacques! Ce système n'a qu'un bon côté ; il nous permet de négliger nos affaires et de crier à pleins poumons lorsqu'elles vont mal. L'État est responsable de tous les accidents qui nous arrivent : providence vivante, il nous doit, selon le cas, ou la pluie ou le beau temps. Je n'exagère rien ; faites appel à votre mémoire. N'avez-vous pas entendu dire : la récolte est superbe, le gouvernement peut compter sur de bonnes élections? Que la moisson vienne à manquer trois ans de suite : le pouvoir le plus populaire sera ébranlé dans ses fondements.

Dans notre ingénieux pays, comment un homme s'y prend-il pour en détrôner un autre? Il l'accuse de n'avoir rien fait pour la nation, et promet d'en faire cent fois plus, dès qu'il aura le pouvoir en main. Au mois de juin 1848, plus de mille honnêtes gens se sont fait tuer dans les rues : on leur avait promis un gouvernement idéal qui tremperait la soupe lui-même pour trente-sept millions de Français. Eh! mes pauvres amis, ne comptez que sur vous, si vous voulez que la soupe soit bonne! Que chacun fasse sa cuisine, il l'aura salée à son goût.

Nous rêvons tous la vie à bon marché, et nous n'avons pas tort. Notre tort est de croire à l'action du gouvernement sur le taux des denrées. Le pain est à bon marché quand la récolte est abondante; la récolte est presque toujours abondante quand les cultivateurs ont étendu leurs emblavures et mis beaucoup de fumier. Le froid, le chaud, le sec, la pluie, le vent et la gelée ont bien leur influence; mais les éléments n'obéissent pas plus à Napoléon III qu'au bon Louis-Philippe; je ne sais pas s'ils se rendraient à l'éloquence de M. Ledru-Rollin.

Le meilleur des gouvernements sera celui qui gouvernera le moins, qui se renfermera étroitement dans ses attributions légitimes, qui laissera le champ libre à l'initiative de chacun, et qui se gardera d'entrer dans nos cuisines. Il lèvera des soldats pour empêcher que les Russes ne viennent décrocher nos saucisses et nos jambons, comme en 1815 ; il instituera des juges pour punir le voisin qui jetterait de l'arsenic dans la marmite ; mais il nous laissera le plaisir et l'honneur de gagner notre pain nous-mêmes ; nous ne lui demanderons ni blé, ni viande, ni poisson.

Ai-je bien expliqué l'espèce de réforme que je voudrais voir achevée dans nos esprits et dans nos mœurs ? Permettez-moi d'ajouter qu'elle s'établira sans secousse violente, par le développement du sens pratique chez tous les Français, gouvernants et gouvernés. Il y a déjà même un commencement d'exécution.

Lorsqu'on s'est aperçu, il y a quelques années, que le poisson, les huîtres, les crustacés, tous les produits de la mer et des rivières faisaient défaut à la consommation d'un grand peuple, le premier mouvement des citoyens fut de s'adresser à l'État. L'État, de son côté, se crut responsable. Il y a des traditions ; tout prince, en montant sur le trône, entend dire qu'il doit pourvoir à tous les besoins du peuple, et qu'il y va de son honneur. Le peuple demande des poissons ; l'État répond : Attendez, je vais en faire.

La question scientifique était résolue depuis le siècle dernier. Les pêcheurs Remy et Gehin avaient vidé plus récemment la question pratique. Un enfant de l'école primaire pouvait apprendre en un quart d'heure à fabriquer les poissons les plus délicats, la truite et le saumon, par exemple. On prend une femelle dont les œufs sont bien mûrs, on lui frotte délicatement le ventre, et les œufs tombent dans un baquet. On caresse là-dessus le ventre d'un mâle gorgé de laitance ; on agite le mélange, et voilà les œufs fécondés. Il ne reste qu'à les faire éclore; mais comme c'est l'eau qui les couve à une température fort basse, le reste de l'opération se réduit à quelques soins de surveillance et de propreté. Quand les petits sont sortis de la coquille et délivrés de la vésicule ombilicale, on les nourrit, on les laisse grandir, et on les jette à la rivière. Ce travail n'est qu'un jeu. On cite des bourgeois de Paris qui s'amusent à fabriquer des saumons dans leur salle à manger, au quatrième étage. Pour faire les poissons communs carpes, tanches, brochets, le soin même est inutile. Quatre femelles et deux mâles dans la moindre pièce d'eau se chargeront de tout : donnez-leur seulement un lit, c'est-à-dire une petite claie de branches entrelacées.

L'État n'a pas voulu fabriquer les poissons qui se fabriquent si bien eux-mêmes, mais il a cru devoir nous donner le saumon et la truite à bon marché. Il a fondé l'établissement d'Huningue, qui n'était ni une école ni un modèle offert à l'industrie privée, mais plutôt une manufacture impériale comme Sèvres et les Gobelins.

Mêmes précautions, mêmes mystères: défense de lever les plans de la fabrique ou d'en photographier la façade! L'État réparateur de nos rivières épuisées, voulait avoir le monopole de son bienfait. Du reste, il agissait noblement, à la grande, distribuant gratis les alevins et les œufs, prêtant les appareils de transport, payant même le voyage du garde pisciculteur qui menait les poissons à domicile. On sema la truite et le saumon, manne vivante, dans les fleuves, les rivières, les ruisseaux; on fournit à tous les propriétaires de quoi peupler leurs pièces d'eau.

L'État croyait alors que lui seul était assez grand pour rendre le poisson à la France. Les premiers ingénieurs d'Huningue, MM. Detzem et Berthot, dans une brochure excellente d'ailleurs, exprimaient énergiquement la même opinion; l'ingénieur en chef, M. Coume, croyait à l'État; M. Coste, dont le nom est synonyme de pisciculture, était le grand prêtre de cette église, et cette église, par une originalité bien rare de tout temps, était fidèlement dévouée à l'État.

Je vous ai promis un jugement sincère et motivé sur M. Coste et ses travaux. L'homme est plus célèbre que connu. Les fétichistes s'imaginent qu'il a inventé à lui seul la culture des eaux; les négateurs de parti pris affirment qu'il n'a rien fait que dérober les idées d'autrui pour s'en faire des rentes. J'ai lu (je sais bien où, mais je ne veux pas le dire), qu'il avait spolié deux pêcheurs de la Seine-Inférieure : Rémy et Gehin sont des Vosges, et personne ne les a dépouillés.

La postérité, qui seule est juste, élèvera une statue à M. Coste. Non qu'il ait découvert une science ou créé un art nouveau : il est savant embryogéniste; mais sans sortir de France, on en pourrait trouver d'aussi forts que lui. Son mérite distinctif sera d'avoir *vulgarisé* et *autorisé* la pisciculture : il l'a rendue populaire et puissante; il y a intéressé la nation et le gouvernement.

On peut trouver à mordre sur lui comme sur tous ceux qui ont fait quelque chose. Je ne sais qu'un seul homme au-dessus de la critique : celui qui s'est toujours croisé les bras. Il est facile de plaisanter sur la piscine du Collége de France, où M. Coste et son second, M. Gerbe, fabriquent une livre de poisson avec cent livres de bœuf première qualité. Mais la piscine n'est pas un établissement industriel ; c'est une chaire, un amphithéâtre, une tribune, une machine d'enseignement théorique et de démonstration pure. On y garde des poissons comme on garde des carnassiers à la ménagerie, pour les faire voir au public et montrer comme ils vivent. Quand vous allez au Jardin des Plantes, vous êtes-vous informé du prix que représente un kilogramme de tigre royal?

Je soupçonne l'établissement d'Huningue de nous coûter quarante mille francs par an. Personne ne peut dire combien de kilogrammes de truite et de saumon il ajoute annuellement à la consommation de la France ; mais je parie que le jeu n'en vaut pas la chandelle. Il n'en est pas moins vrai que les études poursuivies avec la persévérance la plus intelligente, dans les ateliers et les réservoirs d'Huningue, la pratique perfectionnée, les observations recueillies et notées, ont couvert amplement la dépense totale.

L'État a déboursé des sommes considérables pour le vivier de Concarneau, dont il n'est même pas propriétaire. On a taillé des bassins dans le plus dur granit de la Bretagne : ces travaux magnifiques appartiennent au pilote Guillou, qui les emploie à parquer des poissons, des homards et des langoustes. Il est marchand, et fait le plus honnêtement du monde une petite fortune. Il est aussi l'agent scientifique, le chargé d'études, l'observateur-juré de M. Coste. Quand je lui ai demandé, parlant à sa personne, si ces réservoirs n'étaient pas à l'État, il m'a répondu, avec un bon gros rire :

« Ici, l'État, c'est moi ! »

Voilà qui peut donner, qui donne prise à la critique.

Et pourtant vous semble-t-il que M. Coste ait fait une spéculation maladroite en aidant à nos frais le commerce d'un homme intelligent, fin, presque savant, qui nous rembourse en idées et en découvertes le centuple de ce qu'il gagne en écus? Rien n'est plus malaisé que d'estimer à dix sous près la valeur d'une idée pratique. A quel taux mettez-vous une étude de cinq années sur les vingt mues successives du homard? Payerez-vous cent francs, ou deux cent cent cinquante mille au modeste perruquier d'Auray qui a trouvé le secret d'enseigner la prévoyance aux huîtres? Il possédait un petit parc, et il expédiait ses bourriches à Paris. Mais souvent il apprenait que ses huîtres s'étaient ouvertes et conséquemment gâtées en route.

« Voyons un peu, dit-il ; les huîtres ne sont peut-être pas aussi stupides qu'on le dit. Si je les habituais à faire une provision d'eau et de nourriture?» Dans cette idée, il découvrit son parc, une marée sur deux, et les huîtres s'accoutumèrent vite à demeurer six heures à sec. Il étendit bientôt l'expérience à deux marées, puis à trois, puis à quatre, à cinq, à six et au delà. Le mollusque répondit à la bonne opinion qu'on s'était faite de sa prévoyance. Il fut peut-être incommodé dans les commencements, mais il n'en mourut pas. Aujourd'hui, tout parqueur peut préparer ses élèves au voyage de l'Autriche ou de la Hongrie. L'huître sait qu'elle aura un long trajet à parcourir; elle fait ses provisions en conséquence.

Cette idée vaut de l'argent, n'est-il pas vrai? Elle n'a rien coûté à l'État; mais si le budget, dans sa générosité, l'avait payée, vous ne marchanderiez certes pas sur le prix. Le premier kilogramme de sucre de betterave a coûté plus d'un million aux inventeurs; était-ce cher? Supposez que la culture de la pomme de terre ait été expérimentée il y a cent ans par un Guillou de terre ferme, un paysan subventionné, et que l'État ait dépensé dix millions, cent millions même, pour venir en aide à ce brave homme! Il aurait fait encore un joli placement, puisque la pomme de terre nous rapporte aujourd'hui deux cent soixante-sept millions, année moyenne.

Parmi les hommes d'esprit et de savoir qui abondent dans notre marine, quelques-uns se sont épris d'une véritable passion pour l'œuvre de M. Coste; d'autres, en plus grand nombre, l'ont pris pour cible et l'ont criblé de bons mots. C'est qu'il est malaisé de contenter tout le monde, surtout lorsqu'on vient avec des idées neuves et une autorité mal classée dans l'ordre hiérarchique, déranger un état de choses antique et consacré.

J'ai entendu des plaisanteries vraiment bonnes et des chansons tout à fait gauloises contre l'inspecteur général de la pisciculture. Mais la plaisanterie ne prouve rien, même en France. J'ose affirmer de plus que les tâtonnements, les pas de clerc, les expériences manquées, enfin tout le passif d'une entreprise utile doit être compté pour zéro et mis aux profits et pertes, si la grandeur des résultats couvre tout.

Ce qu'on pardonne le moins à M. Coste, c'est l'importance officielle et le traitement assez rond qu'il doit à la pisciculture. Nous sommes ainsi faits; nous trouvons naturel qu'un jeune receveur général, fils de bonne famille, gagne cent mille francs par an au sortir du collége où il n'a rien appris. Mais un savant qui a pioché jusqu'à la soixantaine, doit manquer de tout; c'est dans l'ordre. Nous voulons laisser à nos petits-fils le plaisir de blâmer notre ingratitude, comme nous condamnons celle de nos grands parents. Écoutez ce dilemme, et sortez-en si vous pouvez. Ou M. Coste est dans le vrai et augmente réellement les ressources de la France, auquel cas la France ne saurait le payer trop cher; ou il se trompe laborieusement, avec un déploiement d'activité méritoire, et il vaut bien le quart d'un receveur général qui travaille assez peu et ne pense pas, même en rêve, à nous rendre plus heureux et plus riches.

Le mérite capital de cet homme extraordinaire, je ne vous l'ai pas encore indiqué; je le gardais pour la fin, parce qu'il me ramène au cœur de mon sujet. M. Coste, personnage officiel, payé sur les fonds de l'État pour organiser dans les eaux douces et salées la pisciculture d'État, a non-seulement reconnu mais déclaré publiquement l'année dernière l'impuissance absolue de l'État.

Il a fait imprimer une brochure de quelques pages, qui contient tout l'avenir de la pisciculture, comme la *Déclaration des Droits de l'homme* renfermait la Révolution tout entière. Il conseille au gouvernement d'assimiler la culture des eaux à celle de la terre, d'appeler au secours de l'alimentation publique cette force ingénieuse, infatigable, admirable, qui s'appelle l'intérêt privé. Il demande que la partie la plus riche du sol français, le rivage, soit affranchie de la stérilité qui désole tous les terrains vagues : il ose dire à l'État que l'unique moyen de repeupler la mer, c'est de vendre ou de concéder les deux mille soixante-quinze kilomètres qui s'étendent sur ses côtes.

Nous avons là cent mille hectares qui ne donnent ni un centime à l'Etat, ni une bouchée au peuple Les riverains, pauvres parias, regardent tout le jour ce champ inculte et fertile, que la loi ne leur permet pas d'exploiter : changez la loi, dit M. Coste.

Si l'Etat possédait cent mille hectares de sol inculte au milieu de la Beauce ou de la Normandie, tous les agriculteurs de France lui crieraient en même temps : « Vendez-nous cette richesse : vous gagnerez d'abord le prix de vente, puis une augmentation de recettes au budget de chaque année.

Nous avons dans nos tiroirs de vieux écus qui dorment — faute d'emploi — comme ces beaux terrains dorment faute de travail : la terre éveillera l'argent et l'argent la terre.» Aucun gouvernement ne fermerait ses oreilles à cette invocation du capital intelligent.

Mais les cent mille hectares que M. Coste veut ajouter à la propriété française par la plus pacifique des conquêtes, sont des hectares vingt fois plus riches que les meilleures terres du pays. Ils n'exigent ni défrichement, ni amendement, ni fumure ; ils s'ensemencent presque spontanément, et l'on y récoltera beaucoup mieux que le foin, la luzerne et le blé : de la viande toute faite ! Et quelle viande !

Les terres labourables de première classe s'afferment en moyenne cinquante-cinq francs par hectare, et les meilleurs prés naturels cent treize francs. Voulez-vous avoir une idée du produit que peut rendre un hectare d'eau cultivée? Les habitants de l'île de Ré le morcellent en vingt propriétés de cinq cents mètres chacune, et tel propriétaire a vendu mille trois cents francs la récolte de ses cinq cents mètres carrés.

Un hectare de blé absorbe tous les ans, par les divers travaux qu'il exige, vingt-sept journées d'hommes, douze journées de femmes, six journées d'enfants, treize journées d'attelage. Les parcelles de l'île de Ré, vingt fois moins étendues que l'hectare de champ et dix fois plus productives, exigent, au maximum, deux cent quarante heures de travail, soit vingt journées de douze heures par an.

L'île de Ré ! les Parisiens ont applaudi *le Pied de Mouton* et *la Lampe merveilleuse*, *les Pilules du Diable* et *la Belle aux cheveux d'or*. Ils verraient une féerie autrement intéressante s'ils prenaient leurs billets pour l'île de Ré. Imaginez une terre maudite où la culture ne produisait que de l'orge et de mauvais vin, si mauvais qu'il fallait le brûler en eau-de-vie, car on ne pouvait le boire. Le rivage impraticable aux pêcheurs de marée basse, tant il était empâté par la vase. On ne pêchait qu'en mer, au chalut: travail pénible, dangereux, souvent inutile; trois hommes et un mousse, traînant le filet nuit et jour, ramassaient de cinquante à quatre-vingts francs par mois.

Un maçon, appelé Bœuf, demande et obtient par miracle la concession d'un lopin de vase. Miracle est le vrai mot, car en vertu du décret le plus récent et le plus libéral (4 juillet 1853), il n'avait aucun droit sur aucune partie de la mer, n'étant pas marin inscrit. Mais le destin permit que le commissaire de la marine, M. Tayeau, et le syndic des gens de mer, M. Borie, fussent plus dévoués au bien de la nation qu'à la lettre même des lois. M. Bœuf construisit un bout de parc sur la vase qu'il avait, tant bien que mal, consolidée, et au moment où il songeait à se procurer des huîtres, il s'aperçut que les courants sous-marins lui en avaient apporté des milliers.

Cette première expérience date de 1858. En 1863, l'île de Ré possédait dix-sept cents parcs, dont cent appartenaient à des pêcheurs inscrits. Un savant modeste et dévoué s'il en fut, M. le docteur Kemmerer enseignait, développait, perfectionnait à l'usage de ses concitoyens les procédés recommandés par M. Coste. Il inventait un collecteur de naissin (ou de jeunes huîtres) qui les attire, les retient, et permet de les détacher sans effort au bon moment. Il prouvait que l'huître doit commencer sa croissance en eau propre, sur un terrain sec, et prendre son développement dans les eaux grasses, compactes et marécageuses. Grâce à MM. Kemmerer, Tayeau et Borie, grâce à M. Coste, que tous les trois admirent loyalement comme leur maître, l'île de Ré avait récupéré en cinq ans par la production des huîtres, les cent mille francs que la construction de tous ses parcs lui avait coûtés en cinq ans. Il ne restait plus que des gains à réaliser, et les gains ne se sont pas fait attendre, puisqu'une seule communauté de parqueurs, celle de Rivedoux, vendait en 1863 pour cent treize mille trois cent quatre vingt-deux francs d'huîtres. Il y a cinq communautés dans l'île, bientôt six.

En 1864, un voyageur savant et lettré comptait

plus de quatre mille établissements sur une superficie de deux cent trois hectares. Dans cette île, autrefois si pauvre, un ouvrier se paye deux francs pour un travail de trois heures, et les bras manquent. La journée entière, depuis le lever du soleil jusqu'à son coucher ne valait pas plus d'un franc en 1857.

Je ne me suis étendu que sur l'île de Ré, parce que le travail et la science y ont fait un miracle invraisemblable avec des capitaux presque nuls. Jugez par là de ce qu'on doit obtenir, le jour où les millions se mettront de la partie! Quelques capitalistes ont commencé la même culture dans le bassin d'Arcachon, sous les auspices de M. Coste. Ils récoltaient à la fin de l'hiver dernier seize millions d'huîtres en deux marées. Je tiens d'un capitaine de vaisseau, fort honnête homme et observateur très-aiguisé, que les essais de M. Coste ont également réussi dans le voisinage de Toulon. J'ai vu avec admiration les immenses réservoirs de Tudy, propriété privée, où les poissons, les huîtres, les homards, les langoustes, tous les produits de la mer fourmillent sur une étendue de soixante-dix hectares.

Je ne suis pas en état de décider si les produits de cette culture répondent dès à présent à l'importance des capitaux engagés, mais j'ai vu les alevins se précipiter en foule dans l'enclos comme dans un lieu de refuge; j'ai vu pêcher d'un seul coup de filet vingt poissons de belle taille et de santé florissante. Quand tous ces prisonniers ne se reproduiraient pas à Tudy, quand ils ne feraient qu'y grandir; quand même (je prends l'hypothèse la moins favorable) ces grands bassins ne serviraient qu'à emmagasiner la marée au temps chaud, pour nous l'expédier en hiver, le vivier colossal de M. de Cresoles serait encore une œuvre d'utilité publique. Et il ne coûte pas un centime à l'État.

Pour repeupler les mers sans bourse délier, l'État n'a qu'une chose à faire : donner, vendre ou affermer aux citoyens tous les points du rivage qu'ils voudront cultiver à leurs risques et périls. Qu'il se réserve le droit d'expropriation sans indemnité pour cause d'intérêt public, et cela dit, qu'il laisse faire. L'intérêt personnel est un puissant mobile; le travail, le capital et la science courront spontanément à la mer, car personne n'ignore plus, grâce à la propagande de M. Coste, que l'on y récolte vingt francs lorsqu'on y sème vingt sous.

Avant cinq ans d'ici, s'il plaît aux hommes qui nous gouvernent, la France sera bordée de grandes manufactures et de petites fabriques dont la moindre produira par année un million d'êtres vivants. Le parc natal en retiendra tout au plus un pour cent; mais ce peu, joint aux apports de la mer, payera l'éleveur de toutes ses peines. Le reste ira grandir et prospérer au large et repeupler les abîmes. La pêche redeviendra assez abondante pour qu'on n'ait plus besoin de la monopoliser au profit de quelques-uns. Le riverain équipera des bateaux, si bon lui semble, pour aller reprendre à la mer les poissons qu'il lui aura prêtés. L'inscrit verra rayer d'un même trait de plume son privilége inutile et son esclavage pesant. On n'aura plus besoin d'inscription maritime, lorsqu'on aura fixé sur les rivages tout un peuple accoutumé aux choses de la mer. La conscription suffira : les jeunes gens tombés au sort choisiront leur élément d'après leur origine et leurs habitudes.

Voilà la grande et magnifique nouveauté que M. Coste n'a pas craint de proposer à nos hommes d'État ; et je ne serais pas étonné de la voir admise un jour ou l'autre. Les gouvernants eux-mêmes commencent à deviner la grande loi des sociétés modernes : libre action de chacun sous la garantie de tous. Ils sentent qu'en voulant tout faire, tout conduire, toucher à tout, ils aggravaient leur responsabilité sans augmenter leur pouvoir.

La culture des cours d'eau, comme celle des mers, devrait être permise à l'industrie privée. L'État a constaté qu'il était incapable de repeupler même un ruisseau ; que ne laisse-t-il le champ libre à la spéculation? elle aurait bientôt fait de repeupler les fleuves. Annoncez que tel jour vous mettrez en location la Seine et ses affluents pour vingt années ; que l'adjudicataire de cette ferme liquide aura le droit d'exploiter lui-même ou par ses ayants droit la récolte du poisson ; il se formera vite une grande compagnie. Vous n'aurez pas besoin d'exiger, comme en Suisse, que le pêcheur remette à l'eau chaque année un certain nombre d'alevins. Son intérêt vous répond de son zèle. S'il négligeait d'empoissonner les eaux jusqu'à saturation, il se ferait tort à lui-même. Connaissez-vous un seul fermier qui oublie de semer son champ ?

Il n'en coûterait pas dix mille francs par an pour jeter dans la Seine et tous ses affluents la masse de poisson qui peut s'y nourrir. Je suis certain que dans un délai très-court les eaux s'alevineraient d'elles-mêmes au delà du nécessaire, si seulement le braconnage était réprimé. Du jour où la pêche de tout un bassin est la propriété d'une compagnie, c'est à la compagnie qu'il appartient de garder ses récoltes et de défendre son bien. Elle choisit ses sous-concessionnaires, elle convient avec eux des engins qu'ils emploieront, du temps où la pêche sera permise, de la taille *minima* des poissons qui pourront être pris ; elle leur garantit en échange de leur argent les bienfaits de la surveillance ; elle s'engage à poursuivre tout braconnier devant les tribunaux. L'État s'en lave les mains : non-seulement il touche un gros fermage, mais il est dispensé d'entretenir ses fameux gardes-pêche, qui n'ont jamais rien gardé. Un bon garde particulier, serviteur assermenté et nullement fonctionnaire, payé en raison de son zèle et des services qu'il rend fait à lui seul plus de besogne que dix gardes de l'État

Il faut pourtant des lois : je me trompe, il n'en faut qu'une. Article unique : Le vol de poisson est un vol [1].

---

1. Il y a quelques mois que ce travail a passé dans l'*Opinion nationale*. Je viens de lire un rapport fait par M. de Dalmas au Corps législatif : M. de Dalmas et la commission qui l'a choisi pour rapporteur semblent avoir adopté nos idées les plus chères. Entre autres nouveautés utiles, on propose à l'État :

1° D'aliéner 200 000 hectares de rivage 2° De mettre en adjudication la pêche de chaque cours d'eau depuis la source jusqu'à l'embouchure. Dans l'état actuel des fermages, la Loire, sur un développement de 187 700 mètres, est louée à trente-six adjudicataires pour un revenu total de 5 689 francs : un peu moins de 33 francs par kilomètre. Il n'y a pas une lande en Bretagne qui ne rapporte beaucoup plus.

L'INVENTAIRE DE 1864.

Les marchands et les industriels font tous leur inventaire au bout de l'année. Chacun d'eux éprouve le besoin de se rendre des comptes à lui-même; il veut savoir ce qu'il a fait, ce qu'il a gagné, et même, en cas de malheur, ce qu'il a perdu. « Suis-je plus riche ou plus pauvre que l'an dernier à pareil jour ? »

La simple ménagère s'assure par ses yeux qu'elle a joint les deux bouts. Elle vérifie l'un après l'autre les livres de ses fournisseurs. Si l'addition du boucher lui semble un peu forte, elle pense aux quantités de viande que la maison a consommées en douze mois, et se demande si elle a été servie pour son argent.

Les riches et les pauvres, les travailleurs et les oisifs, l'enfant qui reçoit des étrennes et le grand-papa qui en donne, seront tous plus vieux d'un an, le 31 décembre, à minuit. Ils auront tous une année de moins à vivre ; chacun d'eux peut dire adieu au millésime de 64 ; personne ne l'écrira plus à la tête ou à la fin d'une lettre.

Reste à savoir si cette diminution d'*avenir* est compensée par une augmentation d'*être*. Parmi les trente-sept millions de Français qui ont vieilli d'une année en 1864, il y a des illettrés qui ont appris à lire, des malades qui sont entrés en convalescence, des célibataires qui ont trouvé une femme, des hommes sans enfants qui sont devenus pères, des pauvres qui sont devenus riches, des artistes obscurs (comme M. Mermet) qui sont devenus célèbres, des lieutenants qui ont passé capitaines, des sous-chefs de bureau qui sont devenus chefs ; Meissonnier a peint la *Retraite de* 1814, Émile Augier a fait jouer *Maître Guérin*, M. Charles Duveyrier a écrit son beau livre *l'Avenir et les Bonaparte*. M. de Lesseps a gagné le grand procès de l'isthme de Suez, M. Édoux a inventé un appareil admirable pour élever les pierres de taille au cinquième étage, sans autre instrument qu'un robinet de fontaine ; M. Lincoln s'est fait réélire ; quelques milliers de chercheurs ont reculé, avec autant d'honneur que de profit, les limites de la science et de l'industrie. Bref, l'année qui expire a été bonne pour quelques-uns. Ceux-là se consolent sans peine, et même se félicitent aujourd'hui d'être plus vieux : ils ont pour cela des raisons personnelles.

D'autres ont plus perdu que gagné; de grandes fortunes se sont defaites, des santés florissantes se sont écroulées subitement; la guerre, l'incendie, l'inondation, la tempête ont semé les désastres par millions, de Novgorod à Limoges, de Mobile à Calcutta. Les corsaires de *l'Alabama* et de *la Florida* ont fait une mauvaise année, et le pauvre petit roi d'Araucanie s'est assis sur les bancs de la police correctionnelle. La mort a frappé comme à plaisir les plus illustres. Pelissier, Meyerbeer, Flandrin, Romain-Desfossés, Émile Chevé, le P. Enfantin, Mocquard, Hachette, Hamelin, ont laissé de grandes familles et de vastes amitiés en deuil. Je ne nomme pas tout; la liste serait trop longue : les Lecomte, les Fiorentino, les Brainne, les Gérard, les Speke, et ce pauvre M. Bouillet, qui meurt en publiant la vingtième édition de son Dictionnaire, et notre cher Édouard Martin, qui s'éteint décidément à la maison Dubois, tandis que vous l'applaudissez en riant au Gymnase!

Qui de nous sortira de 1864 sans retourner la tête vers le tombeau d'un ami? Vous êtes bien heureux, vous qui me lisez, si personne ne manque à votre inventaire, si vous avez gardé, par privilége unique, tous ceux que vous aimiez et que vous admiriez l'année dernière à pareil jour. Mais ce sont douleurs personnelles. Que chacun pleure ses morts! Il n'y a pas d'homme indispensable ici-bas.

Les nations se lamentent quelquefois en commun lorsqu'elles voient disparaître un certain nombre de personnes illustres; elles se demandent avec une anxiété naïve où sont les hommes qui remplaceront ceux-là? Rien de plus simple : ils sont probablement couchés dans des berceaux pareils à tous les autres; ils végètent peut-être au Quartier-Latin dans quelques chambres à vingt-cinq francs par mois; vous en avez sans doute frôlé un, ce matin même, au détour d'une rue, et vous ne l'avez pas reconnu parce qu'il ne portait pas d'auréole au chapeau.

L'important, pour une nation, n'est pas de conserver ses hommes de talent jusqu'à l'heure où ils n'en ont plus, mais de créer une atmosphère où les facultés éminentes ne risquent jamais d'étouffer. L'important, c'est d'organiser la société de telle sorte que tous les hommes bien doués puissent percer en temps utile et se mettre au service du public avant l'âge de la décrépitude. Ce qu'il faut souhaiter, ce qu'il faut obtenir, c'est que l'activité humaine, cet unique ressort du progrès, soit affranchie de toutes les entraves, et que, dans la théorie comme dans la pratique, aucune restriction, soit arbitraire, soit légale, n'arrête désormais les hommes de bonne volonté.

Ceci m'amène à vous dire qu'un citoyen français, riche ou pauvre, après avoir balancé, le 31 décembre, ses pertes et ses gains personnels, et clos son petit inventaire, devrait prendre un quart d'heure de plus pour inventorier les libertés publiques. C'est un travail qui n'exige ni grand temps, ni grand savoir, et chacun de nous en peut tirer des avantages immenses.

Il est bon de gagner de l'argent; il est honnête et sage d'en épargner un peu chaque année. Il est très-agréable de se dire au bout de l'an : « J'ai tant d'hectolitres de blé, qui feront tant de mesures de farine, qui donneront tant de kilogrammes de pain. » Mais si un grand gaillard entrait chez vous, tandis que vous vous frottez les mains, et vous disait : « Je prends ton blé, et je me charge de te nourrir à ma guise. Je garde un sac pour moi, je moudrai les neuf autres, j'en ferai une bouillie que je salerai à mon goût et que je te fourrerai dans la bouche quatre fois par jour, à mes heures. » Si, dis-je, on vous soumettait à cet aimable régime, vous commenceriez par envoyer le grand gaillard à tous les diables. Vous diriez :

« Mon blé est à moi, et il me plaît de le moudre moi-même. Je veux manger à mes heures, et non aux vôtres, saler ma nourriture à mon goût. La bouillie est excellente pour les petits enfants, j'en ai fait mon ordinaire il y a une quarantaine d'années; mais aujourd'hui j'ai des dents et il me plaît de manger du pain. »

Cet apologue vous montre qu'il ne suffit pas d'être riche, mais qu'il faut encore être libre.

Tous les peuples, sans nous excepter, ont commencé par être enfants. Ouvrez un livre d'histoire, vous les verrez emmaillottés, ou plutôt ficelés dans leurs langes. La royauté, qui leur sert de nourrice, ne leur donne pas toujours à manger, mais elle oublie rarement de leur donner le fouet. Tous les codes primitifs se résument en cinq mots : ne rien faire sans permission.

Malgré tout, nous avons grandi; le maillot a craqué; nous allons et venons par la chambre. Mais il nous reste aux bras, aux jambes et même autour de la tête, un restant de bandelettes entortillées.

Il faudrait, pour bien faire, en arracher au moins un lambeau tous les ans : cette relique ferait bien à la suite de notre inventaire.

Nous avons répandu le sang d'un million d'hommes pour abroger la vieille loi : Ne rien faire sans permission. Toutefois, je ne vous conseille pas de chasser sans permission dans vos trèfles, de cultiver du tabac sans permission, d'évaporer sans permission un hectolitre d'eau salée, de parler, d'imprimer, de publier sans permission. Un Anglais voyage sans permission d'un bout à l'autre de la France, mais c'est un droit qui manque à la plupart des citoyens français. Ne portez pas sans permission, des armes dans vos poches. S'il vous plaît de raffiner du sucre, de brasser de la bière, ou d'importer ceci, ou d'exporter cela; si vous voulez plaider, défricher, guérir, tenir école, être courtier, notaire, agent de change, il faut ou demander ou acheter une permission.

Vous voyez qu'il nous reste encore un certain nombre de bandelettes, et pourtant nous en avons arraché deux en 1864. Les ouvriers ont obtenu le droit de se coaliser, à leurs risques et périls, contre l'avarice et l'intérêt mal entendu de leurs patrons. Un citoyen quelconque a le droit de donner la comédie sans permission, pourvu qu'on lui ait permis d'ouvrir la salle, qu'il n'y joue que des pièces permises, et que la durée du spectacle ne dépasse jamais le moment permis.

Je n'ai pas l'intention de déprécier ces deux conquêtes, et je les porte avec joie à l'actif de la liberté. Je regrette seulement que le droit de coalition ressemble à ces jeunes arbres qu'on entoure d'un fagot d'épines pour protéger leur croissance. Quant à la liberté des théâtres, si elle n'a pas encore donné tout ce qu'elle promettait.... rappelez-vous l'histoire de l'Espagnol délivré par Robinson. Quand ses liens furent coupés, il avait les poignets et les mains dans un état si lamentable qu'il ne put s'en servir avant deux jours.

On peut croire que le même accident se produira à chaque bandelette arrachée, à chaque liberté conquise. Raison de plus pour hâter la revendication de tous nos droits. De ce qu'un arbre à fruits ne portera que dans deux ou trois ans, s'ensuit-il qu'on ne doive pas le planter tout de suite? Au contraire.

Nous n'avons pas encore obtenu la liberté des courtages, mais elle est presque promise. Le monopole de la Banque, si ruineux pour le commerce, n'est pas encore aboli, mais il est menacé. Le libre échange sera, dans un dizaine d'années, la loi de l'Europe : on le voit venir. Les octrois, cet impôt progressif en sens inverse et oppressif dans tous les sens, les octrois qui nous prennent une demi-heure de temps chaque fois qu'ils nous arrachent deux sous, ne tarderont pas à disparaître. Après avoir démoli les anciens bureaux qui étaient ronds, on jettera par terre les nouveaux, qui sont carrés; c'est parfait. Mais cela n'est pas fait, et jusqu'au jour où la chose sera bel et bien terminée, il faut réclamer, réclamer et pousser nos réclamations jusqu'aux nuages, où les hommes du pouvoir s'endorment quelquefois.

Je ne crois pas avoir au fond du cœur aucune animosité contre aucun de ceux qui nous gouvernent. Ils me paraissent tous, ou presque tous, les meilleures gens du monde, fort disposés à faire notre bonheur, pourvu qu'il ne leur coûte ni privations désagréables ni travail exagéré. Ils savent très-vraisemblablement que nous ne les avons pas mis au-dessus de nos têtes pour le plaisir de marcher à l'ombre. Mais ils sont, comme nous, citoyens d'un pays où le pouvoir se transmet des traditions funestes. Un gouvernement ne s'en va guère sans léguer à celui qui le pousse une tunique de Nessus. Charles X, en partant pour l'Angleterre, a pris le temps de crier à Louis-Philippe : « Gardez-vous de la liberté ! » C'est le mot d'ordre qui s'est éternisé au palais des Tuileries ; la grande porte le dit aux escaliers, les escaliers aux tapis, les tapis aux tentures, et ainsi de suite jusqu'au trône.

M. Duveyrier a prouvé l'autre jour par des arguments sans réplique que, si la liberté renverse les dynasties, c'est quand on la refuse et non quand on la donne.

J'avais ébauché le même argument, il y a neuf ou dix mois, dans un gros livre intitulé *le Progrès*. Nous sommes cent cinquante ou deux cents publicistes, à Paris et en province, qui répétons le même air sur tous les tons ; mais il y a des maisons si hautes que le premier étage n'entend pas ce qui se chante dans la rue.

Cependant le peuple est le maître, et les hauts fonctionnaires à qui vous avez délégué vos pouvoirs ne se font pas d'illusions sur ce point. Ils savent que toute autorité, la leur comprise, émane de vous ; que vous payez deux milliards chaque année, quelquefois plus, pour être libres au dedans, respectés au dehors; que vous avez un droit de surveillance perpétuelle sur l'emploi qui se fait de vos forces et de votre argent. Par quelle étrange contradiction le suffrage universel, un acte souverain, se trouve-t-il quelquefois subordonné à ses créatures? Il est bizarre qu'un pouvoir élu en désigne, en recommande, en impose presque un autre aux choix des électeurs. Il est parfaitement illogique qu'à la veille d'une élection générale les maîtres du pays, les bailleurs de l'impôt ne puissent se réunir au nombre de vingt et un pour discuter sur le mérite de leurs mandataires. On s'étonne qu'après le scrutin, un pouvoir élu, légitime, incontesté, au lieu de se plier de bonne grâce à la volonté nationale, exerce de petites représailles contre les collaborateurs que le peuple lui a donnés. Et l'on demande pour 1865 ce qu'on espère en vain depuis tantôt seize années : liberté pleine et entière dans l'exercice d'un droit souverain.

Nous sommes loin du temps où les autorités établies se croyaient protégées par l'ignorance publique. Notre gouvernement avoue de bonne foi qu'il est sorti de terre par un phénomène parfaitement naturel; il ne se vante pas d'être tombé des cieux par miracle. Il n'a donc rien à craindre du progrès des lumières; il ne peut qu'y gagner. Ses ennemis les plus acharnés sont quelques malheureux qui, faute de savoir lire, se laissent prendre aux billevesées du droit divin, aux sophismes, aux promesses absurdes de tel ou tel parti. Tous ceux qui lisent et qui raisonnent, sauf un petit nombre d'ambitieux, acceptent le principe et discutent les tendances ; le pouvoir les aura souvent pour adversaires, jamais pour ennemis. La condition la plus désirable pour un gouvernement légitime, c'est d'avoir des idées à débattre et non des passions aveugles à combattre. Cette vérité d'évidence paraît s'être incarnée dans la personne très-honorable et très-active de M. Duruy. L'homme de bien qui porte et qui secoue un peu le portefeuille de l'instruction publique a pris sa tâche à cœur. S'il n'est ni culbuté par le parti clérical, ni tué par les excès de travail, tous les enfants apprendront à lire, tous les hommes apprendront à penser. Il a donné le branle à l'instruction primaire et l'on ne verra bientôt plus ce que le préfet de la Moselle me contait ces jours derniers : dix maîtresses d'école incapables de signer les feuilles d'émargement ! Il relève l'enseignement secondaire par la transformation du baccalauréat ; il fonde un enseignement supérieur sur une large base. Avant dix ans, si rien ne change, tout homme qui aura une vérité à dire, soit à Paris, soit même à Quimper, assemblera ses concitoyens autour de lui, et parlera.

Ce qui m'étonne un peu et m'attriste beaucoup, c'est qu'un gouvernement intéressé à la propagation des lumières persiste à compter l'encre au nombre des poisons. Les droguistes qui vendent la noix vomique et la sabine sont soumis à une police moins sévère que les imprimeurs. La machine de Gutenberg n'est guère moins suspecte que la machine de Fieschi.

Dans un pays où tous les citoyens sont égaux devant la loi, il reste encore trois classes d'individus soumis à l'arbitraire des bureaux, condamnables sans jugement, par mesure administrative : les filles publiques, les cochers de fiacre et les journalistes. La confiscation est abolie pour tout le monde, excepté pour le citoyen qui a créé un capital de deux ou trois millions à coups de plume. Celui-là, on le ruine en un tour de main, quand on veut. S'il s'agissait de condamner sa bonne ou son portier à cinq francs d'amende, on enverrait une assignation, on rassemblerait un tribunal, on écouterait la défense, on permettrait l'appel et le pourvoi en cassation. Mais ce n'est qu'un journaliste, un homme qui a étudié, qui discute, qui parle au public, qui rallie autour de lui deux ou trois cent mille individus généralement raisonnables : supprimé, le capital ! ruiné, le journaliste !

Il est heureux pour les gouvernements qu'un métier si ingrat ait des charmes secrets qui attirent quelques hommes. Si nous nous dégoûtions d'écrire dans les journaux, non-seulement le timbre y perdrait un beau revenu, mais le pouvoir ne saurait plus s'il marche au gré du sentiment public. Il nous malmène, et nous l'éclairons malgré lui. Toutes les fois que nous lui crions : Casse cou! il nous donne des étrivières. Il n'en est pas moins vrai que nous le préservons de se casser le cou.

Un jour viendra, sans doute, soit en 1865, soit plus tard, où l'imprimerie, la librairie, le journalisme même, seront des industries de droit commun, dispensées du privilége et de l'autorisation préalable, affranchies de l'arbitraire bureaucratique et soumises à la juridiction des tribunaux ordinaires. M. de Persigny est un homme de bonne foi : jadis, au ministère, il a organisé fortement la police de la presse; il vient de la condamner tout aussi fortement en 1864. M. de la Guéronnière nous a quelque peu tyrannisés en son temps : le voilà qui fait chorus avec nous dans le journal la *France*.

On prédit la dissolution du bureau qui préside à nos destinées. Si le gouvernement nous faisait ce cadeau-là pour nos étrennes, il verrait qu'il ne nous a pas donné des bâtons pour le battre. Que lui reprochons-nous principalement? De nous fermer la bouche. Nous n'aurons plus grand'chose à dire contre lui, lorsqu'il nous permettra de parler.

L'année qui va finir, a vu naître et grandir en France une multitude d'associations utiles. Les citoyens commencent à comprendre qu'ils peuvent se donner eux-mêmes à peu près tout ce qu'il leur faut, sans rien demander à l'État. L'État, de son côté, paraît être d'humeur à simplifier sa tâche. Tant mieux! La besogne qu'on fait soi-même est mieux faite et coûte moins cher.

Le pouvoir se fortifie quand il sait se renfermer dans ses attributions naturelles. Moins il s'occupe de nos affaires, moins il prête le flanc à la critique et moins il se fait d'ennemis.

Tandis que l'administration des haras laissait rentrer la fabrication des chevaux dans l'industrie privée, la surintendance des Beaux-Arts opérait une réaction en sens inverse. Elle arrachait à l'Institut le privilége de faire des artistes. La fabrication des sculpteurs, des peintres et des musiciens est érigée en monopole au profit de l'État. Quand je dis au profit! aux frais, serait plus juste. On s'est beaucoup passionné pour et contre l'Académie; je crois même qu'il s'est livré une bataille sur les quais, ou dans une cour, et que le vainqueur de la chose est entré au Sénat, ni plus ni moins que M. le comte de Palikao.

Il me semble malaisé de prendre parti dans la querelle. En principe, l'État ferait sagement de laisser les artistes se former tous seuls. Mais s'il veut à tout prix encourager les arts, il est en droit de les encourager lui-même par ses mains sans prendre l'Institut pour intermédiaire. En fait, la surintendance a montré jusqu'ici plus de hauteur que d'aptitude, plus de confiance dans ses forces administratives et pédagogiques que de talent proprement dit.

Mais l'Institut m'a l'air d'une vieille machine étrusque qu'on remettra difficilement à neuf et qu'il vaudrait peut-être mieux mettre au grenier. C'est une société mal assise, qui a commencé par la domesticité et qui se prévaut un peu trop des bontés de ses anciens maîtres pour régenter aujourd'hui leurs héritiers. L'avenir appartient aux associations libres, dans les lettres et dans les arts, comme dans le commerce et dans l'industrie. Il n'y aura d'autres académies, dans cent ans, que la Société des gens de lettres, l'Association des auteurs dramatiques, la Société nationale des beaux-arts. Ces mécanismes existent déjà, du moins à l'état embryonnaire. Ils ne sont pas parfaits, tant s'en faut, mais ils sont indéfiniment perfectibles. La Société des gens de lettres est à la veille d'une heureuse transformation : M. Champfleury a donné le mouvement; toute la littérature suivra. Mon ami Sarcey vous a parlé de l'Association des auteurs dramatiques et des réformes qu'elle appelle ; j'espère qu'elle ne les attendra pas longtemps.

L'abolition de la peine de mort, ardemment poursuivie par tous les écrivains français, sauf un, a fait quelque chemin cette année. Les procès de Lapommerais et de Latour en France, de Muller en

Angleterre, du docteur Demme en Suisse, ont appelé l'attention de tous les bons esprits sur cette vieille brutalité sociale. Le bourreau ne fait plus tomber une tête sans que plusieurs millions de Français reculent avec horreur, en essuyant sur leurs fronts une éclaboussure de sang.

Notre influence sur l'Europe ne s'est pas sensiblement étendue en 1864. Nous avons assisté, sans rien dire, à l'agonie de la Pologne et au partage du Danemark. Il est vrai que nous avions d'autres affaires : il fallait absolument gratifier le Mexique d'un jeune prince autrichien. Le Mexique n'y avait jamais songé, et le prince lui-même n'en mourait pas d'envie; notre gouvernement, qui a tout conduit, savait-il au juste ce qu'il voulait ? N'importe. Je reste au point de vue des bons contribuables, qui fournissent cinq cent mille marins et soldats, choisis dans leurs familles, et plus de cinq cents millions par an pour le budget de la marine et de la guerre. Je me demande s'ils ont gagné de la gloire et de l'influence en proportion de leur sang et de leur argent?

Par une exception assez inespérée, la diplomatie a fait quelque chose de bon cette année-ci. Le traité du 15 septembre, ce chef-d'œuvre du chevalier Nigra et de mon noble ami Pepoli, va mettre fin à l'occupation de Rome. Nous voilà bientôt débarrassés d'une anomalie politique qui déroutait le raisonnement de tous les peuples d'Europe depuis 1849.

Pour simplifier la tâche du gouvernement français, pour lever les scrupules qui lui restaient peut-être encore, pour consoler nos soldats de leur retour au pays, le pape a daigné faire le plus beau coup de tête que ses mortels ennemis pussent lui conseiller. Il a rompu en visière à la civilisation moderne, nié publiquement tout ce que l'Europe tient pour vrai, insulté en termes peu choisis la liberté, la tolérance, le droit, et justifié par ce moyen tous ceux qui proclamaient l'Église incorrigible. *Amen.* Non-seulement il tue son pouvoir temporel, mais il sème dans le spirituel le germe de plusieurs schismes. Vous verrez !

Nous avons à Paris un homme du plus grand talent et de l'activité la plus dévorante, mais qui, comme Pie IX, a le défaut de se croire infaillible. Vous avez reconnu M. Haussmann, l'honorable préfet de Seine. Les dernières élections semblent avoir produit sur M. Haussmann le même effet que la convention du 15 septembre sur le pape. Il a publié, lui aussi, une sorte d'encyclique où il condamne en termes formels quatre-vingts erreurs accréditées dans le peuple, et notamment les suivantes :

1. Paris est une ville habitée par des hommes.

2. Les hommes ont besoin de se loger dans des maisons.

3. Tout le monde n'a pas cent mille francs de rente pour payer dix mille francs de loyer.

4. Un gros pâté de pierres de taille n'est pas le dernier mot de l'architecture.

5. Les besoins, les intérêts, les goûts, les habitudes d'un million sept cent mille hommes ont plus d'autorité que les caprices d'un seul.

6. Les contribuables ont le droit de contrôler par eux-mêmes ou par leurs mandataires l'emploi qu'on fait de leur argent.

7. Il ne faut pas manger le blé en herbe.

8. Tant va la cruche à l'eau qu'à la fin elle se casse.

9. Etc., etc., etc.

Sur ce, mes chers lecteurs, je vous souhaite bon jour et bon an.

LES TROUPES LÉGÈRES DE L'ENCYCLIQUE.

SCÈNE DE LA VIE PRIVÉE.

PERSONNAGES.

M. CAMBON, conseiller d'État, ancien préfet, commandeur de la Légion d'honneur, etc., etc. Soixante-quatre ans, majestueux embonpoint, cheveux rares.

Mme CAMBON, trente-cinq ans, ni laide ni jolie, mais élégante.... à faire trembler!

Le théâtre représente un cabinet de travail. Au lever du rideau, Monsieur ouvre quelques lettres en attendant l'heure du dîner.

MONSIEUR.

L'Encyclique! toujours l'Encyclique! de Quimper et de Nîmes, de Lyon et de Nancy, mes amis m'envoient leur opinion sur cette fanfaronnade de vieillard. Il n'y a pas deux manières de la juger, grâce à Dieu! Tous les hommes de bon sens (et il y en a encore passablement chez nous) sont unanimes. Qui est-ce qui disait donc que le pape ne fait plus de miracles? Il en a fait un, sacrebleu ! Il a fait fraterniser l'opinion démocratique avec le gouvernement que je sers. Voilà ce vieux républicain de Bara, le plus honnête avoué de Château-Bridon, le même individu que j'ai fait arrêter au 2 décembre : il me présente ses compliments sur le décret antipapal que nous avons élaboré. « Il est temps, me dit-il, que le pouvoir se rallie à nos idées : ses ennemis et les nôtres grandissaient à vue d'œil; dans cinq ou six ans, ils auraient été les plus forts. » Il a peut-être raison, ce pauvre vieux démagogue. (*Ouvrant une autre lettre.*) Ah! de Rome. C'est le capitaine Cauvin qui m'écrit. (*Lisant.*) « L'outrecuidance de ces gaillards-là passe toutes les bornes; il ne leur manquait plus que d'insulter le drapeau de 89, qui depuis tantôt seize ans les abrite entre ses plis. Heureusement l'occupation va finir. Je suis curieux de voir comment ils se débrouilleront sans nous. » Brave capitaine ! il faut avouer que c'est une triste campagne pour un libre penseur comme lui. A une autre. Tiens! l'écriture de mon collègue le préfet des Côtes-du-Sud. (*Lisant*) Mon cher maître, le conseil d'État a bien travaillé; mais ce n'est qu'un commencement, j'espère. Le moment est venu de frapper les grands coups. » C'est singulier. La lettre est bien signée de lui et je reconnais son écriture; mais est-ce qu'il n'était pas clérical en 1850? (Continuant) « Le choix de l'Empereur m'a jeté dans un foyer de réaction furieuse. Je lutte en désespéré, mais que puis-je à moi tout seul! Mon évêque est un enragé, un père Duchêne en soutane. La centième partie des injures qu'il nous dit en public suffirait pour faire envoyer un pauvre diable à Cayenne; mais que faire? Je ne suis ni appuyé à Paris, ni secondé à Montbrissac. Mon procureur général est un vieillard austère, sincèrement dévot, toujours prêt à plier les genoux; mon général est une culotte de peau, de la peau la plus douce la et plus maniable; mon receveur général a mis ses enfants chez les Pères. Je suis seul de mon bord, et quand j'essaye de faire entendre que mes idées sont celles du gouvernement, on me répond : prouvez-le! Malgré tous mes efforts, les communautés nous débordent : avant dix ans, Montbrissac, une ville de quarante-cinq mille âmes ne sera plus peuplé que de casernes et de couvents. C'est pourquoi, cher et honoré maître, j'aspire à déloger de ma petite monarchie pour m'assoir, quoique indigne, à vos côtés, sur les bancs du conseil d'État. Il me semble que là, guidé par vos conseils, je rendrais plus de services... » *(Jetant la lettre.)* Bien ! bien ! à un autre ! *(Lisant.)* « Mon cher cousin (c'est de Léon), tes idées, qui sont aussi les miennes, viennent de remporter une belle victoire. J'applaudis des deux mains à l'énergie du gouvernement, et je te félicite de la part que tu as prise à un acte de cette importance. Je n'ai jamais maudit de si bon cœur le secret qui enveloppe les séances du conseil d'État. J'entends d'ici ta belle voix plaidant avec chaleur la plus noble des causes. (Brave ami!) Pourquoi faut-il que l'impulsion donnée par les grands penseurs de Paris se communique si lentement aux endormis de nos provinces? Tu seras bien étonné d'apprendre que Robert, ton neveu à la mode de Bretagne, n'est pas et ne sera pas substitut. Dieu sait pourtant s'il a les titres nécessaires : licence, doctorat, conduite excellente, sans parler des liens honorables qui l'unissent à l'un des princes du conseil d'État. Mais pourquoi le chef du parquet a-t-il repoussé sa candidature? Je te le donne en cent! Parce que notre enfant n'est pas affilié à la Société de Saint-Vincent de Paul. Note bien que le magistrat en question est un homme éclairé; personnellement, il n'a pas plus de préjugés religieux que toi et moi. Mais, madame est plongée dans la haute dévotion, et il est trop bon mari pour lui rompre en visière. »

Morbleu! c'est un peu fort! un homme obéir à sa femme!

« J'espère en toi, mon cher cousin, et en M. le garde des sceaux, qui est certainement des nôtres, comme le dernier événement l'a montré. »

Bon! bon! je sais le reste. Il est certain que la Congrégation fait encore des siennes ; mais je me trompe fort, ou nous lui taillerons des croupières sous peu. La convention franco-italienne est signée, il n'y a pas à revenir là-dessus. Le prince Napoléon tient la vice présidence du conseil privé : ni Dieu ni diable ne l'en délogera. L'encyclique est à vau-l'eau avec ses quatre-vingts maximes impertinentes. Les ultramontains ont la bouche cousue : une réaction gallicane se produit.... Qu'est-ce que c'est encore que cette lettre-là? Le timbre de ma dernière préfecture. Signé : Massacraux, conmmissaire de police. En effet ; c'est même moi qui ai placé ce garçon. (*Il lit.*) « Monsieur et très honoré bienfaiteur, sachant quelle courageuse résistance vous avez toujours opposée aux empiétements d'un certain parti, je prends la liberté de vous faire parvenir un extrait du discours que Monseigneur a prononcé avant de lire publiquement les quatre-vingts propositions de l'Encyclique. » Comment, avant de lire?... J'aime à croire qu'il ne les a pas lues!... mais il paraît que si.... (*Lisant.*) « Je compte sur vos bontés, monsieur le conseiller d'État, pour faire valoir mes droits à un petit avancement dans le cas où ce discours séditieux serait puni comme il le mérite, et pour me protéger contre la rancune des prêtres, si par malheur le gouvernement n'était pas encore en mesure de commencer la guerre d'émancipation. » Pauvre diable! Combien y a-t-il de fonctionnaires dans le même cas? Au discours, maintenant. Malpeste? il n'y va pas de main morte! « Le père des fidèles relève de Dieu seul, et nous, mes frères, nous ne connaissons que deux maîtres : le maître invisible qui nous a donné la vie, et le maître visible au Vatican, dans sa gloire, qui nous a confié le bâton pastoral. » Et l'Empereur, morbleu? » Quant à ces pouvoirs éphémères que la Providence suscite au jour le jour, tantôt l'un, tantôt l'autre, aujourd'hui pour éprouver les âmes, demain peut-être pour les consoler, notre prudence nous conseille de les laisser assis sur leurs trônes de passage tant qu'ils n'ont pas fatigué la bonté de Dieu ; notre conscience nous défend d'écouter le vain bruit de leur parole lorsqu'ils s'aveuglent au point de commander contre la Foi. Ils parlent comme s'ils ne parlaient pas : *loquuntur tanquam non locuti sint.* » Fichu latin! Mais ces gens-là n'en ont pas d'autre. Comment appelons-nous l'orateur qui nous traite si bien? Théopompe. Très-bien. Mais Théopompe qui? Ah! bon, je me rappelle. C'est ce petit abbé Michu qui venait à l'Élysée, qui faisait le gallican et qui prenait le paradis à témoin de son dévouement inaltérable. Je comprends qu'ils se défassent de leur nom le jour où on les fait évêques : ils se défont de bien autre chose! Théopompe, mon ami, vous serez traduit en conseil d'État. L'abus est flagrant,

Théopompe ! Vous avez abusé de notre confiance : *abusus es fiduciâ nostrâ!* Aussi vrai que je m'appelle Cambon et que vous vous êtes appelé Michu, vous recevrez sous peu des étrivières morales, le Concordat nous interdisant le plaisir de vous en donner d'autres. Pourquoi diable signe-t-on des Concordats? Marchés de dupes qui enchaînent la volonté du fort sans brider les insolences du faible! (*La porte s'ouvre avec fracas; une avalanche de velours noir et de martre zibeline se précipite dans le cabinet; la polonaise seule a coûté 6000 francs chez le seigneur tailleur de la rue de la Paix.*)

MADAME.

Ouf! me voici. Donnez-moi votre fauteuil et prenez une chaise.... Pas celle-là! vous me la casseriez.

MONSIEUR.

Tu ne m'embrasses pas, chère amie?

MADAME.

Vous ne le méritez guère. Enfin! je suis chrétienne. (*Elle tend le front à son mari.*)

MONSIEUR (*qui a lu Boileau*).

D'où vous vient aujourd'hui cet air sombre et sévère?

MADAME.

Ce n'est rien. Je suis tout simplement exaspérée contre vous, et sans l'attachement que j'ai pour mes enfants.... Ah! monsieur! (*Avec éclat.*) Je suis bien malheureuse!

MONSIEUR.

Explique-toi, ma chère Adélaïde! Cette émotion...

MADAME (*en pleurs*).

Oui, malheureuse, et déshonorée!

MONSIEUR.

Jour de Dieu! par qui donc?

MADAME.

Par vous !

MONSIEUR (*souriant*).

Quant à cela, ma chérie, c'est dans l'ordre, et personne n'a le droit d'y trouver à redire.

MADAME.

A votre aise! Riez! Elles sont de bon goût, vos plaisanteries de coulisses! (*Avec solennité.*) Presque d'aussi bon goût que votre célèbre Encyclique!

MONSIEUR.

Comment! mon Encyclique?

MADAME.

Ne niez pas! Je sais tout.

MONSIEUR.

Et moi, mon ange, je ne sais rien : raconte.

MADAME.

Heureusement, le mal est réparé.

MONSIEUR.

Quel mal ? Par qui ?

MADAME.

Par moi. Le temps est loin, Rodolphe, où vous sembliez heureux de me consulter sur toutes choses.

Un mari, disiez-vous, ne doit pas avoir de secret pour sa femme. Pourquoi vous ai-je fait jurer que vous ne seriez jamais franc-maçon?

MONSIEUR.

Je t'ai tenu parole, ma chérie.

MADAME.

Et pour l'Encyclique, monsieur, m'avez-vous tenu parole aussi?

MONSIEUR.

Tu m'en as jamais parlé, de l'Encyclique.

MADAME.

Et comment vous en aurais-je parlé, quand je ne connaissais pas cet horrible mot?

MONSIEUR.

Le mot te déplaît donc?

MADAME.

Le mot et la chose.

MONSIEUR.

Eh bien, cher ange, nous sommes exactement de même avis.

MADAME.

Dites alors que vous avez commis cette atrocité-là pour le plaisir de me déchirer l'âme!

MONSIEUR.

Mais quelle atrocité?

MADAME.

L'Encyclique!

MONSIEUR.

L'Encyclique n'est pas de moi, ma petite belle, elle est de ton saint-père le pape!

MADAME.

Jurez-le!

MONSIEUR.

Sur ta tête.

MADAME.

Non! sur la tête de mes enfants!

MONSIEUR.

Sur la tête de nos enfants. Es-tu contente?

MADAME.

Non! car vous me cachez quelque chose. Si l'Encyclique n'est pas de vous, vous avez fait une mauvaise action; je ne sais pas laquelle; mais il faut que vous soyez bien coupable, puisque tout le monde me jette la pierre depuis ce matin.

MONSIEUR.

Ne t'agite pas tant, je te le demande en grâce. Les femmes d'aujourd'hui sont toutes charmantes, toi surtout; mais vous avez l'air de marcher sur la tôle rougie. Oh! les nerfs! les nerfs!

MADAME.

Nous sommes libres d'avoir des nerfs, peut-être!

MONSIEUR.

Plût au ciel que vous fussiez également libres de n'en point avoir.

MADAME.

On devrait épouser une bûche quand on est dans ces idées-là !

MONSIEUR.

Une bûche, chère enfant, ne réchaufferait pas suffisamment ma verte vieillesse. J'ai fait comme tous les parvenus honnêtes de ma génération. Après avoir lutté tout seul contre les difficultés de la vie, j'ai senti le besoin de partager ma petite aisance avec un être charmant et léger. Tu es charmante.

MADAME.

Vous mériteriez bien que je fusse légère aussi ! Je vous ai tout sacrifié, ma jeunesse, mes illusions, le nom de mes pères, à une seule condition, c'est que vous respecteriez des croyances qui me sont plus chères que la vie.

MONSIEUR.

Est-ce que j'ai jamais causé théologie avec toi ?

MADAME.

Vous avez promis de me laisser la libre pratique de mes devoirs.

MONSIEUR.

Veux-tu aller ce soir à confesse ?

MADAME.

Eh ! monsieur ! j'y suis allée ce matin, et c'est au tribunal de la pénitence que j'ai appris toutes vos horreurs !

MONSIEUR.

Ton confesseur t'a donc fait ma confession, petite chatte?

MADAME.

Comme si le Père Brincart était homme à s'occuper de ces choses-là!

MONSIEUR.

Il le pourrait, sans nuire à son avancement.

MADAME.

Ne comparez donc pas les soldats de l'Église aux reîtres de votre armée! C'est le scandale public, l'indignation du monde qui m'a tout révélé. Je suis allée à Saint-Fransquin vers une heure ; ma femme de chambre me gardait une chaise dès le matin. J'ai trouvé là toutes mes amies de confesse : Élise de Beauvenir, Juliette de Chanteretz....

MONSIEUR.

En autres termes, Mme Blavaux et Mme Piquet.

MADAME.

Élise est une Beauvenir par sa grand'mère, et....

MONSIEUR.

Un Beauvenir qui vient de loin!

MADAME.

Tous vos sarcasmes ne m'empêcheront jamais d'appeler mes amis comme bon me semble. Juliette est propriétaire du domaine de Chanteretz ; d'ailleurs, la carte de visite fait foi.

MONSIEUR.

Pas au conseil d'État.

MADAME.

Et puisque vous me poussez à bout, je prendrai la liberté de vous dire qu'un conseiller d'État, logé par profession aux sources mêmes de la noblesse, est impardonnable de déclarer son fils sous le nom de Cambon !

MONSIEUR.

Et comment diable l'aurais-je appelé, je te prie ?

MADAME.

Vous pouviez obtenir qu'il portât le nom de sa mère ! Charles Cambon n'arrivera jamais que par son mérite personnel, s'il en a ; toutes les portes se seraient ouvertes devant Charles de Bédibouy.

MONSIEUR.

C'est une question d'euphonie. Mais qu'est-ce que tes amies t'ont raconté autour du lavoir des consciences ? Voyons !

MADAME.

Elles ont commencé par s'éloigner de moi comme d'une brebis galeuse, et j'ai fort bien entendu qu'elles parlaient de l'Encyclique et de vous. Puis, Juliette, qui passait avant moi, m'a donné rendez-vous rue de la Paix, chez le tailleur.

MONSIEUR.

Comment ! chez mon tailleur !

MADAME.

Non, monsieur, chez le nôtre. Vous êtes cause que j'ai brûlé ma confession et qu'elle ne me fera pas huit jours. Il me tardait de courir rue de la Paix et de savoir en quoi vous aviez démérité de tout mon monde. Du reste, je suis sûre que M. Brincart me bat froid : l'absolution qu'il m'a donnée est celle du commun ; il y met cent fois plus de grâce à l'ordinaire.

MONSIEUR.

Pauvre ange ! Après ?

MADAME.

Après, je me suis fait conduire au trot accéléré chez notre illustre artiste....

MONSIEUR.

Eh bien ! et le tailleur ?

MADAME.

Vous savez parfaitement que l'artiste et le tailleur ne font qu'une seule et même personne. Il m'a tendu la main, comme toujours, mais je l'ai trouvé un peu pincé. Lui aussi, j'en suis sûre, il avait entendu parler de cette épouvantable Encyclique. Il nous a fait servir un petit lunch....

MONSIEUR.

Le tailleur ?

MADAME.

Non ! L'ami, l'ami de toutes les femmes qui se respectent un peu.

MONSIEUR.

Et qui dépensent beaucoup.

MADAME.

Entre deux verres de xérès (il a un xérès étonnant qui vient de Londres même), Juliette m'a conté que le monde disait cent horreurs contre vous, que votre position était perdue, que vous aviez outragé un pauvre doux vieillard sans défense qui se vengerait cruellement au premier jour, que....

MONSIEUR.

Mais elle ne t'a pas expliqué l'Encyclique ?

MADAME.

Et comment me l'aurait-elle expliquée, puisqu'elle ne l'a jamais lue ? Il est défendu de la lire. Ah ! vous voyez que je ne suis pas tout à fait une ignorante, comme j'en avais l'air.

MONSIEUR.

Il est si peu défendu de la lire, grande enfant, qu'elle a été publiée dans tous les journaux.

MADAME.

Qui est-ce qui lit les journaux ? A-t-on le temps? La semaine est de cinq jours, déduction faite du dimanche et du jour où l'on reçoit. Tout le reste du temps, ne faut-il pas courir les magasins, entrer chez le pâtissier, montrer ses chevaux au bois de Boulogne et visiter ses amies? Le soir, on dîne en ville, on court les réceptions officielles, aujourd'hui la rive droite et demain la rive gauche ! On paraît dans un bal, deux bals, trois bals; on garde pour la fin le meilleur, et l'on y soupe. Lisez donc les journaux quand vous rentrez fourbue à cinq heures du matin !

MONSIEUR.

Qui est-ce qui te condamne à faire ce métier-là?

MADAME.

Tiens ! mon plaisir, donc.

MONSIEUR.

Pauvre chérie! Tu as là un maître bien exigeant. Mais puisque tu ne peux pas mettre ton petit nez dans les journaux, je vais t'expliquer l'Encyclique. Sais-tu ce que c'est que les principes de 89 ?

MADAME.

Fi ! des horreurs !

MONSIEUR.

Qui est-ce qui t'a dit ça ?

MADAME.

Tout le monde, dès le couvent. Les principes de 89, c'est la guillotine, le *Siècle* et M. Havin, voilà ce que c'est.

MONSIEUR.

Non! c'est la liberté...

MADAME.

Dieu nous en garde !

MONSIEUR.

L'égalité...

MADAME.

Une infamie! Je ne veux être l'égale que des personnes de mon rang!

MONSIEUR.

La propriété.....

MADAME.

Des biens nationaux!

MONSIEUR.

La souveraineté du peuple....

MADAME.

Et les lampions!

MONSIEUR.

C'est l'Empire, malheureuse enfant! l'empire qui m'a donné une place de vingt-cinq mille francs!

MADAME.

Je n'y tiens déjà pas tant, à votre empereur! Si le roi revenait, il y aurait des places autrement riches.

MONSIEUR (*impatienté*).

Le diable soit du couvent!

MADAME.

Vous tombez mal, mon cher.

MONSIEUR.

Pourquoi donc?

MADAME.

Parce que Juliette, Elise, Ursule, la baronne, la duchesse et toutes mes amies de bon coin sont venues me retrouver rue de la Paix; parce qu'elles m'ont prouvé qu'après votre conduite plus que compromettante, je devais donner des garanties à la bonne cause; parce qu'enfin, la duchesse, qui avait son magnifique landau et ses chevaux neufs, m'a conduite aux Oiseaux, et que la supérieure a consenti, par grâce spéciale, à se charger de Marguerite.

MONSIEUR.

De ma fille?

MADAME.

De ma fille. Une fille, ne l'oubliez pas, doit avoir les croyances et jusqu'aux préjugés de sa mère!

MONSIEUR.

Quant à ça, je sais bien qu'elle n'y aurait pas échappé. Mais j'aimais à la voir, cette enfant; elle va me manquer. N'était-ce pas assez de mettre son frère au collége?

MADAME.

Charles n'est plus au collége.

MONSIEUR.

Et depuis quand?

MADAME.

Depuis quatre heures. La duchesse m'a prouvé

qu'il serait mille fois mieux chez les bons Pères ; et comme Louis-le-Grand n'est pas loin de la rue des Postes, nous avons tranvasé l'enfant en dix minutes.

MONSIEUR.

Ah! Morbleu! voilà qui passe la permission ! Mon fils est-il mon fils? Oui. Je veux donc qu'il reçoive une éducation laïque et vous n'en ferez pas un jésuite !

MADAME.

Qui vous parle de le mettre dans les ordres ? Est-ce que la duchesse, la baronne, la vicomtesse, la marquise et toutes les femmes du vrai monde destinent leurs fils au sacerdoce ? Les Pères sont connus pour donner une excellente éducation laïque. Leurs écoles sont moins mêlées que vos sales colléges de l'État, ou le fils d'un sénateur est tutoyé par des enfants de concierge. Seriez-vous désolé que Charles entrât dans la vie avec quelques relations brillantes? Ajoutez, s'il vous plaît, que les jésuites encouragent, protégent, suivent partout dans le monde les bons sujets qu'il ont formés. Votre fils aura besoin d'appui, et je ne lui conseille pas de trop compter sur vous, si vous continuez vos orgies politiques!

MONSIEUR (*Avec accablement*).

Vous n'avez rien fait de plus dans la journée ?

MADAME.

Si! j'ai fait un coup de maître, et je vous le dirai si vous me promettez d'être bien sage.

MONSIEUR.

Allez toujours! Je peux tout entendre maintenant.

MADAME.

Eh bien ! j'avais sur moi, depuis le jour de l'an, quelques-unes de vos cartes. Nous les avons portées, la duchesse et moi, chez des personnes respectables, une entre autres chez M. Veuillot, et j'ai ajouté au crayon, en imitant votre écriture de mon mieux : *Demande grâce à propos de l'Encyclique.*

LES CONSEILLERS D'UN ORATEUR LIBERAL.

SCÈNE DE LA VIE POLITIQUE.

PERSONNAGES.

L. A. CLAIR, soixante-huit ans, ancien démocrate, ancien conservateur, ancien ministre, ancien chef de l'opposition, ancien bonapartiste, ancien chef du parti de l'ordre, actuellement député de la gauche et penchant vers la droite.

CHAUVIN, ancien carbonaro, ancien rédacteur du *National*, vieil ami de l'honorable député, soixante-dix ans.

Le R. P. ÉLIACIN, jésuite de la rue des Postes, nouvel ami du député, vingt-six ans.

BAPTISTE, électeur à Paris, et domestique chez l'honorable député, trente ans.

La scène est à Paris, dans l'hôtel de M. Clair. Les trois amis sont assis à une table somptueuse. Baptiste, la serviette sur le bras, leur sert à dîner.

CHAUVIN.

Dis donc, vieux ! ce n'est pas que je te le reproche, mais tu m'as attiré une fameuse querelle hier soir, au café.

LE DÉPUTÉ, *noblement.*

Pourquoi vas-tu au café?

CHAUVIN.

Pourquoi y allions-nous ensemble en 1824? Tu peux croire que si j'avais deux cent mille francs de rente et un hôtel à Paris, je ne passerais pas mes soirées à la Rotonde du Palais-Royal.

LE DÉPUTÉ, *avec condescendance.*

C'est juste. Et peut-on savoir à quel propos tu as rompu cette lance pour moi?

CHAUVIN.

La calomnie la plus invraisemblable et la plus bête! Un clampin de commis voyageur qui disait à son camarade : « Clair a fait un discours en faveur du pouvoir temporel. »

ÉLIACIN, *d'une voix douce.*

Il vous était facile, monsieur, de répondre à ce voyageur que le Corps législatif n'étant pas même convoqué, notre grand historien et notre illustre ami ne pouvait encore avoir pris la parole en faveur des droits de notre saint-père.

CHAUVIN.

C'est vrai, jeune homme. Mais moi qui ne sais pas ergoter sur les mots, je lui ai dit carrément qu'il en avait menti.

LE DÉPUTÉ, *souriant au R. P. Éliacin.*

Mon père, excusez sa rudesse : c'est un bon vétéran de la démocratie. Il n'est jamais venu me voir du temps que j'étais ministre. Dieu sait pourtant que les amis et les parents d'un ministre n'ont qu'à se baisser pour en prendre. (*Baptiste sourit.*) Aux élections de l'année dernière, l'amitié de Chauvin m'a donné presque autant de voix que l'animosité de M. Haussmann. (*A Chauvin.*) Toi, mon vieux, quand tu parles au R. P. Éliacin, tu peux faire comme moi sans t'écorcher la bouche et l'appeler mon père.

CHAUVIN.

Le sens commun me le défend : j'ai presque trois fois son âge. Tout ce que je peux faire pour toi, si monsieur y consent, c'est de l'appeler mon fils.

LE DÉPUTÉ, *à Chauvin.*

Incorrigible! (*A Éliacin.*) Ne lui répondez pas : c'est un vieux sanglier, mais il a du bon.

CHAUVIN.

Le boutoir! (*Au député.*) Enfin, avais-je tort ou raison quand j'ai juré mon grand sacredieu que tu ne t'étais pas enrôlé dans les soldats du pape?

LE DÉPUTÉ.

Distinguons.

CHAUVIN, *se retournant vers le révérend père.*

Plaît-il?

LE DÉPUTÉ.

C'est moi qui viens de te dire : distinguons.

CHAUVIN.

Ah! pardon; je m'étais trompé. Distingue, mon bon ami, distingue!

LE DÉPUTÉ.

La politique se compose de deux éléments séparés : les principes et l'action.

CHAUVIN.

Pourquoi les sépares-tu ? Nous les réunissions en 1824. Ceux qui pensaient blanc disaient blanc, ceux qui pensaient noir disaient noir : on pensait, on parlait, et l'on agissait tout d'une pièce. C'est pourquoi nous étions si forts en ce temps-là!

LE DÉPUTÉ.

Si tu te montes la tête à chaque mot, nous ne pourrons jamais nous entendre. Et ça sera d'autant plus malheureux, que nous sommes au fond parfaitement d'accord.

CHAUVIN.

Je voudrais bien voir ça.

LE DÉPUTÉ.

Tu vas le voir. Aimes-tu le gouvernement qui t'a fait voyager dix-huit mois en Algérie?

CHAUVIN.

Ah! mais non! Le jour où, grâce à tes démarches, ils m'ont ramené de Lambessa, je me suis bien juré de ne point les servir, de ne leur rien demander, et de ne jamais leur prêter serment.

LE DÉPUTÉ.

Bien! bien! Et s'il se présentait une bonne occasion d'envoyer tous ces gaillards-là où ils t'ont fait aller malgré toi, la saisirais-tu aux cheveux?

CHAUVIN.

Oui.

ÉLIACIN, *avec tendresse.*

Mon cœur me l'avait dit : monsieur est des nôtres.

CHAUVIN.

Halte-là! Laissez-moi vous expliquer ce que j'entends par une bonne occasion.

ÉLIACIN.

Cela s'entend de soi, digne monsieur : une occasion favorable et sans aucun danger.

CHAUVIN, *avec une teinte de mépris.*

Continuez, jeune homme! J'aime à voir cette noble ardeur dans la jeunesse française.

ÉLIACIN.

Mon Dieu, monsieur, rien n'est plus simple. Le ciel a permis que ces gens-là, dans un aveuglement que j'ose dire providentiel, préférassent l'amitié d'un soudard piémontais à la protection de notre sainte Église.

CHAUVIN.

La convention de septembre, pas vrai?

ÉLIACIN.

Juste. Notre saint-père, attaqué violemment dans un de ses droits les plus sacrés.....

CHAUVIN.

Le droit de se faire garder par nos soldats contre ses sujets?

ÉLIACIN.

Sans doute.... A riposté par une Encyclique qui condamne avec une juste sévérité....

CHAUVIN.

Tous mes principes, morbleu! toutes mes idées, toutes mes croyances, tout le fond de mon pauvre vieux sac libéral et démocratique!

LE DÉPUTÉ.

Qu'est-ce que ça te fait?

CHAUVIN.

Ça me fait bouillir, donc?

LE DÉPUTÉ.

Bous tant que tu voudras : je te demande seulement de ne pas éclater. (*Au R. P. Eliacin.*) Achevez, mon père, achevez ce raisonnement, qui m'a frappé par son évidence.

ÉLIACIN.

L'antéchrist des Tuileries, au lieu de se prosterner devant la sagesse du saint-père, n'a pas craint de placer la lumière sous le boisseau.

CHAUVIN.

Ah! si vous comparez l'Encyclique à une lumière,

je ne sais plus ce que nous comparerons à un éteignoir.

LE DÉPUTÉ.

Laisse-le donc parler ! C'est une question de mots. L'homme d'État va droit au fond des choses.

ÉLIACIN.

L'Église entière est soulevée, voilà l'important.

CHAUVIN.

Quinze évêques de mauvaise humeur ne sont pas l'Église entière.

ÉLIACIN.

Nosseigneurs parleront tous ; aujourd'hui l'un, demain l'autre. C'est un mot d'ordre donné pour entretenir l'agitation.

LE DÉPUTÉ.

Comprends-tu, grand niais ? Leur tactique consiste à ébranler le gouvernement par de petites secousses, comme un dentiste qui déchausse une dent difficile avant de l'arracher : crac !

CHAUVIN.

Et qui est-ce qui arrachera la dent ?

LE DÉPUTÉ, *prenant la pose de Napoléon sur le piédestal de Courbevoie.*

Moi !

CHAUVIN.

Mais es-tu sûr du bas clergé ?

LE DÉPUTÉ.

Vile multitude !

CHAUVIN.

Pas tant! Il y a des hommes dans ce tas-là.

ÉLIACIN.

Vile multitude! Le maître l'a dit.

CHAUVIN.

Mais une insurrection d'évêques, ça peut-il faire grand mal?

ÉLIACIN.

Les évêques peuvent tout contre le pouvoir, qui ne peut rien contre eux. Songez que depuis dix-sept années ce gouvernement leur a livré la France, du haut en bas, depuis le Sénat où ils peuvent interpréter votre Constitution dans le sens de l'Encyclique, jusqu'aux écoles primaires où ils élèvent vos enfants dans la haine et le mépris de vos lois.

CHAUVIN.

Je comprends que le clergé s'insurge contre un homme qui lui a fait ces avantages-là.

ÉLIACIN.

Il est certain que nous ne ferions pas la sottise de l'attaquer, s'il ne nous avait fourni des bâtons pour le battre.

CHAUVIN.

Mais c'est de l'ingratitude, morbleu!

LE DÉPUTÉ, *sentencieusement*.

Il faut savoir être ingrat, en politique.

ÉLIACIN.

(Un bienfait reproché tint toujours lieu d'offense.)

Or, le gouvernement nous a reproché ses bienfaits ; donc, nous sommes les offensés ; donc (*il désigne le député avec un sourire aimable*) nous avons le choix des armes.

CHAUVIN, *au député.*

C'est égal, je ne te vois pas dans ce rôle-là.

LE DÉPUTÉ.

Pourquoi donc?

CHAUVIN.

D'abord, tu as prêté serment de ne pas chavirer la boutique.

ÉLIACIN.

Le saint-père lie et délie.

CHAUVIN.

C'est trop juste. (*Au député.*) Mais tu renies ton passé.

LE DÉPUTÉ.

Lequel? Un homme de notre âge en a toujours plusieurs dans les siècles de révolutions comme le nôtre.

CHAUVIN.

Moi, je n'en ai eu qu'un.

LE DÉPUTÉ.

Pauvre ami! parce que tu n'as pas eu de chance. Cette Encyclique, qui t'effarouche tant, me rappelle à moi, une des belles années de ma vie.

CHAUVIN.

Allons donc!

LE DÉPUTÉ.

Et les lois de septembre !

CHAUVIN.

Tu n'es donc plus pour la liberté de la presse, maintenant ?

LE DÉPUTÉ.

Maintenant, si! puisque je suis député de l'opposition.

CHAUVIN.

Comment peux-tu défendre à la fois la liberté de la presse et le pape qui maudit la presse ?

LE DÉPUTÉ.

C'est un tour de phrase à trouver.

ÉLIACIN.

Nous le trouverons.

CHAUVIN.

Mais, pauvre ami, tu ne te rappelles donc pas ce que tu disais il y a quarante ans ?

LE DÉPUTÉ.

Pas trop.

ÉLIACIN.

Qu'est-ce qu'il disait ?

CHAUVIN.

« Un gouvernement de célibataires ignorants et incapables. »

LE DÉPUTÉ.

Ai-je dit cela ?

CHAUVIN.

Bien mieux ! Tu l'as écrit.

LE DÉPUTÉ.

Bast ! On écrit tant de choses ! J'ai peut-être imprimé le contraire un autre jour.

ÉLIACIN.

Assurément.

CHAUVIN.

Ah bah !

ÉLIACIN, *solennellement.*

« Pour le pontificat, il n'y a d'indépendance que la souveraineté même. C'est là un intérêt de premier ordre qui doit faire taire les intérêts particuliers des nations, comme dans un État l'intérêt public fait taire les intérêts individuels. »

LE DÉPUTÉ.

De qui est-ce ?

ÉLIACIN.

De vous, illustre maître, dans votre admirable rapport du mois d'octobre 1849.

LE DÉPUTÉ.

Je me disais bien, en effet, que ces phrases-là n'étaient point du premier venu. Tu vois, Chauvin, en plaidant la cause du pape, je reste dans ma ligne.... dans une de mes lignes politiques.

CHAUVIN.

Ah çà ! mais ! Ton discours est donc fait ?

LE DÉPUTÉ.

Oui, nous l'avons fait. Veux-tu l'entendre ?

CHAUVIN.

Non.

LE DÉPUTÉ.

Tu as tort, il est joli.

ÉLIACIN.

C'est son chef-d'œuvre. L'Esprit Saint l'a dicté.

CHAUVIN, *au R. P. Éliacin.*

Mes compliments, colombe !

LE DÉPUTÉ.

Tu as beau dire : ce discours-là fera plaisir à bien des gens.

CHAUVIN.

A qui ?

ÉLIACIN.

A Dieu, d'abord.

CHAUVIN.

Jeune homme ! ne compromettons pas les absents.

LE DÉPUTÉ.

Et puis à Guizot.

CHAUVIN.

Guizot ? Ton ennemi ?

LE DÉPUTÉ.

Mon ennemi, quand nous nous disputions le pouvoir ; mon allié contre l'ennemi commun.

CHAUVIN.

Mais il est protestant, que diable?

LE DÉPUTÉ.

D'où viens-tu donc? Tu ne sais pas que les protestants d'aujourd'hui sont pour Renan ou pour le pape? Guizot n'est pas pour Renan, donc il est pour le pape. D'ailleurs, il est légèrement pape lui-même : il a fait son Encyclique contre Coquerel.

CHAUVIN.

Coquereau?

LE DÉPUTÉ.

Coquerel !

CHAUVIN.

Ah ! tu m'en diras tant!

LE DÉPUTÉ.

Nous aurons pour nous l'Académie, le faubourg Saint-Germain, toutes les femmes, pas mal de magistrats, énormément de sénateurs, la reine d'Espagne, Cousin, Villemain, une douzaine de vieux généraux, huit préfets, un chambellan, Veuillot, les sonneurs, les facteurs d'orgues, en un mot, toute la France. Ah! j'oubliais les républicains purs !

CHAUVIN.

Dis donc? Et moi? Je ne suis donc pas un pur?

ÉLIACIN.

Si vous étiez un pur, vous feriez cause commune avec nous.

CHAUVIN.

Contre mes propres idées?

LE DÉPUTÉ.

Les idées, mon ami, sont de la théorie, et les coalitions sont de la pratique. La fin justifie les moyens.

CHAUVIN, *au R. P. Éliacin.*

Plaît-il?

LE DÉPUTÉ.

C'est moi qui te parle.

CHAUVIN.

Ah! pardon; l'habit m'avait trompé. Cette campagne que tu m'annonces, ce Castelfidardo oratoire où tu cours, me rappelle un vieux souvenir de 1848. On battait la générale, j'étais sorti dans la rue avec mon fusil pour défendre la première bonne cause que je rencontrerais en chemin. Un ouvrier m'appelle en criant : « Citoyen! Par ici! Il y a une barricade. — Une barricade, pourquoi? Qu'est-ce qu'elle veut? — Je n'en sais rien, mais qu'importe? C'est une barricade! » Tu m'as tout l'air de raisonner comme cet ouvrier-là. Du pouvoir temporel, tu ne t'en soucies pas plus que moi; mais tu y cours avec ton fusil, parce que c'est une barricade. Est-ce vrai?

LE DÉPUTÉ.

Peut-être. Après?

CHAUVIN.

Je ne suis pas plus intime que toi avec les hommes qui nous gouvernent. Je n'ai pas tracassé dans la rue de Poitiers pour les amener au pouvoir. Que l'Empereur se conduise en ennemi de la France, il fera l'occasion bonne, et il aura affaire à moi. Mais lorsqu'il sera, comme aujourd'hui, le champion de l'indépendance du pouvoir civil, l'occasion sera mauvaise et si mauvaise, ma foi! qu'au lieu de lui déclarer la guerre, je suis un homme à faire des barricades pour lui!

LE DÉPUTÉ.

Malheureux! et tu oses te croire libéral?

CHAUVIN.

Chacun l'est à sa manière. Pour une pauvre fois par hasard que le gouvernement se met à défendre la Révolution, le progrès et la liberté, je ne sache pas qu'il y ait grand libéralisme à lui fourrer des bâtons dans les roues.

LE DÉPUTÉ.

La France appréciera. Mais mon discours est fait, et je ne suis pas homme à le garder en poche.

CHAUVIN.

As-tu pensé à l'effet que cette petite plaisanterie va produire sur tes électeurs?

ÉLIACIN, *avec une douce gaieté.*

Ah! ah! La vile multitude des électeurs!

LE DÉPUTÉ.

Le peuple souverain? Je m'en moque.

BAPTISTE, *empoignant sa serviette de la main droite et la lançant sous son bras gauche par un geste plein de dignité.*

Sapristi, monsieur!

LE DÉPUTÉ, *scandalisé.*

Vous avez élevé la voix, Baptiste.

BAPTISTE.

Est-ce que monsieur s'imagine que moi et mes camarades du peuple nous avons envoyé monsieur à la Chambre pour que monsieur vende nos libertés au pape?

LE DÉPUTÉ.

Comme électeur, Baptiste, vous serez juge de mon discours; mais comme domestique vous sortirez d'ici aujourd'hui même.

BAPTISTE.

Monsieur, la loi m'accorde mes huit jours.

LE DÉPUTÉ.

On vous payera vos huit jours, Baptiste.

BAPTISTE.

Et nous, monsieur, lorsqu'un député ne fait plus notre affaire, pouvons-nous le renvoyer instantanément?

LE DÉPUTÉ.

Dans l'espèce, Baptiste, la loi vous oblige à lui donner ses cinq ans.

BAPTISTE.

Et si les électeurs lui payaient ses cinq ans, auraient-ils le droit de le congédier tout de suite?

LE DÉPUTÉ.

Non, Baptiste.

LE CHATEAU DU GUIGNON.

LÉGENDE TROP HISTORIQUE ET MALHEUREUSEMENT SAVERNOISE.

Nos lecteurs ne m'accuseront pas, je l'espère, de me livrer exclusivement aux questions de clocher. Depuis tantôt six ans que j'écris à Saverne pour le public libéral et éclairé de l'*Opinion nationale*, je n'ai montré qu'une fois le petit bout de mon oreille savernoise. Il s'agissait de je ne sais plus quelles misères municipales, et je m'accuse d'avoir traité beaucoup trop cavalièrement un galant homme, un peu vif qui a donné depuis sa démission de maire, malgré les instances de tous ses administrés, moi compris.

Si j'aborde encore aujourd'hui une question locale en apparence, c'est qu'elle touche à des intérêts généraux. Tous nos lecteurs, ou peu s'en faut, sont intéressés à la solution de ce problème en pierre de taille qui est inscrit au budget sous le nom d'*Asile impérial de Saverne*.

Les voyageurs qui vont en Allemagne, ou qui en viennent, s'arrêtent à notre gare, au pied d'un édifice grandiose, somptueux, presque neuf. Ils demandent quel est le nom et la destination de ce palais. On leur répond : C'est l'Asile Impérial. — A quoi sert-il ? — A rien. — Quoi, rien ? — Fort peu de chose.

Cent fois, dans mes voyages, les curieux, race commune en France (je le dis à l'honneur de notre pays), m'ont demandé ; « Que faites-vous du château de Saverne ? » Je réponds diplomatiquement que l'État ne manquera pas de l'employer un jour à quelque œuvre d'utilité publique. — Mais en attendant ? — En attendant ? Je ne sais trop que dire.

Or, la France a dépensé, sous Napoléon III, deux millions de notre argent pour restaurer et approprier cet immeuble à peu près inutile. On nous demande encore vingt mille francs par an pour l'entretien et le personnel : c'est donc cent vingt mille francs que le château nous coûte chaque année. Et si riche que l'on puisse être, on n'aime pas à dépenser annuellement quarante mille écus sans voir au juste pourquoi.

En 1850, lorsque le prince-président faisait son tour de France pour lier connaissance avec ses futurs sujets, il passa par Saverne. Le maire lui offrit, non les clefs de la ville, la ville étant ouverte à tout venant, mais la propriété d'un château très-imposant et très-délabré. Le prince accepte cet hommage au nom de l'État. Et la ville se réjouit à l'idée que si l'Etat prenait son château, ce n'était pas pour le laisser en ruines ; et qu'un si vaste établissement, quelque usage qu'on en pût faire, ajouterait, par la force des choses, à la prospérité très-médiocre du pays.

Mais, de même qu'il y a des hommes à qui rien ne réussit, il y a probablement aussi des édifices prédestinés au malheur. La grandeur n'y fait rien : celui dont je vous parle a presque cinq cents pieds de façade.

N'ayez pas peur que je vous donne sa monographie depuis les temps les plus reculés. J'aurais pourtant beau jeu : dans toute ville, petite ou grande, on trouve un archéologue aussi modeste que savant, qui connaît pierre par pierre, jour par jour, l'histoire de tous les monuments du cru. Si quelque insatiable était tenté d'apprendre les détails que j'omets ici, je l'adresserai à M. D. Fischer, de Saverne, le plus érudit et le plus obligeant des hommes.

Lorsque l'évêché de Strasbourg et Saverne qui en dépendait furent réunis à la France (1681) notre château venait d'être entièrement rebâti par les évêques François Egon et Guillaume Egon de Furstenberg. Coysevox avait travaillé quatre ans à l'orner de sculpture ; dom Ruinart parle d'un escalier « auquel l'Europe ne possédait rien de comparable. »

Mais Saverne était sur le chemin des grandes guerres de Louis XIV; le château en souffrit plus d'une fois. En 1709, un incendie détruisit à peu près complétement l'aile droite.

Le ciel permit dans sa toute-bonté que l'évêché de Strasbourg, avec toutes ses dépendances, tombât aux mains des plus fameux viveurs du dix-huitième siècle : les Rohan, c'est tout dire. Quatre Rohan, l'un après l'autre, régnèrent sur Strasbourg, Saverne et autres lieux, et donnèrent leur bénédiction sans rire. Le premier fut Armand-Gaston, cardinal et académicien, le même qui eut l'honneur de sacrer l'abbé Dubois. Saint-Simon nous raconte (t. XIX. p. 113, Éd. Hachette) qu'il « se baignait souvent dans du lait, pour se rendre la peau plus douce et plus belle. » Le dernier, Louis-Réné-Edouard, évêque et cardinal comme les trois autres, sera éternellement célèbre dans l'histoire scandaleuse de France : c'est le Rohan du collier. Il fallait que la foi catholique fût terriblement enracinée dans le cœur des Alsaciens, pour résister aux exemples de ces gaillards-là.

Armand-Gaston, qu'on appelle encore le grand cardinal, rebâtit et restaura magnifiquement le château de Saverne. Il prodigua les marbres, les tableaux, les dorures. Ses cheminées étaient incrustées d'agate et de cornaline ; on voyait dans ses jardins un boulingrin aussi beau et presque aussi vaste que celui de Saint-Germain ; une pièce d'eau longue d'une lieue ; un kiosque copié sur celui du doge Pisani et cent autres merveilles qui étonnèrent Louis XV en 1744. Le roi daigna juger que Saverne effaçait les magnificences de Versailles. Un obélisque planté devant le château indiquait en milles allemands la distance de Saverne aux principaux points du globe. Evidemment Saverne était alors le centre de la terre, le nombril du monde, comme Delphes autrefois. La borne milliaire est toujours en place ; mais les magnificences ? Elles sont loin

En 1779, le beau cardinal Louis dormait tout seul par aventure dans le plus somptueux des châteaux, lorsqu'il fut éveillé par les aboiements de son chien. Il appela son valet de chambre, qui mit le nez à la fenêtre et vit que le palais était en feu. Le successeur des apôtres se sauva en chemise avec une cassette qui renfermait quelques objets précieux : au même instant, le plafond tombait dans sa chambre.

L'incendie dura trois semaines; la ville entière était aux pompes : on ne sauva que les bâtiments latéraux.

Le prince de l'Église rebâtit son palais de fond en comble sur le plan du château de Wiesenstein, voisin de Cassel. Il emprunta, il leva un subside sur les contribuables de l'évêché, il imposa les juifs (coutume patriarcale;) la ville lui fournit gratuitement les bois de construction, et fit au même prix toutes les corvées nécessaires. L'Alsacien est très-bon; la prestation est dans ses mœurs. Lorsqu'un paysan de nos villages veut bâtir une maison, c'est à qui lui prêtera ses chevaux, ses bœufs et ses bras : quand l'édifice est achevé, le propriétaire remercie et régale.

Tandis qu'on travaillait à relever les ruines, le château recevait d'illustres visites; d'où je conclus qu'il était encore assez habitable. Le prince Henri de Prusse, le prince de Condé, le duc d'Enghien, les plus grands personnages de la cour venaient prendre du bon temps à Saverne : je ne cite que pour mémoire la comtesse de Lamothe et ce bon Cagliostro; il vécut ici près d'un an, cherchant la pierre philosophale avec le sot mitré, et à ses frais.

La révolution éclata quand ce pauvre château n'était pas encore bien fini. Le cardinal émigra paisiblement vers sa petite souveraineté épiscopale d'Ettenheim et d'Oberkirsch; les évêques de Strasbourg étaient princes souverains en Allemagne.

En ce temps-là, que pouvait-on faire d'un château sinon une caserne? On logea des troupes à Saverne. Je vous laisse à penser comment nos braves se comportèrent sous les lambris dorés du ci-devant cardinal. Le civil aida le militaire dans son œuvre de destruction. Le kiosque féerique, cette merveille transportée de la Brenta sur la Zorn, fut démoli en 1794. La municipalité déclara qu'il fallait « en effacer toute idée dans le souvenir des hommes. » C'était suivant les purs, « un monument marqué au coin du despotisme, un bâtiment d'un luxe impardonnable. » On le lui fit bien voir. Les bosquets servirent à chauffer la soupe, avec les boiseries dorées et les parquets de marqueterie; on divisa les jardins en jolis lopins de terre; la magnifique esplanade fut d'abord un parc d'artillerie, puis un pré, puis un champ de manœuvre, puis un champ de foire. Un incendie en 1793, un autre en 1797, mais sans malheurs trop graves. Ce que le feu n'avait pu faire, la Légion d'honneur l'accomplit. On ne s'attendait guère à voir la Légion d'honneur en cette affaire.

Vous savez probablement que le premier consul, l'an 1802, avait divisé la Légion d'honneur en quinze cohortes, dont chacune avait un chef-lieu, c'est-à-dire un hospice destiné aux légionnaires invalides. Saverne fut désigné d'abord comme chef-lieu de la 5ᵉ cohorte; mais Toul lui coupa l'herbe sous le pied : Toul avait apparemment des protections plus puissantes.

Notre municipalité, voyant bien que personne ne voulait la débarrasser du château, résolut de l'acheter pour elle-même. Elle l'acquit de l'État au prix de 43 664 fr. 50 c. Marché conclu, Saverne craignit d'avoir fait une mauvaise affaire : on supplia la

Légion d'honneur de reprendre le château. La ville n'avait pas payé les 43 000 fr. à l'État; la Légion d'honneur ne les paya pas davantage à la ville. Mais la Légion d'honneur vendit la couverture, la charpente, le cuivre, le plomb, les ardoises, les planchers, les portes, les fenêtres, les cheminées, les rampes de fer, et généralement tout ce qui valait quelque chose. Elle tira, dit-on, deux cent mille francs de ce brocantage : après quoi elle afferma les terrains, laissa les quatre murs et n'y pensa plus.

La ville regretta plus que jamais la spéculation qu'elle avait faite. Elle se mit à revendiquer le château, ce qui m'étonne un peu, et la Légion d'honneur refusa de le lui rendre, ce qui n'est guère moins surprenant. Il fallut que Louis XVIII remontât sur le trône de ses pères pour restituer aux bons Savernois, moyennant finance, une ruine où la pluie entrait sans permission.

Le département fit les frais d'une toiture, et, grâce à cette libéralité, Saverne fut admise à l'honneur de loger un régiment hongrois de l'Autriche. Le comte Giulay a teté notre bière : il était sous-lieutenant ici-même dans le régiment qui porte son nom.

Nos alliés sont partis depuis 1818, et la Providence n'a pas jugé à propos de les ramener chez nous. Il suit de là que la pauvre masure cardinale, veuve des Autrichiens, s'est dégradée tout à son aise jusqu'en 1852. Le 22 janvier, un décret quasi impérial apprit à la France que le château de Saverne serait restauré et achevé pour servir d'asile aux veuves des hauts fonctionnaires civils et militaires morts au service de l'État.

A cette nouvelle, il n'y eut qu'un cri de joie dans la ville. Les habitants voyaient déjà leur château remis à neuf et peuplé de maréchales, d'amirales, de générales, sans compter les veuves des sénateurs, des ministres, des conseillers d'État, des procureurs généraux, des ambassadeurs; veuves riches, brillantes, et sinon consolées, au moins désireuses des plus honorables distractions. Quelle gloire pour le pays! quel mouvement! quelle ressource! Tout le peuple suivit avec une impatience légitime la belle restauration entreprise par M. Lejeune, architecte. Que n'espérait-on pas? Nous autres provinciaux, nous sommes prompts à croire ce qui nous est agréable. On savait que M. Lejeune donnait un soin particulier à l'appartement impérial. L'empereur viendrait donc quelquefois, à temps perdu, jouer au whist avec les veuves de ses ministres!

Un seul point nous troublait : le château, fort bien aménagé, ne contenait que soixante-dix-huit appartements. C'était peu, suivant notre estime. Les veuves de hauts fonctionnaires se comptent par centaines, par milliers, dans cet Empire du galon qu'on appelle la France. Jamais, au grand jamais, on ne pourrait contenter tout le monde. Il se ferait sans doute un vaste encombrement de veuves refusées devant la grille du château.

La restauration faite, il y eut un moment solennel. Le peuple leva les yeux au ciel et attendit cette manne vivante qu'on lui avait promise. Et la manne ne tombait pas ! Vous représentez-vous la figure que les Hébreux auraient faite au milieu du désert, si la manne annoncée par Moïse avait omis de tomber?

A la longue, il se présenta quelques personnes fort honorables, veuves ou filles de fonctionnaires. On en comptait jusqu'à douze en 1858. En 1865, au moment où j'entreprends de raconter cette lamentable histoire, il y a dix-sept appartements occupés sur soixante-dix-huit. Les veuves des ministres ne sont pas venues, ni les veuves des sénateurs, ni celles des conseillers d'État, ni celles des généraux, ni celles des amiraux, ni celles qui auraient pu faire la fortune de la ville. On cite deux ou trois pensionnaires dont le revenu s'élève à mille écus. J'en ai connu une qui serait morte de faim sous ce toit impérial, si le ministère n'était venu à son aide. Pour empêcher la transformation de l'asile en hospice, le gouvernement a décidé qu'aucune dame ne serait admise sans justifier d'un revenu de quinze cents francs. Il est bien avéré que tout le personnel des dix-sept appartements ne jette pas vingt mille francs par an dans la circulation. Bref, cette fondation si magnifique en espérance a misérablement avorté. Le ministère hésite à nommer de nouvelles pensionnaires lorsqu'il s'en présente par hasard ; les dames internées au milieu de nous s'y ennuient, s'y accordent mal ou demeurent étrangères les unes aux autres dans cette demi-solitude. Elles ont tous les désagréments de la vie en commun, et aucun des avantages qui en résultent. Point de salles communes, ni salon, ni salle de bains, ni bibliothèque : figurez-vous un couvent sans réfectoire ni chapelle, et un couvent presque désert !

Cependant l'Empereur avait eu une belle idée, non-seulement généreuse, mais pratique et éprouvée par une longue expérience au palais de Hampton-Court. Il a voulu que chaque veuve ou fille de fonctionnaire fût absolument chez elle. Autant de dames, autant d'appartements complets : antichambre, salon, salle à manger, chambre à coucher, cuisine et une chambre de domestique. L'État fournit le mobilier et donne le bois de chauffage. La vie n'est pas chère en Alsace : une femme seule y est à l'aise avec deux cents francs par mois. On dit, et je le crois, que si l'asile s'était peuplé, l'Empereur eût nommé une surintendante chargée de réunir les dames pensionnaires, de donner à dîner, d'égayer la maison, de représenter un peu. Mais à quoi bon une surintendante et des salons ouverts? Pour réunir dix-sept personnes, que l'âge, ou les chagrins, ou la gêne, ou quelque autre mobile également respectable, engagent neuf jours sur dix à rester dans leur coin?

Le lecteur qui sait compter se dit déjà que dix-sept pensionnaires, dans un établissement qui coûte 120 000 francs par an, nous reviennent à 7 000 francs par tête, et qu'avec 7 000 francs chacune de ces dames vivrait dans l'abondance n'importe où.

Le lecteur qui raisonne et qui cherche le fin mot de toute chose se demande pourquoi nous n'avons pas plus de dix-sept pensionnaires, et pourquoi ces dix-sept ne répondent pas mieux au programme de l'Empereur et à l'idéal du peuple savernois? Pourquoi? Mais c'est tout simple : parce que Saverne est à cent quinze lieues de Paris. Hampton-Court est à quatre lieues de Londres. Transportez l'asile impérial à Saint-Germain ou à Versailles : les veuves les plus florissantes se battront pour y entrer. Mais est-il naturel qu'une femme ayant de quoi vivre, abandonne son pays, sa famille, ses relations sociales, et vienne se cloîtrer au fin fond de l'Alsace pour économiser un loyer de 400 frans? Ce qui m'étonne, moi, c'est qu'il se soit trouvé dix-sept personnes si désespérées ou si imprudentes.

Pour conclure, je crois que l'Empereur a semé un germe excellent, mais que le terrain a été mal choisi. Il est permis d'espérer qu'il corrigera, en homme pratique, une erreur de détail. Un entêté laisserait l'asile impérial végéter indéfiniment à Saverne. Un brouillon abandonnerait l'idée par dépit, sur cette première expérience. Un vrai sage se comportera comme nous autres petits propriétaires : lorsqu'un saule paraît souffrir en terrain sec, nous le transportons au bord de l'eau, et nous plantons un châtaignier à sa place.

Je ne crains pas de déclarer que tous les ministres de la maison de l'Empereur ont fait leur deuil du château de Saverne. L'un d'eux m'a dit : « C'est une affaire manquée, mais que voulez-vous ? l'Empereur y tient. »

L'Empereur a raison de tenir à l'asile; il a trop de raison pour le laisser plus longtemps à Saverne. Qui sait si une vérité discrètement voilée par les ministres ne sera pas portée jusqu'au trône par un simple attacheur de grelot?

Il est juste et libéral d'offrir aux veuves de nos fonctionnaires les plus méritants, les douceurs du logement gratuit et les avantages de l'association; mais l'expérience a prouvé qu'il n'était pas possible de les leur faire acheter au prix d'un exil si lointain.

Oui, mais que fera-t-on du château de Saverne, quand on aura porté l'asile à quelques kilomètres de Paris? Notre petite ville espère obstinément qu'un si magnifique édifice ajoutera quelque chose à ses revenus. Les contribuables français qui ont placé deux millions sur la grande place de Saverne sont tous intéressés à ce que leur capital ne demeure pas improductif.

Les Savernois ne s'insurgeraient pas contre la transformation de leur château en caserne ; nous aimons l'uniforme et nous n'avons aucun mépris pour les profits de garnison. Mais si l'État voulait concentrer de grandes forces dans le voisinage du Rhin, il trouverait à Strasbourg, à Phalsbourg et ailleurs assez de casernes disponibles. De plus, on sait partout, et notamment à Saverne, que les soldats n'ont pas pour habitude d'embellir les châteaux qu'on leur prête. Enfin, tout l'aménagement intérieur résiste à l'installation des chambrées. Chacun des 78 appartements est isolé par de gros murs; les poutres des planchers sont, par conséquent, assez courtes, et, pour créer de grandes salles, il faudrait non-seulement démolir, mais charpenter sur nouveaux frais. La caserne serait donc : 1° inutile; 2° dangereuse; 3° impossible. Donc, il faut se rabattre sur un établissement civil.

On a songé à mettre ici l'école forestière qui a son domicile à Nancy. La translation des élèves ne souffrirait probablement aucune difficulté. L'État peut faire où bon lui semble l'éducation de ses futurs employés : or, Saverne est un centre forestier plus intéressant et plus instructif que Nancy. Mais on ne pourrait guère déplacer les élèves sans emmener les professeurs, ou sans leur imposer des voyages périodiques. D'ailleurs Nancy tient son école, et y tient. Ne faisons tort à personne.

Mais on ne léserait ni les droits ni les intérêts d'autrui en fondant à Saverne une école secondaire des eaux et forêts. Je parle d'une institution très-modeste et très-utile qui existe en Allemagne, qui manque à la France. Tant que l'État croira devoir rester propriétaire, il aura besoin de gardes et de brigadiers dans ses forêts. Il les voudra honnêtes, dévoués, courageux et capables. Le courage, le dévouement, la probité surabondent dans l'armée : tous les sous-officiers sont propres au service des forêts ; on peut prendre au hasard; inutile de choisir. Mais tous, sans exception, au sortir de l'armée, auraient besoin de faire un stage. Où le feront-ils mieux qu'à Saverne? Forêts en plaine, forêts en montagne, rien n'y manque ; toutes les essences forestières existent en abondance autour de nous. Nous avons même, dans nos ruisseaux forestiers, des ateliers de pisciculture. Tout brigadier devrait être un peu pisciculteur. Non seulement les ruisseaux forment les rivières, mais ils les alimentent de poisson. Or, les ruisseaux descendent des montagnes; or, toute montagne qui se respecte doit être boisée : donc la nature commande que les planteurs de forêt soient en même temps des semeurs de poisson.

Huit cents apprentis forestiers se logeraient à l'aise dans le château des Rohan : on les mettrait par dix dans chaque appartement, sans démolir une cloison. En une année, deux au plus, leur instruction serait terminée. L'inspecteur et le sous-inspecteur de Saverne, secondés par une demi-douzaine de gardes généraux, suffiraient au maintien de la discipline et aux détails de l'enseignement. Tous nos gardes et brigadiers célibataires viendraient à tour de rôle se perfectionner à l'école et acquérir les connaissances théoriques qui leur manquent. On pourrait mettre au concours un certain nombre de bourses pour les jeunes Français qui ont la vocation forestière et qui n'ont pas le moyen d'entrer à l'École de Nancy. Plus d'un sans doute ferait son chemin par la traverse et arriverait aux grades supérieurs.

Si la France dédaignait d'emprunter aux Allemands une institution si libérale et si utile, on pourrait installer à Saverne une autre école dont le besoin se fait sentir depuis longtemps. C'est l'École normale supérieure des institutrices laïques.

Car enfin l'État finira par comprendre que l'éducation des femmes mérite son attention ; qu'il ne faut pas, dans une société laïque, livrer un sexe entier, toute une moitié du peuple, à l'enseignement clérical. De même qu'il a fondé notre admirable école de la rue d'Ulm, pour élever et perfectionner incessamment l'instruction des lycées, il créera une pépinière d'institutrices nationales ; il formera d'honnêtes et savantes filles, ni sottes, ni bornées, qui se marieront au sortir de l'école, et qui iront ensuite professer les lettres et les sciences modernes dans des collèges féminins.

L'état est plus puissant qu'il ne le croit lui-même sur le terrain de l'instruction publique. Il peut, quand il voudra, attirer dans ses écoles toute la jeunesse des deux sexes. L'important c'est d'abord qu'il ait des écoles, ensuite qu'il y envoie de bons professeurs, enfin qu'il protége ses propres établissements, au lieu de réserver ses faveurs à la concurrence cléricale.

Depuis que nous avons M. Duruy au ministère, les préfets, les sénateurs et tous les gros bonnets du gouvernement reprennent peu à peu leurs enfants aux jésuites pour les livrer aux professeurs de l'État. Le jour où M. Duruy fondera des collèges féminins, une école normale et ce qu'on pourrait appeler l'Université féminine, les béguines fermeront leurs boutiques d'ignorance et d'intolérance, les filles d'un conseiller d'État n'apprendront plus entre deux signes de croix à maudire les actes de leur père.

Mais voudra-t-on vouloir ? *That is the question.*

Si mon projet tombe dans l'eau, j'en mettrai un autre en avant.

Les gens de lettres et les artistes meurent à Paris comme des mouches. Ils y vivent trop vite. Cette atmosphère surchauffée leur brûle le sang. Ne croyez-vous pas comme moi qu'on en sauverait la moitié si on leur fournissait les moyens d'aller parfois à la campagne ? un joli petit appartement meublé, un bon air, dans un pays sain, au milieu des bois ? un parc devant la maison ? l'eau tout près ? Nous comptons autour de Saverne trois cent soixante-cinq promenades à faire ; une par jour, pendant un an.

Je ne suis pas de ceux qui demandent à l'État de prendre les artistes en tutelle. Un jour viendra, j'espère, où chacun de nous ne devra rien qu'à lui-même et au public qui paye le plaisir qu'on lui fait. Un peu de solidarité entre nous, un coup de main donné par les amis des arts et des lettres ; c'est à peu près tout ce qu'il faut pour assurer aux travailleurs de notre espèce une vie honorable et tranquille.

Mais enfin l'Etat existe ; et s'il avait par hasard un château dont il ne sût que faire, quel joli prytanée de passage, quelle maison de retraite, quel reposoir de l'âme les écrivains et les artistes auraient là ! Murger vivrait encore, et il aurait écrit dix volumes de plus. Car vous pouvez remarquer, ami lecteur, qu'on travaille fort à Saverne.

DISCOURS DE L'ESCABEAU.

POUR FAIRE SUITE AU DISCOURS DU TRÔNE.

Messieurs les Députés,
Messieurs les Sénateurs,

Si je m'adresse d'abord aux députés, ce n'est pas faute de respect pour la Constitution de l'Empire, qui assigne la première place aux honorables membres du Sénat. Mais le peuple, dont je suis, est lié par une intimité plus directe et plus égale avec les hommes qu'il a choisis lui-même pour le représenter au Corps législatif, ces députés modestes et amovibles qui sont tenus d'exprimer par leurs votes ou leurs discours l'opinion du pauvre monde, sous peine de rentrer dans la foule à la prochaine élection. Sénateurs et députés reçoivent un traitement puisé dans nos très-humbles poches; nous payons volontiers la dotation des uns et l'indemnité des autres, mais nous y regardons à deux fois avant de soumettre nos idées aux hommes éminents qu'on ne peut déplacer, ne les ayant pas élus.

Vous avez entendu, mercredi dernier, la voix très-éloquente d'un prince à qui la France entière a confié des pouvoirs presque illimités. Je suppose que vous êtes encore aujourd'hui sous la pression d'une autorité si légitime et si haute; mais il ne s'ensuit pas que vos oreilles soient fermées aux raisonnements populaires d'un homme de rien. Lorsqu'on jouait encore la tragédie au Théâtre-Français, le public, après avoir écouté les rois de Racine et de Corneille, parlant en vers de douze pieds, s'amusait encore une bonne heure aux bavardages de Perrin, de Lucas, de Thibaut, de Pierrot et autres rustauds de mon espèce, que Molière a mis en scène dans ses chefs-d'œuvre. Je suis l'arrière-petit-fils de ces bonnes gens-là; un plus cultivé, grâce à l'éducation gratuite qu'on m'a donnée au collége. L'escabeau où je m'assieds pour vous écrire est un siége de bois, comme les leurs. Seulement, il est sculpté par les frères Penon, sur un dessin de Rossigneux, en vertu de la loi du progrès.

N'ayant rien à espérer d'une révolution violente, je ne suis pas, de ceux « qui provoquent des changements dans le but de saper ce que vous avez fondé. » Une voix d'en haut vient de vous dire : « Tout en nous faisant les promoteurs ardents des réformes utiles, maintenons avec fermeté les bases de la Constitution. » Les voix d'en bas, Messieurs, ne vous demandent pas autre chose. Mais nous autres, plébéiens, nous rêvons quantité de *réformes utiles* qui n'ont pas encore trouvé dans les régions du pouvoir assez de *promoteurs ardents*. Permettez-moi d'en indiquer quelques-unes, sans manquer au respect que tous, grands et petits, depuis vous jusqu'à moi, nous devons à la Constitution.

Le peuple n'est pas ingrat, quoi qu'en disent ses ennemis. Nous avons enregistré dans notre reconnaissance tout le bien qui s'est fait depuis cinq ou six années avec votre concours. Nous applaudissons dès aujourd'hui à toutes les lois que vous allez voter dans la session prochaine en faveur de la liberté. Une auguste initiative vous propose d'abolir la contrainte par corps ; votez vite ! nous vous aiderons, s'il le faut, à démolir la petite bastille de Clichy. Il est absurde qu'en 1865 l'usurier puisse encore obtenir des lettres de cachet contre ses débiteurs insolvables.

L'Empereur vous propose de porter un premier coup au système de la détention préventive : frappez ferme ! Le peuple est encore avec vous. Le bon sens et l'humanité de trente-sept millions d'hommes se révoltent à l'idée qu'un malheureux puisse être puni avant d'être condamné. On a vu trop souvent des citoyens français expier par une longue captivité provisoire un délit véniel ou même imaginaire.

Favorisez l'association sous toutes ses formes ; délivrez le commerce et l'industrie de leurs dernières entraves. Vous avez supprimé les petits monopoles ; le moment est venu d'attaquer les plus grands. Si grands qu'ils soient, Messieurs, vous aurez bientôt fait de les jeter par terre. Nos épaules sont à votre service, et les épaules du peuple français culbuteraient au besoin la grande muraille de la Chine.

On vous demande d'émanciper un peu le département et la commune : n'ayez pas peur! Il y a bien longtemps que nous déplorons les excès de la centralisation bureaucratique. Ne fermez pas les bureaux, s'il vous est démontré qu'ils font vivre et prospérer toutes les papeteries de France : empêchez-les seulement de nous tracasser jusque chez nous.

Le gouvernement vous invite à développer l'instruction primaire : ce n'est pas le peuple qui s'en plaindra. Voulez-vous mériter à la fois l'approbation du pouvoir et les acclamations de la foule ? Faites un coup de tête et triplez, sans dire : gare, le budget de M. Duruy. Il nous en coûtera quelques centimes, à nous qui payons l'impôt, mais personne ne s'en plaindra. Jacques Bonhomme ne rue qu'aux dépenses inutiles.

A ce propos, je ne crains pas de dire que le retour

de nos soldats éparpillés nous fera pour le moins autant de plaisir qu'à vous. Nous ne sommes pas dégoûtés de la gloire, mais nous aimons la gloire utile; les aventures romanesques ne sont pas notre fait. Sans doute il est flatteur de se dire en poussant la charrue : J'ai cueilli des lauriers par procuration dans les quatre parties du monde; mais c'est double plaisir quand on peut ajouter : « C'est fini, tous les lauriers sont coupés. » Votez, si bon vous semble, un grand arc de triomphe, mais insistez avec nous pour qu'après l'Amérique on n'inscrive pas l'Océanie. Le jour où nos familles de paysans et d'ouvriers auront quelques garçons de reste, nous les ferons tuer avec autant de gloire et plus de profit aux environs de nos frontières.

N'allez pas croire au moins que mes voisins de campagne et moi nous rêvions la conquête de l'Europe ! Nous souhaitons tout bonnement que la paix s'établisse autour de la France, parce qu'il en résulterait beaucoup d'économie et de tranquillité pour nous. Nous aussi, nous préférons les congrès aux batailles, mais nous croyons que la plume, aussi bien que l'épée, tranche souvent les questions sans les résoudre. Une question n'est résolue que le jour où les faits sont conformes au droit. La Hongrie, la Pologne, le Danemark, questions tranchées; l'Italie, question résolue ou peu s'en faut. Le peuple se glorifie d'avoir résolu la question italienne par la valeur de ses armées et la générosité de ses hommes d'Etat; il regrette énergiquement d'avoir laissé trancher à coups de sabre d'autres questions également sympathiques et justes : il sent qu'il aurait pu les résoudre à son honneur et à son avantage, s'il avait eu en 1864 tous ses soldats sous la main.

Il est bien difficile, messieurs, de « vivre en paix avec les différentes puissances, lorsqu'on est décidé à « faire entendre la voix de la France pour le droit et la justice. » Ce rôle de conciliation amicale et désarmée siérait peut-être à la Belgique, à la Suisse, à la Hollande, aux petits États qui n'ont pas d'autre force que l'autorité de leur sagesse et l'exemple de leurs vertus. Mais un peuple assez fort pour armer un million d'hommes ne peut pas, sans une contradiction évidente et triste, désapprouver un crime et le laisser commettre. Mettez la sympathie dans un plateau et le bon vouloir dans l'autre, vous n'arriverez pas logiquement à tenir la balance égale, car il y a d'un côté des oppresseurs et de l'autre des opprimés. Le droit ne saurait être de part et d'autre. Où est le droit, la France doit jeter son épée, sous peine d'entendre dire qu'elle a gardé la poignée à Paris et laissé la lame au Mexique.

Messieurs nos députés, la Constitution ne vous appelle point à voter sur la Convention du 15 septembre; mais il est impossible que vous ne l'ayez pas presque tous acclamée, puisque vous êtes les représentants du pays. Nous autres, gens du peuple, nous n'avons qu'une voix pour hâter le rappel de nos troupes, la fin d'une occupation illogique et le commencement d'une expérience curieuse entre toutes : il nous tarde de voir si un demi-million d'hommes intelligents et braves se laisseront longtemps fouler aux pieds par quelques centaines de prêtres.

Le haut clergé de notre pays, après avoir régné quinze ans par notre tolérance et par la vôtre, a découvert ces jours derniers qu'il n'était pas maître absolu. Il vient d'apprendre par une révélation aussi pénible qu'inattendue, l'existence du pouvoir civil. On n'a pas craint de déclarer aux évêques et aux cardinaux eux-mêmes qu'ils étaient citoyens français et soumis en cette qualité à toutes les lois de leur patrie. Tout me porte à croire que Nos Seigneurs les prélats, avant de se courber sous le niveau commun, chercheront à fomenter une révolte dans les âmes. Mais dites à l'Empereur que la nation en masse, sauf les dévotes et quelques académiciens, se rangera de son parti contre la nouvelle Ligue. La France veut bien avoir un chef, puisqu'elle a vu par expérience qu'elle ne savait pas se gouverner elle-même ; mais elle n'obéirait pas volontiers à un vassal de l'Église.

Lorsque cette grave question sera débattue parmi vous, n'oubliez pas, Messieurs, de rappeler aux ministres l'existence illégale de 2870 congrégations non autorisées. Il semble au commun des martyrs que les 4932 associations religieuses autorisées suffisent amplement à sanctifier le sol français. Le peuple ne demande pas qu'on expulse ou qu'on disperse violemment les 2870 autres; il n'est pas pour la violence; il en a trop souffert et trop souvent pour vouloir en user désormais. Il désire seulement que le pouvoir civil prouve son existence après l'avoir affirmée si haut; qu'il autorise, si bon lui semble, les congrégations furtives qui braconnent des millions sans permis, mais qu'il les soumette à la surveillance des lois.

Je prie messieurs les sénateurs en général, et particulièrement mon très-honorable et très-illustre maître M. Prosper Mérimée, de ne pas voir dans ce passage un attentat contre la religion qu'ils pratiquent. Les congrégations de pure tolérance se sont rendues plus redoutables qu'utiles à la majorité du clergé national. On compte, grâce à Dieu, dans notre beau pays, trente mille desservants qui sont peuple, et qui, pour la plupart, connaissent les misères et partagent les idées du peuple. Ceux-là, gent condamnable et révocable à merci, sont opprimés par leurs évêques ultramontains et par les congrégations clérico-romaines. C'est vainement que la munificence du budget s'applique à leur donner du pain, tant qu'un évêque aura le droit de leur ôter le pain de la bouche sur la dénonciation d'un jésuite. Protégez-les, Messieurs, et si vous ne vous sentez pas assez forts pour leur donner une humble indépendance, permettez-leur au moins, par une bonne loi, de sortir de l'Église quand ils y seront trop mal. Rouvrez les portes de la vie civile à ce lépreux souvent irréprochable qu'on appelle le prêtre interdit. Déclarez que le Code Napoléon n'est pas tombé en désuétude au profit du droit canonique, et qu'un prêtre qui n'est plus prêtre a le droit de se marier comme un autre homme.

Le peuple ne vous demande pas de « protéger les idées religieuses, » selon l'expression toute récente d'un orateur auguste. Nous croyons, dans notre humble sentiment, que le premier et le plus indépendant de tous les pouvoirs, la vérité, n'a pas besoin de protection. On la proclame, on l'accepte, on la tolère, on l'étouffe quelquefois pour un jour; les dieux eux-mêmes ne la protégent pas, car les dieux, suivant la définition la plus sublime du mot, ne sont que la vérité personnifiée. Contentez-vous de protéger les honnêtes gens de toute robe lorsqu'ils disent ou écrivent avec modération ce qui leur semble vrai.

Vous qui faites des lois et qui les faites vraisemblablement pour qu'elles soient appliquées, êtes-vous satisfaits de voir un certain nombre de citoyens au-dessus ou au-dessous de la loi ?

Mes confrères de la presse et moi, nous sommes au-dessous. Que j'offense par mégarde, dans cet humble feuilleton, un gros bonnet du ministère : il n'aura pas besoin de recourir aux tribunaux, d'écouter ma défense, d'établir contradictoirement mon tort pour se venger. D'un coup d'autorité, il peut, jugeant en dernier ressort dans sa propre cause, réduire d'un grand tiers le capital de mon ami et votre collègue, M. Guéroult. Supposé que l'*Opinion nationale* ait acquis, |par le travail et le talent de son fondateur, une valeur d'un million, c'est une amende de 333 333 fr. 33 c. qui tombe sur la caisse, sans que les magistrats aient été consultés.

Mais si demain le garde d'une forêt, que j'ai louée pour la chasse, me tue et me vole un chevreuil dans l'exercice de ses fonctions, le tribunal de l'arrondissement ne pourra pas appliquer à cet individu les lois que vous avez faites. Il ne s'agit pourtant que de 16 fr. d'amende. Oui, mais le braconnier sera fonctionnaire, et je n'aurai le droit de le poursuivre qu'en vertu d'une décision du conseil d'État. Il n'y a pas à dire, les gardes forestiers sont au-dessus de la loi, et les publicistes sont au-dessous. Que vous semble cette logique? On dit pourtant, par une vieille habitude, que tous les Français sont égaux devant la loi.

Un publiciste couronné vous disait dernièrement en beau style : « L'utopie est au bien ce que l'illusion est à la vérité, et le progrès n'est point la réalisation d'une théorie plus ou moins ingénieuse, mais l'application des résultats de l'expérience consacrés par le temps et acceptés par l'opinion publique. » On a le droit de parler ainsi lorsqu'on a publié dans sa jeunesse les utopies les plus généreuses, et accompli dans l'âge mûr une notable somme de bien. Mais en est-il moins vrai que la théorie doit toujours précéder la pratique, et que la pratique doit au moins essayer les théories qui promettent un bien?

Nous ne refusons pas de soumettre à l'expérience toutes les nouveautés qui séduisent les conducteurs de l'État; nous avons même tendu le dos, sans trop nous plaindre, à des essais qui n'étaient pas toujours agréables pour nous; nous demandons seulement qu'on fasse l'épreuve de la Liberté avec tout le zèle qu'on a mis dans l'essai contraire. Jamais, jusqu'à ce jour, un prince légitime et respecté n'a eu la fantaisie de délier nos langues et nos plumes, sous la surveillance des lois. La théorie nous dit que cette nouveauté serait honorable et agréable au peuple, sans menacer la prérogative du souverain. La pratique n'a pas dit son mot, mais pourquoi? Parce qu'on ne l'a jamais interrogée. Pensez-vous que la vapeur eût centuplé en trente ans toutes les forces vives de l'Europe si l'on avait entendu les résultats de l'expérience pour chauffer le premier générateur?

On vous parle, Messieurs, et fort judicieusement, du contrôle obligé de l'opinion publique. Mais on ne vous dit pas où, quand, comment l'opinion publique pourra se manifester sans peur. Est-ce dans les conférences scientifiques et littéraires, d'où l'on exclut non-seulement la politique, mais jusqu'à la personne des orateurs inquiétants?

Est-ce dans les réunions électorales? Le procès des Treize répond trop haut à la question pour que je me permette d'ajouter une parole.

Est-ce dans les élections? J'accorde que les élections mettent l'opinion publique à nu, malgré les candidatures officielles, la pression administrative et la difficulté de s'entendre quand on n'a pas le droit de se parler. Mais lorsqu'un beau matin, à Paris, par exemple, l'opinion publique a déposé dans l'urne tous les noms synonymes de liberté, qu'arrive-t-il? On ne conteste pas le vote; on nie l'existence même des votants. Il se trouve un préfet assez fantaisiste pour dire à la nation et au pouvoir que Paris est une solitude, encombrée de maisons énormes, mais vide d'habitants, sillonnée tout au plus comme le désert du Sahara, par quelques nomades.

Un gouvernement élu, réélu, maintenu et appuyé par la masse du peuple est intéressé à suivre au jour le jour le mouvement de l'opinion publique. Son rôle se réduit à connaître et à faire les volontés de la nation. Le génie n'a jamais rien gâté, mais je soutiens qu'on peut régner dix mille ans dans un pays de suffrage universel, si l'on a des oreilles pour entendre et un bras pour agir. Le peuple sait ce qu'il lui faut, et le dit volontiers ; au besoin même il le crie. Il le chante quelquefois, il l'imprime souvent. Bonne affaire pour les princes ! Leur ouvrage serait à moitié fait, s'ils prenaient le parti d'écouter ceux qui parlent et de lire ceux qui écrivent. Mais nous avons compliqué tout cela. Nous trouvons plus ingénieux de fermer la bouche à ceux qui parlent, de mener au poste ceux qui crient, de ruiner pour le bon exemple ceux qui impriment sans permission. Cependant, comme on tient à savoir l'opinion du peuple, on interroge les préfets.

Vous connaissez, Messieurs, le questionnaire uniforme que le ministre de l'intérieur fait remplir chaque mois par les administrateurs des quatre-vingt-neuf départements. Je n'ai pas la prétention de vous apprendre que, dans chaque préfecture, un petit employé, remonté comme une horloge, dépose pieusement au bas de chaque colonne l'offrande du plus naïf et du plus riant optimisme. Partout l'esprit public est excellent, la santé florissante, la récolte rassurante, l'instruction croissante et la misère en voie de guérison. Centralisez tous ces renseignements au ministère de l'intérieur, et vous en déduirez l'axiome du docteur Pangloss : Tout est pour le mieux dans le meilleur des mondes.

J'ai connu des préfets sincères et dévoués au public; ils disaient : « C'est absurde, mais le pli est pris. Pourquoi irais-je appeler l'attention du ministre sur les choses qui clochent dans mon département? Je passerais là-bas pour un homme incapable, arriéré, inférieur, qui laisse le pays dans le marasme. J'aime mieux travailler en cachette et faire un peu de bien sans avouer le mal; par ce moyen, je sauve mes chances d'avancement, et j'attends qu'un hasard, une protection, une rencontre m'élève à la première classe ou même plus haut. »

Vous êtes hommes, Messieurs : quelques-uns d'entre vous ont même été préfets : vous savez donc qu'aux yeux d'un préfet et de tout autre fonctionnaire, en général, l'avancement passe en première ligne; l'intérêt public vient après. C'est pourquoi tous les administrateurs, sans exception, s'ils étaient consultés l'un après l'autre, viendraient dire au gouvernement : « Je tiens les villes et les campagnes dans ma main; aucun symptôme d'opposition autour de moi, les partis sont étouffés, les passions éteintes, les aspirations vers une plus ample liberté n'existent que dans les journaux; j'ai pétri mes cinq cent mille administrés à l'obéissance joyeuse : nommez-moi conseiller d'État! »

C'est pourquoi la liberté de la parole et de la presse rendraient plus de services au pouvoir en trois semaines que tous les préfets de la France en un an.

Voilà, Messieurs, un discours un peu long, et pourtant je n'ai pas épuisé la liste des libertés qui nous manquent. Permettez-moi de vous recommander la loi qui va étendre les attributions des conseils généraux et municipaux. Mais n'oubliez pas, au moment du vote, que cette extension de pouvoirs ne sera, pour Paris et Lyon, ce deuxième Paris, qu'une nouvelle restriction de la liberté. Les conseillers municipaux nommés par le pouvoir ne sont pas autre chose que des préfets au petit pied. Ils ne représentent pas la population qui ne les a point élus; ils disposent de notre argent sans notre permission, pour nous percer des boulevards et nous bâtir de gros pâtés qui ne sont pas toujours de notre goût.

J'applaudis de grand cœur à tout ce qu'on fera pour donner de la force et de l'indépéndance aux conseillers municipaux de ma petite ville, parce que nous les avons nommés et qu'ils sont des hommes à nous. Mais un homme qui au lieu d'être à moi m'aurait à lui, je l'aimerais bien mieux paralysé de tous ses membres.

LE ROMAN ET LE THÉATRE.

Il se fait un grand travail, je dirais presque une petite révolution dans les cuisines littéraires et dramatiques.

La liberté des théâtres, réclamée par notre ami Azevedo et par tous ses confrères après lui, est sortie glorieusement des nuages de l'utopie. Un décret impérial a transformé ce rêve en fait accompli.

Toutefois il ne s'est pas construit un théâtre nouveau digne du nom de théâtre, et les anciens n'ont pas révélé, jusqu'à ce jour, un seul talent inédit. A qui la faute ? « C'est que la liberté est une déesse stérile, » répondent les sceptiques. Nous connaissons cet air-là. Les philosophes de la même école disaient le 15 mars 1848 : « L'expérience est faite. Nous n'avons pas vu poindre un seul génie républicain, et voilà plus de quinze jours que nous sommes en république! »

Les croyants, les hommes de foi, comme notre ami Sarcey, par exemple, cherchent d'autres raisons. Ils accusent aujourd'hui les résistances inertes de l'administration, demain le monopole envahissant de la compagnie Nantaise. Un jeune homme de grand cœur et d'imagination vive, M. Arthur Arnould, s'en prend aux vieux faiseurs du drame et du vaudeville. Sans désigner personne, il accuse MM. X...., Y.... et compagnie, d'encombrer les avenues, de barrer les chemins, de fermer tous les débouchés au talent jeune. Il rêve une combinaison, peu pratique à mon avis, mais ingénieuse et généreuse, pour ouvrir toutes les portes à tous les nouveaux noms.

Tandis qu'une émeute pacifique et intelligente met le siége devant l'association des auteurs dramatiques, les membres de l'association se plaignent de gagner trop peu. « Nos œuvres, disent-ils, ne nous rapportent pas ce qu'elles valent. Paris nous donne plus d'un million par an, c'est ce qu'il doit; mais les départements sont des ingrats. Il faudrait remplacer par un impôt proportionnel le droit fixe que nous payent les directeurs de province. » Cette réforme, adoptée par les uns, subie par les autres, est entrée dans l'ordre des faits, comme la liberté des théâtres. Mais le théâtre en va-t-il mieux?

Voulez-vous un instant supposer avec moi que tous les progrès rêvés par les auteurs et les critiques de théâtre sont définitivement accomplis ? A Paris, en province, partout, on a construit autant de salles que les auteurs en réclamaient ; l'administration a poussé à la roue, au lieu de ralentir le mouvement ; la compagnie Nantaise est morte, tuée à la fleur de son âge par une apoplexie d'argent. Les vieux faiseurs se sont retirés sous la tente, les chemins sont ouverts à tous les jeunes talents, les directeurs vont au-devant des bonnes pièces et partagent en équité avec l'auteur, jeune ou vieux, célèbre ou inconnu, les bénéfices du succès. Est-il bien démontré que, dans cette hypothèse, le théâtre mettrait plus de chefs-d'œuvre au jour? Je vais plus loin : êtes-vous sûrs qu'il attirerait plus de monde?

Dans toutes les combinaisons qui ont pour but de relever le théâtre, on tient trop peu de compte d'un élément considérable, nécessaire, qui s'appelle *le public*.

C'est pour lui que travaillent les directeurs et les acteurs dramatiques ; ils sont les ouvriers de son plaisir, comme il est l'artisan de leur fortune. Ils se retrouvent tous les soirs face à face avec lui, mais ils ne le connaissent guère ; ils ont à peine le temps de l'étudier et je ne sais s'ils en ont jamais eu l'idée ; leurs relations avec lui ne sont qu'un tâtonnement perpétuel ; et la preuve de ce que j'avance, c'est que les génies les plus éprouvés et les plus sûrs tremblent comme des écoliers le soir d'une première représentation.

La tactique des directeurs habiles se résume en entier dans la formule que voici :

« Ne servir au public que des viandes connues, et varier toujours l'assaisonnement. »

Si le fond de la pièce est absolument nouveau, le public s'étonne et se fâche. Si l'assaisonnement est connu, le public se fâche encore : il trouve impertinent qu'on l'ait fait sortir de chez lui pour rebattre ses oreilles d'une chose qu'il savait par cœur.

Le public n'est pas le peuple : il n'en est qu'une partie assise, désœuvrée et repue. Il ne vient pas au théâtre pour s'instruire, encore moins pour se corriger de ses défauts, mais pour se laisser émouvoir ou amuser trois ou quatre heures. Si le monde moral était réglé comme le monde physique où les mêmes causes produisent constamment les mêmes effets, il ne faudrait qu'un seul drame ou une seule comédie pour régaler le public à perpétuité. Par malheur, il n'en est pas ainsi. Les seringues qui faisaient rire Louis XIV nous dégoûtent, les tragédies qui exaltaient l'âme de Napoléon nous font bâiller à pleine mâchoire; le drame romantique, où nos aînés grinçaient des dents, nous fait hausser les épaules ; sur cent pièces qui ont ému ou amusé nos pères, on en trouve à peine une qui soit supportable aujourd'hui. Tous les critiques s'accordent à dire que les trois ou quatre moules où l'on coule des pièces comme des gaufres sont usés. On demande un gaufrier neuf, mais personne ne peut dire s'il doit être rond, carré ou ovale pour satisfaire le public.

Les passions ne sont pas éteintes dans le cœur de l'homme, et la *Gazette des Tribunaux* enregistre de temps à autre les détails d'un gros drame bien corsé; mais le théâtre a usé depuis longtemps toutes les situations dramatiques. Il nous a fait trembler, frémir et pleurer sur tous les genres de mort, appliqués à toutes les catégories de personnes : nous avons vu tuer les rois, les chiens, les pères, les mères, les fils, les filles, les maris, les femmes, les amants, les amis, les ennemis, les soldats, les passants, les innocents, les coupables, par le fer, le plomb, le feu, l'eau, le froid, la faim, la soif, la peur, la joie, la honte, le remords, le naufrage, les éruptions de volcans, les explosions de machines, les tremblements de terre et les plafonds descendants.

On nous a servi jusqu'à satiété l'amour platonique, honnête, adultère, incestueux, timide, effronté, cruel, sanguinaire; tous les genres de folie, folie douce, lamentable, furieuse, sénile, momentanée, incurable, simulée et dissimulée ; le vol de gloire, de fortune, de nom, d'enfant, de mouchoir de poche; on a exploité la trahison et le dévouement, la lâcheté et l'héroïsme, la victoire et la défaite, la justice et l'injustice, l'apparition, la résurrection, l'anthropophagie, la métamorphose et l'apothéose. On a mis sur la scène non-seulement les hommes, mais les chiens, les chats, les oiseaux, les éléphants, les serpents, les lions, les tigres, les ours, les singes, les chèvres et les pies. Il n'y a pas un fait naturel ou surnaturel, possible ou impossible, qui n'ait été représenté cent fois devant le parterre; pas une idée qui n'ait été rabâchée, pas un sentiment que les auteurs n'aient indiqué, exprimé, développé, forcé, faussé.

La langue française est riche, mais elle n'est pas inépuisable. Les dramaturges ont épuisé toutes les locutions qui expriment la joie et la douleur, la confiance et le désespoir, l'amour et la haine. Le spectateur intelligent devine aux premiers mots ce qu'on lui montrera dans toute la soirée ; il sait le drame par cœur avant de l'avoir vu. La violence même et la brutalité nous laissent froids, depuis que le marteau dramatique a traité nos cœurs comme des enclumes. On se blase sur tout, même sur le cri des mères qui réclament leurs enfants. Les animaux les plus sensibles de la création, les gamins de Paris, commencent à *blaguer* les hurlements pathétiques.

Si le drame n'émeut plus guère, la comédie amuse encore quelquefois. Non qu'il reste à glaner beaucoup de situations comiques; mais il y aura toujours des ridicules à peindre, et l'homme se plaît au spectacle des petites infirmités d'autrui. Il est fâcheux que la censure ne nous permette pas de les peindre toutes, et que les sous-préfets, les maires et les gendarmes soient plus inviolables sur la scène qu'Achille, Ménélas et Agamemnon. On peut encore regretter qu'une partie du public, à force d'être chatouillée, se soit durci la peau comme un vieux cuir. Notre époque a produit un genre de comique qui est à la gaieté française ce que l'absinthe est au vin clair. Pour dérider certaines gens, il faut leur écorcher les aisselles avec des griffes d'acier trempé. De là le succès des Rigolboches et des Thérésas, la vogue des *Petits Agneaux* et du *Pied qui remue*, le triomphe du cancan, du braillement et du débraillement dans quelques théâtres où l'on avait autrefois de l'esprit.

Malgré la difficulté toujours croissante de faire du neuf, il s'écrit de temps en temps une œuvre remarquable. Les préjugés pusillanimes de la censure n'arrêtent pas toujours la hardiesse des auteurs. Les défaillances du goût et les engouements honteux n'empêchent pas une pièce vraiment bonne de réunir deux cents fois de suite une chambrée complète. Mais est-il bien démontré que l'amour des spectacles se développe en raison de la prospérité publique? En autres termes, croyez-vous que le développement presque miraculeux de nos richesses et de nos loisirs ait profité au théâtre dans la même proportion qu'à tous les autres objets de luxe? On peut dire sans exagération que, depuis le commencement du siècle, la bourgeoisie française a quadruplé sa dépense en loyers, ameublements, toilettes, chevaux, voitures, fleurs, repas, voyages. Le budget affecté au théâtre est-il quadruplé comme tant d'autres? Non.

Le directeur des Variétés, l'administrateur de la Comédie-Française, le très-intelligent homme de bien qui règne en père sur le Gymnase, vont s'écrier tout d'une voix que je vis au fond des provinces, et que le bruit de leurs succès n'a pas pénétré dans mon trou. Pardon, messieurs, nous entendons à cent quinze lieues de Paris les applaudissements qui font trembler vos salles et l'or qui pleut dans vos caisses. Mais vos trois théâtres réunis n'enferment pas plus de 5000 personnes par soirée. Toutes les salles de Paris ne pourraient contenir les 30 ou 50 000 étrangers que les chemins de fer apportent chaque jour, tous désœuvrés, tous bien en argent; et venus avec une arrière-pensée de plaisir. Si l'on interrogeait, au contrôle, chacun de ceux qui payent votre joyeuse hospitalité, on verrait que les habitants de Paris, ceux qui abandonnent un vrai foyer pour applaudir le drame ou la comédie, sont plutôt l'ornement que le fond de votre public.

Les travailleurs qui ont dix heures de fatigue sur le dos se reposent de préférence dans les cafés, les alcazars et les eldorados qui pullulent; les gens du monde élégant ont reculé graduellement leur dîner jusqu'à huit heures; une masse considérable du public aisé, curieux, éclairé, se porte aux conférences, aux cours publics, à toutes ces réunions d'où l'on sort un peu plus instruit qu'on n'y était entré.

On fera quelque soir le recensement du public dans les cafés, dans les théâtres et dans les salles consacrées à l'étude.

Ou je me trompe fort, ou l'on constatera la proportion suivante:

Cafés, 7; conférences et cours publics, 2; théâtres, 1.

Je ne dis pas cela pour décourager les directeurs et les auteurs dramatiques, mais pour indiquer une tendance nouvelle et intéressante de notre temps. Il s'est développé dans toutes nos grandes villes une immense curiosité du vrai, un ardent désir de savoir. Tandis qu'une majorité encore énorme, par malheur, se rue aux jouissances grossières, une élite se tourne vers l'étude, et cette élite va croissant. Ce n'est pas seulement la riche bourgeoisie qui emploie ses soirées à apprendre; les meilleurs ouvriers vont aux cours populaires et complètent ainsi leur éducation.

Le théâtre, où l'on va pour pleurer ou pour rire, sans profit ultérieur, est, sinon délaissé, du moins un peu négligé par la foule. On devient positif; on aime à rapporter quelque chose pour son argent. L'art pour l'art, si prôné, si populaire il y a trente ans, fait place à l'art utile. Vous verrez un de ces jours que les gros capitaux, si timides à grossir le nombre de nos théâtres, construiront sans hésiter les nouveaux amphithéâtres de l'enseignement libre.

Nous assisterons peut-être bientôt à l'effort unanime d'un peuple qui veut s'instruire, et qui n'a presque plus le temps de s'amuser, tant il lui tarde de s'élever au-dessus de lui-même. Je ne blâme ni ne loue cette ardeur qui emporte nos contemporains vers le positif. Une belle pièce est belle, mais les vérités de la science valent un certain prix. Qui sait si le théâtre, après être resté quinze ou vingt ans en jachère, n'offrira pas des récoltes inespérées à un public nouveau, perfectionné et pour ainsi dire *aristocratisé* par l'étude? Tout est possible en ce genre; qui vivra verra! Je n'entends faire ici qu'une étude industrielle sur la production et la consommation de certains ouvrages de l'esprit. Peut-être reconnaîtrez-vous, comme moi, que la marchandise dramatique est plus offerte que demandée aujourd'hui, non-seulement parce que la fabrication laisse à redire, mais surtout parce que le public se porte vers la science nette et la vérité dégagée de fictions.

L'industrie du roman a subi en trente années les plus curieuses vicissitudes. Aux environs de 1830, les auteurs ne vendaient guère leurs produits qu'aux cabinets de lecture. Le public n'achetait pas la littérature légère, il la louait au mois ou à la journée. L'éditeur tirait chaque ouvrage à cinq cents exemplaires, la consommation du pays n'en exigeait pas un de plus. Ces grands in-8°, remplis de pages à peu près blanches, se vendaient sept francs cinquante prix marqué, cinq francs prix net. Personne au monde n'eût voulu en charger sa bibliothèque: l'énormité du prix, la qualité toute négative du papier, la malpropreté de l'impression n'étaient pas faites pour séduire.

Émile de Girardin, en 1836, introduisit le roman dans le journal, et porta un coup terrible aux cabinets de lecture. L'abonné de la *Presse*, et bientôt l'abonné d'un journal quelconque, fut dispensé de se salir les mains aux volumes pétris par les cuisinières; il reçut son roman à domicile, servi à point, à l'heure du café au lait, découpé en morceaux de grosseur raisonnable, qui ne fatiguaient point l'esprit, et qui laissaient l'intérêt suspendu. Sous cette forme appétissante, les œuvres de Dumas, d'Eugène Sue et de quelques autres obtinrent une vogue prodigieuse. Un romancier pouvait doubler en six mois la clientèle d'un journal. Aussi la grande presse de Paris payait-elle au poids de l'or un roman qui faisait recette.

Les journaux de province, moins riches et limités dans leur avenir même, ne pouvaient acheter un ouvrage inédit. Ils se mirent à publier tous ceux qui réussissaient dans les feuilles parisiennes. Les auteurs de romans et de nouvelles s'associèrent pour réclamer et percevoir un droit sur les emprunts qu'on leur faisait en province. Notre Société des gens de lettres, la même que M. Champfleury et cent cinquante autres écrivains veulent transformer aujourd'hui, n'a pas été fondée pour autre chose. C'est une banque d'encaissement solidaire, rien de plus. Elle traite à forfait avec les journaux grands et petits, depuis le *Salut Public,* la *Gironde* et le *Journal de Rouen,* jusqu'à l'*Impartial de Quimper,* recueil des déjections épiscopales. Moyennant un impôt qui varie entre douze cents francs par an et soixante, une feuille de province peut puiser à discrétion dans l'énorme bibliothèque de la Société. Le produit de cette contribution se répartit entre les auteurs sociétaires au prorata des emprunts qu'on leur a faits.

Si le goût du roman s'était développé dans toutes les classes, si la librairie vaincue par le feuilleton n'était revenue à la charge avec d'autres armes, il est au moins probable que la Société des gens de lettres aurait vu croître son revenu d'année en année. Il n'en a pas été ainsi, et M. Champfleury constate avec tristesse qu'après vingt-sept ans d'existence, en 1864, nous encaissions 38 084 fr. 64 c., à répartir entre 460 sociétaires. C'est un peu plus de 82 fr. par tête. Si les romanciers n'avaient pas autre chose pour vivre, ils seraient plus à plaindre que les cotonniers.

Je pense avec M. Champfleury et les 150 signataires de sa brochure, que l'organisation actuelle des gens de lettres laisse beaucoup à désirer. Mais je ne voudrais pas qu'on se fît parmi nous de trop belles illusions sur le progrès réalisable. Il s'est produit depuis 1837 deux changements capitaux, l'un dans la librairie, l'autre dans l'esprit public; il faut en tenir compte, sous peine d'erreur grave.

Les volumes Charpentier à 2 fr. 75 c., les volumes Hachette à 2 fr., les petits Michel Lévy à vingt sous ont rendu au feuilleton le *coup de bas* qu'il avait porté jadis à l'édition des cabinets de lecture. Tous ces volumes, même les plus modestes et les plus économiques, sont mieux imprimés et sur papier plus propre que le feuilleton d'aucun journal. On les lit plus commodément; on les conserve mieux après les avoir lus; ils ne décorent pas, à proprement parler, une bibliothèque, mais ils ne la déshonorent pas comme une liasse de feuilletons cousus.

Si quelques lecteurs d'autrefois aimaient à rester

en suspens vingt-quatre heures sur une situation tendue, comme l'entrée du magistrat, la découverte du trésor, le poignard levé, la provocation du vicomte, presque tous les lecteurs d'aujourd'hui aiment mieux lire un ouvrage tout d'une traite : les retards les impatientent, l'intérêt suspendu leur donne sur les nerfs. Aussi attendent-ils, pour commencer le roman, que l'auteur ait fini de l'écrire et le journal de l'imprimer. Ajoutez que la politique, les sciences, la critique ont pris une certaine importance aux yeux du peuple depuis l'an de poésie et d'imagination 1837. Avec la meilleure volonté du monde, un journal ne peut pas donner plus de quatre feuilletons par semaine; pendant la session des Chambres, il est souvent une semaine sans pouvoir en donner aucun.

Remarquez deux petits faits, insignifiants en apparence, mais qui sont des signes du temps. Girardin, ce même Girardin qui a bâti la fortune de la *Presse* sur une forte assise de romans, relègue le feuilleton à la troisième page, après les annonces ! Un romancier, Ernest Feydeau, fonde un journal politique. Vous supposez peut-être qu'il commencera par se tailler un petit royaume au bas du journal ? Point. Il s'est décidé d'emblée à supprimer le roman-feuilleton.

Tous les journaux de Paris ne suivront pas immédiatement cet exemple, car nous autres romanciers nous n'aurions plus qu'à mourir de faim. Toutefois, nous ferons bien de suivre le conseil que nous donnons aux ouvriers : apprendre deux états, pour avoir deux cordes à notre arc. Déjà les directeurs des journaux politiques ont réduit le tarif des œuvres d'imagination. La ligne qui valait jusqu'à trois francs à l'époque de *Monte-Christo* et des *Mystères de Paris* ne se paye en aucun lieu plus de cinquante centimes.

Si le prix du feuilleton est en baisse à Paris, il doit tomber à rien en province; car les journaux des départements ne donnent guère un ouvrage qu'un mois ou deux après sa publication en volume. Combien de romans une feuille quotidienne peut-elle reproduire en un an? Six, huit au plus. On serait bien naïf de payer un abonnement de 50 francs pour économiser 6 ou 8 francs de livres.

Ajoutez que le goût public s'est visiblement blasé sur les œuvres d'imagination pure. C'est un peu notre faute, j'en conviens. Nous avons fait trop de romans. Autrefois la librairie de Paris en donnait trois ou quatre par mois; aujourd'hui, elle en fabrique au moins trente : c'est plus que la femme la plus oisive n'en peut lire entre le matin et le soir. On peut choisir, c'est vrai; mais comment? Sur le titre? Rien de plus trompeur. Sur la recommandation des critiques? La critique des livres n'est guère qu'une vaste camaraderie, un échange de casse et de séné.

Et puis, nous devenons sérieux, je vous assure. Le roman souffre du même mal que le théâtre, et ce mal sera peut-être un bien. On commence à préférer un savant qui dit quelque chose au comédien qui braille la croix de sa mère ; on lit plus volontiers les ouvrages de Jean Macé, de Victor Meunier, de M. de Parville, de M. Guillemin, de M. H. Berthoud, que les Mémoires de Mlle Thérésa. Les savants ont bien voulu descendre à la portée du peuple ; j'en connais qui ornent la vérité de grâces simples, mais fort appétissantes, ma foi ! Peut-être les romanciers et les auteurs comiques feront-ils sagement d'aborder l'art instructif. Nous avons vu la géologie faire recette au théâtre de M. Rohde ; j'entends dire que l'optique n'a pas discrédité la petite salle de M. Robin.

Le théâtre et le roman sont des cadres larges et commodes ; ils peuvent toucher à tout, si la censure le permet. N'avez-vous pas remarqué que les pièces les plus applaudies sont celles qui disent quelque chose? *Le Fils de Giboyer*, c'est de la politique; *Maître Guérin*, *Les Vieux Garçons*, c'est un peu de la morale sociale. Je lisais ces jours derniers un fort joli roman de Mme Gagneur, *la Croisade noire*. C'est un pamphlet très-éloquent, pas ennuyeux du tout, contre ces couvents qui nous empestent. L'auteur est, m'a-t-on dit, la femme d'un fonctionnaire persécuté dans les temps. Si toutes les femmes de fonctionnaires possédaient le talent et le courage de Mme Gagneur, on y regarderait à deux fois avant de persécuter leurs maris.

Mais je reviens à M. Champfleury et aux réformes qu'il veut introduire dans la Société des gens de lettres. Il y a beaucoup de bon dans les projets de notre confrère, et j'espère que l'avenir lui donnera gain de cause sur plus d'un point. Il reprend en sous-œuvre la généreuse idée du Père Enfantin, qui voulait instituer le *Crédit littéraire*. Les banquiers n'ont pas voulu prêter à la littérature : grand bien leur fasse ! Puisse l'argent qu'ils ménagent leur profiter longtemps ! Nous en serons quittes pour nous prêter les uns aux autres ; c'est moins humiliant et plus fraternel.

On parle aussi de créer un cercle où tous ceux qui écrivent pourraient se voir en face et se donner la main. Ah ! la belle, l'heureuse, la bienfaisante idée ! Je demande seulement qu'on dise en tête des statuts : Chaque sociétaire s'engage à parler poliment de tous les autres.

Il ne faudrait que ce principe introduit dans nos mœurs pour empêcher ces tournois d'injures chiffonnières, qui amusent le peuple à nos dépens lorsqu'ils ne le dégoûtent pas de nous, et ces duels de gens de lettres, toujours un peu ridicules quand ils ne sont pas mortels.

FIN.

TABLE.

1er Avril 1864	1
1er Mai	27
1er Juin	50
1er Juillet	70
1er Août	98
1er Septembre	123
1er Octobre	148
Discours de rentrée	179
Mon homme	194
La culture des eaux	212
L'inventaire de 1864	278
Les troupes légères de l'encyclique	296
Les conseillers d'un orateur libéral	316
Le château du guignon	333
Discours de l'Escabeau	351
Le roman et le théâtre	366

IMPRIMERIE GÉNÉRALE DE CH. LAHURE
rue de Fleurus, 9, à Paris.

www.ingramcontent.com/pod-product-compliance
Lightning Source LLC
Chambersburg PA
CBHW060614170426
43201CB00009B/1009